KB124800

세월호가 우리에게 묻다

재 난 과 공 공 성 의 사 회 학

이 연구는 2013년 정부(교육과학기술부)의 재원으로 한국연구재단의 지원을 받아 수행되었습니다.
(NRF-2013-S1A5B8A01053931)

세월호가 우리에게 묻다

재난과 공공성의 사회학

서울대학교 사회발전연구소 기획
장덕진 외 지음

한울
아카데미

책머리에

이 책은 지금으로부터 1년 전 일어났던 세월호 참사를 이해하려는 서울대학교 사회발전연구소 연구진의 공동 노력의 산물이다. 그런 어처구니없는 참사가 왜 일어나야만 했는지, 우리는 왜 수십 년째 비슷한 종류의 재난들을 반복해서 겪고 있는지, 그러면서 왜 별로 나아지는 것은 없는지, 이런 질문들에 답할 수 있어야 앞으로 일어날 비슷한 비극들을 조금이나마 줄일 수 있을 것이다. 잊지 않으려는 노력은 매우 중요하다. 고통스럽더라도 모두가 잊지 않으려고 노력해야 안전에 대한 투자를 단순히 비용이라고 생각하는 지배적인 가치관이 바뀔 수 있기 때문이다. 그러나 잊지 않으려는 노력에 더하여, 연구자로서 우리는 세월호 참사를 불러온 원인이 무엇인지에 대한 객관적 분석을 내놓는 것이 마땅히 해야 할 몫이라고 생각했다. 단순히 비극을 잊지 않고 희생자들을 추모하는 것에 그치지 않고, 같은 일이 반복되지 않으려면 무엇을 잊지 말고 무엇을 바꾸어야 하는지를 알아야 하기 때문이다.

세월호 참사를 제대로 이해하기 위해서는, 역설적이지만 사건의 안으로 파고들기보다 사건의 바깥을 봐야만 했다. 사건의 안으로 파고드는 접근에는 그 나름의 장점이 있다. 내시경으로 몸속을 들여다보며 환부를 찾듯이 세월호 참사의 내막을 최대한 정교하게 검토하여 누가 언제 무슨 행동을 했으며 얼마만큼의 책임을 가지고 있는지를 찾아낼 수 있을 것이다. 그러나 이것은 연구자보다는 조사 권한을 가지고 있는 정부나 국회가 백서의 형태를 통해 더 잘할 수 있는 일이다. 사건의 안으로 파고드는 접근에는 뚜렷한 한계가 있기도 하다. 무엇보다 연구의 범위를 해당 사건에만 국한하면, 비슷한 종류의 다른 사건들을 계속해서 일으키는 '사회적 취약성'을 밝히는 데 실패할 가능성이 크다. 세월호 참사의 내막을 더 잘 밝힐 수는 있겠지만, 우리 앞에 언제 나타날지 모르는 또 다른 침몰, 붕괴, 폭발 등을 막아내기는 어렵다. 똑같은 태풍이 한반도를 강타하더라도 북한 지역의 피해 규모는 남한의 수백 배에 달한다. 비슷한 강도의 지진을 겪더라도 중국의 피해 규모가 일본의 열 배에 달한다. 재난을 증폭시키는 사회적 취약성 때문이다. 세월호 참사에서 교훈을 얻어 우리가 가지고 있는 사회적 취약성이 무엇인지를 밝히고, 그럼으로써 다가오는 비슷한 재난을 막아내려면 사건의 바깥으로 나와 더 큰 틀에서 재난을 바라봐야 했다.

먼저 우리는 안전이 공공재라는 점에 주목했다. 아무리 힘이 있고 돈이 있고 능력이 뛰어난 사람이라 하더라도 혼자 힘으로 안전을 만들어내지는 못한다. 공공재로서의 안전이 확보되지 않은 상태에서는 위험이 상존하며, 저마다 자신이 가진 능력을 동원해 위험에서 도피하고자 시도할 뿐이다. 그러한 시도는 종종 성공하는 것처럼 보이지만, 사실은 그렇지 않다. 위험사회, 그것도 한국처럼 과거형 위험과 미래형 위험이 공존하는 '이중위험사회'에서 얼마나 빨리 혹은 얼마나 많이 실패하느냐의 차이가 있을 뿐, 개인적인 능력을 동원해 위험에서 도피하려는 노력은 실패할 수밖에 없기 때문이다. 그렇다면 집단적인 노력을 통해 위험에서 벗어나려는 시도가 필요하다. 그래서 우리는 재난의 문제가 근본적으로는 공공성의 문제라고 보았다.

아니나 다를까, 자료가 가용한 OECD 30개 국가에 대해 공공성 지표를 구축하고 국가별 공공성 순위와 유형을 분석해보니 한국 사회는 심각한 공공성 위기에 빠져 있음이 확인되었다. 우선 공공성 순위 면에서 한국은 30개 국가 중 꼴찌였고, 공공성 유형별로도 '배제적 자유주의' 유형에 해당했다. 우리는 종종 자유시장경제에서 개인의 선택과 책임을 강조하지만, 그것이 가능하려면 최소한 기회의 평등이 보장되고, 시장의 규칙이 지켜지며, 공동의 문제에 대한 정보가 투명하게 공개되고, 실질적인 참여가 보장되어야 한다. 그런데 우리는 이런 조건들이 충족되지 않은 상태에서 개인의 선택과 책임만을 강조하다 보니 공동의 이익에 헌신하기보다는 우선 내 살 길을 찾을 수밖에 없는 '각자도생의 사회'가 되었고, 이러한 공공성 결여는 위험에 대한 공동 대응이 아니라 '위험의 개인화'를 가져온다. 앞서 지적했듯이 위험은 개인의 능력으로 없앨 수 없는 것이어서 위험의 개인화는, 결국 정도의 차이가 있을 뿐 누구도 재난에서 자유로울 수 없다는 것을 의미한다. 실제로 자료 분석 결과는 공공성이 낮을수록 위험 수준은 높고 위험관리 역량은 낮다는 점을 보여준다.

위험 혹은 재난이 공공성과 밀접하게 관련되어 있다면, 우리보다 공공성이 높은 나라들은 재난에 어떻게 대처하는지를 확인해볼 필요가 있었다. 이 작업은 두 가지 서로 관련된 의미들을 담고 있다. 첫째로, 다른 나라들은 어떻게 대처하는지를 봄으로써 우리에게 주어진 선택지를 넓힌다는 의미다. 그동안 크고 작은 재난에서 늘 그래왔듯이 세월호라는 참사 앞에서도 우리는 책임자 처벌, 진상 규명 요구, 보상을 둘러싼 갈등 등 몇 가지 익숙한 방식에서 벗어나지 못했다. 정말 이런 방법밖에 없는가? 재난이 발생한 만큼 갈등이 불가피하다 하더라도 더 지혜로운 방식의 갈등을 할 수는 없는 것일까? 둘째로, 비슷한 재난이 자꾸 반복되는 이유를 찾는 것이다. 그러려면 특정한 재난에만 국한하지 말고 특정 사건 바깥으로 나가 이 모든 재난들을 가져오는 공통의 이유를 찾아야 한다. 재난을 겪은 다른 나라들과 비교하는 것은 국가들 간의 차이와 각 국가들 내부의 공통점을 잘 보여주어, 재난을 반복하게 만드는 우리의 사회적 취약성이 무엇인지를 알 수 있게 해준다.

우리의 비교 사례는 일본의 후쿠시마 원전 사고, 미국의 허리케인 카트리나, 독일의 원전 폐쇄 결정, 네덜란드의 북해 대홍수다. 우리와 거의 비슷하게 낮은 공공성 수준을 보여준 일본의 후쿠시마 원전 사고는 공공성이 결여된 사회에서 재난이 어떻게 증폭되고 어떤 경로를 거쳐 재난으로부터 교훈을 얻는 데 실패하는지를 생생하게 보여주었다. 한국에서 세월호 참사 이후 소위 관피아 문제가 부각되고 원전을 둘러싼 원전마피아에 대한 우려가 부각되었듯이, 우리와 공공성 수준이 비슷한 일본에서도 '원자력마을'이라 불리는 폐쇄적인 이익집단은 원전과 방사능에 대한 정보공개를 최대한 차단함으로써 결과적으로 사고를 키우고 원활한 수습을 저해하는 역할을 했다. 또한 한국이 겪고 있는 것과 마찬가지로 양극화 심화로 인한 공정성 저하는 사람들이 후쿠시마의 기억에도 불구하고 경제성장을 위해 원전 재가동을 추진하는 정치세력을 선택하게 하는 결과를 낳았다. 이제 일본은 방사능에 대한 정보가 투명하게 공개되지 않은 상태에서 원전 재가동을 향한 길을 가기 시작했다.

미국의 허리케인 카트리나 사례를 통해 우리는 미국 민주주의의 힘과 미국식 불공정 사회의 어두운 면을 동시에 확인할 수 있었다. 9·11 테러 이후 대테러 기능의 강화가 핵심 과제로 떠오르면서 미국의 재난관리 거버넌스는 혼란에 빠졌고, 카트리나는 바로 그 거버넌스의 혼란 상황에서 찾아왔다. 마치 세월호 참사 때 한국 정부에서 각 부문 간 협력이 원활히 이루어지지 못하고 심지어 컨트롤타워 논란까지 불러일으켰듯이, 그들도 연방정부와 주정부, 그리고 시민사회 사이에 조정과 협력이 이루어지지 못했고, 국토안보부와 연방재난관리청 사이의 업무 분장도 애매했으며, 이는 재난을 더욱더 키웠다. 그러나 카트리나 이후 미국 민주주의의 힘이 발휘되기 시작했다. 연방정부와 의회가 나서서 초당적 협력을 통해 철저한 자료 조사와 증언, 청문회 등을 거치면서 방대한 분량의 백서를 발간했다. 그리고 이에 기초해 포스트카트리나 재난관리개혁법을 만들어냈고, 다시 여기에 근거하여 재난관리 거버넌스를 재편했다. 이는 몇 년 후 허리케인 샌디가 찾아왔을 때 그 힘을 제대로 발휘했다.

하지만 다른 한편으로, 개인의 선택과 책임을 유독 강조하는 미국식 자유주의는 위험의 불평등 문제를 낳았다. 미국에서도 유난히 흑인과 빈곤층 비율이 높은 뉴올리언스에서 카트리나가 찾아오기 이전부터 이미 위험은 불평등하게 분포되어 있었다. 막상 허리케인이 찾아오자 위험 불평등의 민낯이 드러나기 시작했다. 침수 취약 지대에 몰려 살고 있던 흑인과 빈곤층이 주로 피해를 입었고, 심지어 재난 대피 계획조차 중산층을 염두에 둔 승용차 위주의 것이어서 승용차가 없는 취약 계층은 대피조차 쉽지 않았다. 세월호 참사 이후 사회 일각에서, 만약 배에 타고 있었던 아이들이 강남 8학군 학생들이었다면 어땠겠느냐 하는 한탄이 나왔던 것을 연상케 하는 대목이다. 미국 사회의 이러한 위험 불평등은 카트리나 이후에도 달라지지 않았다. 이재민에 대한 지원정책이 세입자보다는 주택 소유자 위주로 이루어지고, 학교 설립이나 복구도 중산층 이상의 가정을 염두에 둔 차터스쿨 중심으로 이루어지는 등 재난복구 과정이 곧 사회적 배제의 과정으로 작용하기도 했던 것이다.

상대적으로 공공성 수준이 높은 독일은 일본의 후쿠시마 원전 사고 이후 사회적 합의 과정을 거쳐 독일 내 모든 원전을 2022년까지 폐쇄하기로 결정했다. 아직 현실화하지도 않은 잠재적 위험에서 벗어나기로 결정한 것이다. 직접 후쿠시마 사태를 겪은 일본이 원전 재가동의 길을 가기 시작했으며, 일본의 바로 옆에 위치할 뿐 아니라 200기 가까운 원전을 짓고 있는 중국과 서해를 사이에 두고 있는 우리가 원전 의존률을 높이고 수명이 다한 원전의 수명을 연장하려는 것과는 대조적이다. 우리는 무조건 탈핵을 해야 한다고 주장하는 것은 아니다. 원전 전문가가 아니라 사회학자인 우리는 원전 기술 자체의 안전성에 관해 말할 지식을 가지고 있지 않다. 다만 여기서 원전을 둘러싼 의사결정이 이루어지는 방식에 관해 말하고 있을 뿐이다. 세월호 참사를 보라. 배가 침몰하지 않도록 막는 기술을 몰라서 참사가 일어난 것이 아니지 않은가. 많은 경우에 재난은 기술 그 자체보다는 기술을 운용하는 사람과 조직의 문제, 그리고 그와 관련한 사회의 둔감성 때문에 일어난다. 이렇게 본다면 세월호보다 훨씬 복잡하고 불확실성이 높은 기술인 원전을 둘러싼 의사결정 방식은 기술 그 자체와는 별개로 매우 민감하게 다루어져야 한다. 기술이 안전하니 믿고 따르라는 방식은 곤란하다는 말이다.

독일의 탈핵 결정은 사실상 1970년대 이후 40년 이상의 노력과 투자, 사회적 합의의 과정을 거쳐 이루어진 것이다. 시민사회에서 시작된 반핵운동은 단순한 반대 운동에 그치지 않고 대안에너지를 찾는 진지한 노력으로 이어지고, 1980년대 체르노빌 원전 사고의 직접적 피해를 입은 경험과 더불어 녹색당이라는 정치세력 결성을 통해 의회로 진출하기에 이른다. 우리보다 훨씬 더 비례성과 사회적 대표성이 높은 독일의 정치제도는 한국처럼 승자독식의 정권이 아니라 선거의 승자와 패자가 함께 정책을 만들어나가는 연정을 이루게 하고, 사민당과 녹색당의 적녹 연정을 통해 제1차 탈핵 결정을 하기에 이른다. 그 과정에서 원전사업자인 공기업들을 포함한 사회 각 집단에서 에너지를 둘러싼 사회적 합의에 도달하려는 노력이 끊임없이 이어지고, 대안에너지인 신재생에너지에 대한 투자도 꾸준히 이루어진다. 2000년대 들어 보수 정권의 등장과 함께 흔들릴 뻔했던 탈핵 결정은 후쿠시마 원전 사고 이후 다시 각성한 범사회적 요구에 따라 다시 제자리를 잡게 되고, 보수 정권인 기민당 메르켈 총리는 탈핵을 최종 결정한다.

수십 년에 걸친 준비 과정과 최종적인 탈핵 결정을 통해 독일은 많은 것을 얻었다. 첫째, 세대 간 정의로 대표되는 명분이다. 원자력은 핵폐기물을 통해 우리의 불확실한 부담을 미래 세대에게 넘기는 윤리적 문제를 가지고 있는데, 독일은 이 문제를 전면에 내세우면서 탈핵을 결정했다. 후쿠시마 이후 우리는 원자력안전위원회를 설치했지만, 독일은 원자력윤리위원회(정식 명칭 '안전한 에너지 공급을 위한 윤리위원회')를 설치했다. 탈핵을 최종적으로 권고하는 보고서를 낸 것도 바로 이 원자력윤리위원회다. 둘째, 경제적 실익이다. 오랜 기간에 걸친 신재생에너지 투자를 통해 독일은 이 분야의 최강자가 되었고, 이미 40만 명 가까운 고용을 창출했으며, 이는 앞으로 더 늘어날 전망이다. 셋째, 경제사회 모델의 전환이다. 원자력은 그 성격상 소수의 독과점 기업이 생산할 수밖에 없지만, 신재생에너지는 중소기업이나 심지어 개인도 생산할 수 있다. 경제력 독점의 문제를 자연스럽게 해소하는 것이다.

세월호 참사 이후 우리는 '잊지 말자'고 다짐하고 있지만, 사회 일각에서는 '이제 그만 잊자'고 말한다. 잊지 않는 것이 왜 중요한지를 잘 보여주는 사례는 비교 대상 국가 중 공공성 수준이 가장 높은 네덜란드다. 네덜란드는 국토의 대부분이 해발 1미터 이내에 있어서 상시적인 침수 위험에 노출되어 있는 나라다. 1920년대와 1930년대에 걸쳐 네덜란드에서는 바닷물 범람을 막기 위해 제방의 근본적인 증축이 필요하다는 의견이 여러 차례 제출되었지만, '안전을 비용으로' 인식하고 그보다는 우선 '성장에 투자'하기를 원했던 네덜란드 정부는 미봉책에 그치고 만다. 그러던 중 1953년 네덜란드를 덮친 북해 대홍수는 상상을 초월하는 피해를 남긴다. 1953년까지 네덜란드의 경험은 2014년 한국의 경험과 별반 다르지 않다. 그러나 1953년부터 네덜란드의 경험은 우리의 경험과는 천양지차를 보인다.

다시는 이런 재난을 되풀이하지 않겠다는 집단적 각성과 함께 네덜란드는 즉각적으로 델타위원회를 구성해 수해에 대비하는 작업을 시작했다. 그리고 그 작업은 60년이 지난 오늘날까지 이어지고 있다. 그들은 절대로 '잊지 않고' 있는 것이다. 그들은 40년에 걸쳐 국토를 새로 그리다시피 하는 제방 축조 작업을 진행했고, 이후에는 강물의 범람에 대비하는 사업을 진행했으며, 최근에는 기후 변화에 대비하는 작업으로 이어가고 있다. 이것이 가능했던 중요한 요인 중 하나는 '기둥화 pillarization'라고 불리는 사회의 중간 조직이 활발한 역할을 했다는 데 있다. 개인들을 사회와 묶어주는 중간 조직이 거의 사라지고, 모두가 고립된 채 살아가는 개인화 현상이 심각하게 진행되고 있으며, 그 빈자리를 동창회나 향우회 같은 연고 집단만이 채우고 있는 한국의 현실과 견주어볼 대목이다. "아이를 키우려면 마을 전체가 나서야 한다 It Takes a Village to Raise a Child"라는 힐러리 클린턴의 책 제목처럼, 우리의 안전을 지키기 위해서도 중간 조직을 통해 다른 사람들과 연결해나가는 일을 포기해서는 안 된다.

이 책이 나오기까지 서울대학교 사회발전연구소 연구진은 미력하나마 최선을 다했다. OECD 국가 전체에 대한 공공성과 위험 관련 모든 지표들을 분석하고, 세계가치관조사World Values Survey를 활용해 여러 나라 국민들의 가치관을 분석했다. 비교 대상 5개국의 대표적 재난 사례들에 대해 상세하게 조사하고 한국을 제외한 4개국을 직접 방문해 50여 명의 전문가를 직접 인터뷰했다. 국내의 재난과 공공성 관련 전문가들을 초청해 여러 차례에 걸쳐 발표를 듣고 의견을 나누기도 했다. 1년간 50여 차례의 회의를 거치면서 연구진 내부의 의견을 조율했다. 그러다 보니 각각의 장을 쓴 필자는 따로 있지만, 모든 장 속에는 전체 연구진의 아이디어와 땀방울이 함께 녹아 있기도 하다. 각각의 장을 맡아 집필한 필자들은 다음과 같다.

1장 세월호가 우리에게 던지는 질문들 _ **조병희**

2장 세월호 침몰과 재난의 사회학 _ **이재열**

3장 문제는 공공성이야 _ **구혜란**

4장 우리를 잃어버린 시대의 재난, 후쿠시마 원전사고 _ **김지영**

5장 허리케인 카트리나, 누가 자연재해라 말하는가 _ **고동현**

6장 독일의 탈핵 결정, 사회적 합의가 먼저였다 _ **김주현**

7장 델타 프로젝트, 국가적 재난을 잊지 않는 방법 _ **정병은**

8장 무엇을 할 것인가: 세월호 패러다임의 전환을 위하여 _ **장덕진**

이 책 발간에 조금 앞서서 이번 연구 결과는 ≪한국사회정책≫, 제22권 2호의 특집호로 발간되기도 했다. 특집호에는 다음과 같은 논문들이 실렸다.

장덕진·조병희·이재열. 「재난은 왜 공공성의 문제인가: 한국, 일본, 미국, 독일,
　　네덜란드의 재난 비교연구」.

구혜란. 「공공성은 위험수준을 낮추는가?」.

김지영. 「일본의 공공성 변화가 후쿠시마 원전사고 극복과정에 미친 영향」.

고동현. 「사회적 재난으로서의 허리케인 카트리나」.

김주현. 「공공성을 기반으로 한 독일의 위험 거버넌스」.

정병은. 「네덜란드의 홍수 위험 극복과 공공성」.

그러나 이 책은 학술지에 실린 논문들을 단순히 다시 모아놓은 것은
아니다. 세월호라는 국가적 참사의 교훈을 학계 바깥의 독서 대중과 공
유하기 위해 학술지보다는 조금 더 대중적인 글쓰기를 통해 거의 새롭게
쓴 것이다. 그러다 보니 일부 지나치게 기술적이거나 전문적인 부분은
책에서는 빠진 것도 있다. 그러한 정보를 원하는 분들은 위에 적은 논문
들을 참고할 수 있을 것이다.

이 연구는 2013년 정부(교육과학기술부)의 재원으로 한국연구재단의
지원을 받아 수행되었다. 이에 더해 SBS문화재단의 연구비 지원이 있었
기에 이와 같은 대규모 비교연구가 가능할 수 있었다. 두 기관 모두에 깊
이 감사드린다. 특히 SBS는 단순한 연구비 제공 기관이 아니었다. 윤석
민 부회장과 이웅모 사장은 학술연구의 가치와 공공성에 대한 깊은 이해
와 일관된 지원으로 대규모 비교연구를 가능하게 해주셨다. 신경렬 국장
을 비롯한 미래부 소속 기자들은 한 해 동안 연구자들과 여러 차례 세미
나를 같이 진행하고 지혜를 빌려준 동료였다. 비록 저자로 포함되지 않
았다 하더라도 이분들의 열정이 이 책 속에 같이 녹아 있음은 물론이다.
연구 내용 중 상당 부분은 2014년 11월 SBS 연간기획 '미래한국리포트'

를 비롯한 일련의 프로그램을 통해 방영되기도 했다. 학술논문 이외에도 방송과 이 단행본 등 다양한 경로를 통해 연구의 결과를 세상과 공유할 수 있기를 바라는 마음이다.

필진으로 참여한 이들 이외에도 연구조교로 참여한 많은 대학원생들의 노고가 있었다. 이들은 단순히 연구조교가 아니라 동료 연구자로 불러도 손색이 없을 능력과 노력, 그리고 팀워크를 보여주었다. 양종민, 조원광, 서형준, 성연주, 양준용, 구서정, 강상훈, 진달래, 반미희 등이 그들이다. 연구와 관련된 모든 행정을 도맡아 최적의 연구 환경을 제공해준 유선 행정실장에게도 고마움을 전한다. 짧은 시간에도 불구하고 최선의 결과물을 만들어준 도서출판 한울에도 깊이 감사드린다.

2015년 3월
저자들을 대표하여
장덕진

1장

세월호가
우리에게 던지는 질문들

이 바다를 기억하라

세월호를 기억해야 하는 이유

1년 전 세월호가 침몰하는 모습을 지켜보면서 대한민국이 아직도 이런 수준의 나라였는가 하는 의문이 들었다. 경제가 발전해 선진국 대열에 진입했고, 원조를 받던 나라에서 원조를 하는 나라가 되었는데, 어떻게 기초적인 해상교통의 안전도 확보하지 못해 304명의 희생자를 내는 전형적인 후진국형 사고가 발생했을까? 사고와 재난은 언제 어디서나 발생할 수 있다. 이미 발생한 사고와 재난에서 교훈을 얻고 적절한 대책을 세워 반복되지 않게 하는 것이 상식이다. 그런데 비슷한 재난이 반복해서 발생하는 것을 보면 아직도 우리 사회는 재난의 교훈을 제대로 배우지 못하고 있다.

　세월호 침몰 사고(이하 세월호 참사)와 유사한 사고는 이전에도 여러 번 있었다. 1993년 서해 페리호 침몰 사고가 발생해 292명이 사망했는데, 그로부터 21년이 지나 세월호가 침몰해 304명이 죽거나 실종되었다. 그 사이에도 삼풍백화점 붕괴, 성수대교 붕괴, 씨랜드 화재, 대구지하철 화재 같은 대형 재난이 계속 발생했다. 세월호 참사 직전에도 태안 청소년 훈련캠프 익사 사고, 경주 리조트 강당 붕괴 사고가 있었으며, 세월호 침몰 이후에도 판교 환풍구 붕괴 사고가 발생했다. 대형 재난이 발생할 때마다 원인 분석과 함께 제도적인 대책이 마련되었음에도 유사한 재난이 계속 발생한다는 것은 우리 사회의 재난관리 대책이 실효성이 없음을 암시한다.

21년 전 발생했던 페리호 침몰 사고에 대해 제대로 원인을 규명하고 개선책을 마련했더라면 세월호 참사는 아마도 일어나지 않았을 것이다. 세월호 참사 직전에 있었던 태안 청소년캠프 사고나 경주 리조트 붕괴 사고에서 학생 집단활동 간 안전에 대해 교훈을 얻고 대책을 마련했다면 더 많은 학생들이 구조되었을지도 모른다. 수많은 매몰 사고나 붕괴 사고에서 인명구조 방법의 개선과 구조기관들 사이의 협력 체계 구축의 필요성을 인식하고 이를 실천했다면 더 빨리 더 많은 학생을 구조했을 것이다. 정부가 오직 경제 활성화를 목적으로 기업에 대한 규제 완화에 몰두하지 않고 최소한의 안전을 확보하기 위해 여객선 선령이나 화물의 과적을 제대로 규제했다면 애당초 침몰 사고가 발생하지 않았을 것이다. 이렇듯 세월호의 침몰은 우연히 발생한 것이 아니라, 많은 위험 요소들이 제대로 관리되지 못하고 그 위험들이 축적되어 발생했다.

사고와 재난이 반복해서 발생하는데도 우리 사회는 왜 거기서 교훈을 얻지 못할까? 그것은 재난의 원인을 일부 당사자들의 욕심이나 무지 같은 개인적인 문제로 돌리기 때문이다. 사회제도에는 많은 이해관계가 얽혀 있기 때문에 이를 바꾸기가 어렵다. 그렇다 보니 일부 개인의 잘못으로 돌리고 문제를 덮어버리는 경향이 있다. 세월호 참사에서도 선장을 비롯한 선원들이 승객 구조를 외면하고 자신들만 구조되는 무책임한 모습을 그대로 드러냈다. 그리고 세월호에 화물을 과적해 침몰 원인을 제공했던 선박회사의 최고경영자이자 종교단체의 수장이었던 인물이 이 참사의 책임자로 수배되었다. 그를 체포하기 위해 전국의 경찰과 검찰이 움직였고 일부 군 병력까지 동원되었다. 그러나 그는 죽은 채 발견되면서 '희생양'이 되지 못했다. 세월호 선원들과 선박회사 경영진의 과실이나 직무유기는 분명 잘못된 일이고 처벌해야 한다. 하지만 이들을 처벌하는 것만으로 여객선의 안전을 확보할 수는 없다. 앞서 언급했던 여러 가지 제도적 문제점을 함께 개선해야 한다.

재난의 원인을 개인의 잘못에서 찾을 것인지, 제도의 불완전함에서 찾을 것인지에 따라 개선책은 크게 달라진다. 우리 사회에서는 사고와 재난의 원인을 개인에게서 찾는 경향이 강하다. 예를 들어, 교통사고에서는 운전자의 과실에만 주목하고 교통안전 시설의 개선에는 둔감하다. 산업재해에서는 근로자의 안전의식이 부족한 것만 탓하고 위험물질에 노출되는 것에 대한 예방 대책에는 소홀하다. 세월호 선원들에게도 직업적 소명감을 갖고 일할 수 있는 여건은 마련되어 있지 않았다. 위급 시 승객을 어떻게 구조해야 하는지에 대한 훈련도 받지 못했다. 이런 점이 개선되지 않으면 여객선의 안전을 확보하기 어렵다. 개인의 잘못으로 간주되는 사건 가운데 많은 부분이 사실은 제도의 미흡 탓에 발생한다. 재난이 발생했을 때 재난의 책임을 개인에게만 묻게 되면 그 당사자는 모든 수단과 방법을 동원해 자신의 잘못을 최소화하거나 남에게 전가한다. 조직의 경우에는 재난 방지나 구조 활동에 나서는 조직 말단의 일선 요원들이 제대로 구조하지 못한 책임을 지게 되고, 정작 정책과 제도를 부실하게 만든 책임이 큰 상급자들은 책임에서 벗어난다. 조직과 제도의 개혁보다는 개별 사안의 희생양만 찾다가 조사가 흐지부지 종결된다.

재난의 책임을 개인에게 묻는 것은 '썩은 사과'를 골라내는 것과도 같다. 조직에는 여러 구성원들(사과들)이 있다. 다수는 양심적이겠지만, 일부 양심 불량의 썩은 사과가 있을 수 있다. 그대로 두면 주위의 다른 구성원도 썩게 만들기 때문에 가려내 버려야 한다. 그러나 만일 기온이 올라가거나 보관 방식에 문제가 있는 경우 모든 사과가 썩을 위험에 처하게 된다. 사과가 썩는 것은 개인의 도덕성만의 문제가 아니다. 거기에는 직무환경과 조직문화가 더 크게 작용한다. 따라서 직무환경과 조직문화를 개선해 부패방지 규범이 항시 작동하도록 만드는 것이 더 근본적인 해결책이다. 그렇지만 조직문화의 변화는 필연적으로 이해관계의 변화를 수반하기 때문에 내부적인 반발을 초래한다. 또한 제도 개선보다는 개인에게 문제의 원인을 돌리는 쪽으로 사회 관념이 지배하는 상황에서는 제도를 고치기가 쉽지 않다.

재난의 책임을 개인에게 묻는 것은 해당 개인의 인간적 한계, 과실이나 무책임, 탐욕이나 도덕적 결점을 들추어내는 과정이다. 그래서 개인적 과실이 일어나지 않도록 직무 감독을 철저히 하는 것 이상의 교훈은 없다. 썩은 사과를 찾아내 제거하는 것으로 재난의 조사와 대책은 종결된다. 모든 원인을 개인의 과실로 돌린다는 것은 재난의 구조적 원인 규명을 외면하는 것이다. 그럴 경우 자신의 가족들이 왜 죽어야 했는지를 알고자 하는 유족의 질문에 답을 제시할 수 없다. 재난을 당한 유가족의 억울함을 풀기 위해서는 그들의 슬픔에 공감하면서 희생자들이 왜 죽을 수밖에 없었는지를 명백하게 밝혀야 한다. 유족들은 억울함을 하소연하다 아무도 도와주지 않으면 자포자기 상태가 된다.

정부는 정확한 원인 규명을 하지 않고, 유족들은 억울함을 하소연할 곳이 없고, 세상은 시간이 지나면서 사건을 망각한다. 유족들은 이런 한국 사회에 절망했다. 1999년 씨랜드 화재 사고로 유치원생 19명과 교사 4명이 숨졌다. 당시 희생자 부모 중 한 명이 국가대표 체육선수였는데, 자신들의 억울함을 외면하는 국가에 분노하면서 훈장을 반납하고 뉴질랜드로 이민을 떠났다. 그는 씨랜드 화재 사고가 발생한 지 15년이 지났어도 달라진 것이 없음을 지적했고, 세월호 유족을 일으켜 세워줄 사람은 국민밖에 없다고 토로했다(≪서울신문≫, 2014.4.25).

세월호 참사도 재난이 망각되어갔던 경로를 밟았다. 세월호가 침몰하고 나서 약 100일 동안은 사실상 국민적 애도 기간이었다. 사고가 보도된 이후 전 국민이 음주가무를 절제하면서 희생자들을 추모했다. 지역 사회의 축제는 물론 각종 단체의 봄맞이 행사가 모두 취소되었고, 개인들의 소소한 모임도 취소되거나 축소되었다. 공식적인 애도 기간이 선포되지는 않았지만 모든 국민이 자발적으로 애도에 동참했다. 하지만 시간이 지나면서 애도의 분위기는 점차 옅어졌고, 진상 규명은 제대로 이루어지지 않았다. 선원과 선박회사 경영진이나 해상관제센터 직원 등 침몰 사고에 직접 관련된 개인들에 대한 사법당국의 조사와 법적 처벌은 빠르게 진행되었지만, 정작 침몰의 원인 규명과 대책 수립 같은 제도 개선은 이루어지지 못했다.

잊으려는 자와 기억하려는 자

세월호 유족들은 거리로 나섰다. 세월호 참사에서 과거의 재난과 다른 점이 있다면 유가족들이 뭉쳐서 조직적으로 '기억 투쟁'을 벌이고 있는 점이다. 유가족들은 한여름 거리에서 단식 농성도 했고, 대통령에게 직접 호소하기 위해 청와대를 찾아가기도 했으며, 안산에서 서울까지 도보 행진도 했다. 겨울에는 전국을 돌아다니며 자신들의 생각을 전달했다. 유가족들이 거리로 나선 것은 세월호에 대한 기억이 점차 지워지는데 진상 규명은 이루어지지 않고 있기 때문이다.

게다가 여름부터 여론이 약간 변했다. 세월호 침몰 진상 규명과 유가족 지원을 위한 '세월호 특별법' 제정을 요구하며 유가족들이 농성에 들어가자 일부 보수단체 회원들이 반대집회를 열고 "나라 위해 목숨 바친 것도 아닌데" 과도한 보상을 요구한다고 비판했다(≪한겨레신문≫, 2014. 7.18). 사실 여부와 관계없이 유가족들이 과도한 보상을 요구한다는 루머가 널리 유포되었다.

2014년 7월 30일에 실시된 국회의원 보궐선거에서 승리한 여당은 세월호 문제에 대해 국가의 책임을 축소하고 개인의 비리로 규정하려 했다. 여당 국회의원들은 세월호 참사가 해상 교통사고이기 때문에 그에 준해서 보상해야 하고, 세월호 조사위원회에 수사권이나 기소권도 줄 수 없다고 주장했다(≪동아일보≫, 2014.7.24; ≪한겨레신문≫, 2014.7.29). 시간이 지나자 유족들의 '기억 투쟁'에 반대하는 목소리도 점차 커졌다. 유족들이 단식농성을 하던 광화문 거리에서 보수단체 회원 100여 명이 치킨과 피자를 먹는 이른바 '폭식 투쟁'을 하며 단식을 조롱하고 유족들에게 적대감을 표출했다(≪한국일보≫, 2014.9.7). 여름이 끝나갈 무렵 로마 가톨릭의 교황이 한국을 방문해 유족을 만나 위로하기도 했지만, 식어가는 추모의 분위기를 되돌리지는 못했다.

기억은 과거를 기록하면서 미래에 같은 잘못을 저지르지 않기 위한 행위다. 제2차 세계대전에서 홀로코스트를 저지른 독일은 종전 70년이 지난 지금도 나치의 잘못을 반성한다. 반면 일본은 같은 시기에 행한 전쟁범죄인 일본군 위안부 문제에 대해 반성은커녕 그 존재 자체를 지워버리려고 한다. 독일이 나치의 잘못을 계속 기억하는 것은 그런 잘못을 반복하지 않기 위해서다.

재난의 원인이 사회에 있더라도 오래 기억하고 희생자를 추모하는 것이 잘못을 반복하지 않고 재난을 예방하는 길이다. 국가 차원의 범죄에만 반성과 기억이 필요한 것은 아니다. 질병으로 죽어간 일반인도 주변 사람들이 모여 기억하고 추모한다. 1980년대 미국에서는 에이즈AIDS(후천성면역결핍증) 때문에 많은 사람이 죽었다. 유족들은 에이즈로 죽은 자들을 추모하는 퀼트를 만들어 전시하는 행사를 매년 개최했다. 죽은 자들을 기억해 에이즈가 불치의 질병이 되지 않도록 치료약을 개발하고 에이즈 환자를 지원하는 제도를 만드는 등 에이즈를 극복할 수 있도록 노력했다. 그런 노력 덕분에 에이즈는 이제 공포의 대상이나 낙인찍힌 질병이 아니라 만성질환으로 변했다. 반면 한국에서는 에이즈로 죽은 사람들을 가문의 수치라고 여겨 장례조차 제대로 지내지 않는 경우도 있었다. 에이즈 희생자를 거부하고 기억에서 지웠기 때문에 지금도 한국에서는 에이즈가 공포의 대상으로 남아 있다. 감염자들은 사회적 따돌림을 걱정하면서 감염 사실을 숨기기 때문에 치료에도 어려움이 있을 수밖에 없다.

국민적 추모의 시간이 길어질수록 정부나 집권세력은 정치적 부담이 크기 때문에 최대한 기억을 지우려 한다. 일부 보수단체는 기억을 지우기 위해 세월호 사건의 의미를 축소하고 전복했다. 세월호 농성장에 몰려와 데모를 하거나 '폭식 투쟁'을 한 사람들은 세월호 희생자를 북한의 공격으로 침몰한 해군 함정의 희생 군인들과 비교하면서 단순한 교통사고의 피해자로 규정했다. 이들은 국가를 위해 희생한 보훈 대상자보다 더 많은 보상을 요구하는 것은 잘못이라고 주장했다. 참사의 원인을 규명하고, 피해를 보상하고, 희생자를 기억해야만 재난의 반복을 방지할 수 있다. 굳이 '순국선열'과 비교해 희생자의 격을 낮추려는 것은 희생양 찾기에 실패했기 때문이다.

과거에는 사건이 발생하고 100일 정도 지나면 사회적 관심도 줄어들고 유족들도 지쳐서 사건이 자연스럽게 종결되었다. 그러나 세월호의 경우에는 100일이 지나도 추모 행렬이 계속되고, 희생자를 기리는 문화행사들이 열리고, 사고와 관련된 모든 기록을 보존하는 작업도 진행되었다. 유족들은 더욱 단결해 철저한 진상 규명을 요구했다. 기억을 지우려는 측에서는 '국가에 기여하지 않고 과도한 보상을 요구한다'는 담론을 만들어 '기억 투쟁'을 '보상 투쟁'으로 바꾸려 했다. 이들의 주장처럼 세월호가 단순 교통사고로 규정되고, 그에 준하여 보상되며 희생자들을 기억하지 않는다면, 재난에서 배우지 못해 유사한 재난이 다시 발생할 수 있다.

살아남은 자의 슬픔을 넘어 행동으로

제도적인 재난 해결이 정착된 서구에서는 재난이 발생하면 곧바로 정부나 의회가 조사위원회를 구성해 문헌 검토와 관련자 증언을 통해 원인을 규명하고 조사보고서를 발간한다. 이후 제도 개편 같은 후속 조치도 이루어진다. 우리나라에서는 이런 절차가 사실상 존재하지 않는다. 세월호 참사 발생 이후 언론 보도를 통해 단편적인 정황 증거들은 제시되었지만, 체계적 조사는 이루어지지 않았다. 사법 당국의 관련자 처벌은 범죄행위 유무를 따지는 것이기 때문에 진상 규명과는 거리가 있다. 정부는 세월호 참사를 기업주의 부도덕과 선원들의 무책임 때문에 발생한 사고로 규정하는 듯 보인다. 이에 맞서 유족들은 진상 규명을 위한 특별법 제정을 요구했다.

유족들이 요구한 세월호 특별법은 보상이 아니라 진상 규명에 초점을 맞추고 있다. 진상 규명을 제대로 하려면 사건과 관련된 유무형의 압력에서 자유로워야 한다. 또한 충분한 시간이 필요하며, 조사 결과에 따른 책임자 처벌 및 제도 개선이 이어져야 한다.

유족들의 요구사항은, 외부 압력에서 자유롭기 위해 조사위원의 절반을 유족단체에서 추천할 것, 조사 기간을 기본 2년으로 하고 1년 연장할 수 있을 것, 책임자 처벌을 위한 독립적 수사권과 기소권을 부여할 것 등이다. 이런 요구는 여당의 반대로 오랫동안 합의되지 못했다. 여당은 조사위원 구성에서 유족단체 추천(4명)보다는 국회 추천(16명)을 절대적으로 크게 하고, 조사 기간을 기본 6개월로 하되 3개월 연장할 수 있으며, 수사권과 기소권은 부여할 수 없다고 맞섰다. 이는 진상 규명보다 단기간의 형식적인 조사와 보상에 초점을 맞춘 것이다.

유족들의 세월호 특별법 제정 요구는 강력한 의지의 표명이었다. 세월호 특별법 제정을 촉구하는 시민단체들은 '세월호 잊지 않기' 전국도보순례 행사를 개최했다.

2014년 6월 27일 서울, 부산, 대구 등 세 지역에서 도보순례단이 출발해 진도 팽목항까지 걸어가면서 특별법 제정 촉구 서명운동을 벌였다. 이후 시민 350만 명이 서명한 특별법 제정 청원이 국회에 전달되었다. 7월 8일 유족 두 명이 십자가를 들고 안산에서 진도까지 39일에 걸친 순례길을 떠났다. 유족들은 세월호 사건 100일 즈음인 7월 23일 안산에서 서울광장까지 도보행진을 하면서 특별법 제정을 촉구했다. 7월 14일에는 유족들이 국회에서 단식 농성에 들어갔고, 이후 광화문과 청와대 입구에서 농성을 시작했다. 국회와 청와대 입구 농성은 11월에 종료되었지만, 광화문 농성은 2015년 1월 말 현재까지도 계속되고 있다.

세월호 특별법은 유족들의 기대에 미치지 못하는 수준에서 제정되었다. 수개월에 걸친 농성과 도보행진에 비하면 유족들이 얻은 것은 별로 없다. 세월호 특별법은 제정되었지만 진상 규명이 제대로 이루어질 수 있을지도 명확하지 않다. 특별법보다 중요한 소득은 유족들이 세상을 바라보는 관점이 바뀌고, 세월호 이전과는 다른 방식의 삶을 살기 시작했다는 것이다. 유족들은 2014년 가을부터 대학, 종교기관, 노동조합, 지역 단체 등을 찾아다니며 전국 간담회를 진행하고 있다. 수십 명이 모여서 대화하고 경험을 나누면서 '기억 투쟁'을 계속하고 있다.

유족들은 가족을 잃은 슬픔과 왜 죽어야 했는지 진상이 밝혀지지 않는 데 대한 분노를 경험했다. 침몰 당시 선원들이 탈출 지시를 하지 않고 '가만히 있으라'고 방송하면서 더 많은 희생자가 발생했다. 부모들은 "엄마도 똑같은 어른이라는 말을 들을까 봐", "죽어서 내 아들 똑바로 보겠다는 일념으로" 악착같이 버티고 있다(4·16 세월호참사 시민기록위원회 작가기록단, 2014). 이들은 재난을 겪으면서 자신들이 권력과 자본에 자발적으로 복종했다는 것을 깨달았다. 자신들이 돈벌이에만 몰두하고 가족의 안위만을 생각해 사회적 부패에 둔감했고, 그것이 세월호 참사의 원인이었다는 것을 인식했다. 그래서 이들은 전국을 돌아다니면서 간담회를 열고 사람들과 소통하면서 세월호 이후의 진상 규명의 필요성을 알리고 있다. 또한 자신들도 마을공동체를 만들어 권력과 자본으로부터 자유로운 삶을 추구하기 시작했다. 이들은 소규모 협동경제, 공동교육, 문화공동체 운동을 추진하고 있다(≪프레시안≫, 2015.1.25).

세월호 침몰, 판도라의 상자가 열리다

세월호가 침몰하면서 성장지상주의에 가려져 있던 한국 사회의 민낯이 드러났다. 세월호는 다음과 같은 질문을 제기했다.

① 선령 21년의 세월호는 어떻게 운항될 수 있었나

원래 여객선의 선령은 20년이었으나, 1991년에 엄격한 제한 조건을 준수할 경우에 한해 제한적으로 5년을 연장할 수 있게 했다. 그런데 2008년에 선령 제한을 30년으로 연장했다. 규제를 완화해 경제를 활성화한다는 것이 명분이었다(≪한겨레신문≫, 2014.4.18). 선령이 오래될 경우 사고 위험이 커지는 것은 당연하다. 그러나 위험 대비와 선박 안전을 위해 필요한 규제를 행정적 통제로 보거나 경제 활성화의 장애물로 규정하고, 이를 제거해 경제를 일으킨다는 것이 당시 정부의 논리였다.

② 과적과 정비 부실 등 운용상의 문제는 어떻게 지속될 수 있었나

운항 중인 선박이 급하게 방향을 바꾸면 한쪽 방향으로 기울어진다. 이때 배가 넘어지지 않고 평형을 유지할 수 있도록 화물의 적재량과 평형수(선박의 무게중심을 유지하기 위해 배의 밑바닥이나 좌우에 설치된 탱크에 채워 넣는 물)를 일정 수준으로 유지해야 한다. 하지만 사고 당시 세월호는 평형수를 줄인 데다 화물을 적재정량의 세 배 이상 과적했다. 그리고 이것이 침몰에 영향을 준 것으로 드러났다(≪연합뉴스≫, 2014.4.22). 출항 과정에서 경찰이나 해운항만청 등 감독관청에서 과적 여부에 대한 감독을 제대로 하지 않은 사실도 드러났다. 또한 침몰 과정에서 구조에 사용되는 구명장비들이 제대로 작동을 하지 않는 정비 부실도 밝혀졌다. 선박 정비나 수리를 맡은 회사는 세월호를 소유한 청해진해운과 같은 계열의 그룹이었다. 이들은 선박을 부실하게 점검하고 그 이득을 공유하는 이익공동체였다(≪MBN뉴스≫, 2014.4.22).

③ 학생들은 왜 세월호를 타고 수학여행을 가게 되었나

경제학자 우석훈(2014)의 분석에 따르면, 2000년대 후반부터 저가 항공의 등장으로 페리 산업이 경제성을 잃어가자 해운항만청이 해운업계의 어려운 사정을 도와달라는 협조공문을 교육청에 보냈고, 교육청은 다시 일선 학교에 협조공문을 보냈다고 한다. 결국 단원고 학생들은 해운업계 경제 살리기에 나선 정부의 요청에 따라 세월호를 타고 수학여행을 가게 되었다. 세월호 유족들도 경기도 교육청이 '배로 수학여행을 가라'는 공문을 보낸 사실을 확인했다(≪오마이뉴스≫, 2014.6.29).

④ 유병언 일가는 어떻게 비정상적 운영을 계속할 수 있었나

세월호는 부적절한 선박 개조, 과적, 선원들의 자질 문제, 정비 부실, 비상시 대비훈련 부재 등 총체적인 문제를 드러냈다. 또한 세월호를 소유한 기업의 모기업 대표인 유병언은 자신의 사진 작품을 계열사에 강매하고, 컨설팅 비용과 상표권료 등으로 수백억 원의 회사 돈을 빼돌렸다. 선박 유지보수에 써야 할 돈을 수수료 명목으로 유병언 측에서 빼돌려 부실 경영을 초래했고, 그것이 세월호 침몰의 간접 원인이라는 것이 검찰의 견해다(≪경향신문≫, 2014.4.30). 그 회사에 '구원파' 신자만이 입사할 수 있었던 것도 회사가 이렇게 운영될 수 있었던 하나의 원인이다. 회사 조직이 종교적으로 결속된 상황이었기 때문에 부실 경영의 사정이 외부에 노출되기 어려웠다(≪시사인≫, 2014.5.2).

⑤ 선원들은 왜 비양심적으로 행동했나

세월호 선원들은 침몰 과정에서 승객의 탈출을 돕지 않고 자신들만 탈출해 사법적 처벌과 사회적 비난을 받았다. 그런데 세월호에 근무하던 갑판부와 기관부 직원 17명 가운데 12명이 비정규직이고, 전체 승무원 29명 가운데 15명이 계약직이었다. 선박직 15명 가운데 10명은 근무 경력 6개월이 안 된 비숙련 노동자였다. 선장조차 월급 270만 원을 받는 비정규직이었다. 세월호 선원들은 저임금과 높은 노동 강도, 장시간 노동, 고용 불안 속에서 일하고 있었다(≪뉴시스≫, 2014.4.30). 이들에게 높은 수준의 직업적 소명을 요구하는 것은 무리였다. 세월호 3등항해사 박모 씨는 재판 과정에서 "경력은 많아도 주기적인 안전교육을 받지 못해 무지했고, 사고가 발생하자 아무것도 할 수 없었다"라고 진술했다(≪오마이뉴스≫, 2014.12.21). 이들은 배를 움직일 줄만 알았지, 안전과 관련되거나 사고 발생 시 구조와 관련된 직무는 부여받지 않았던 것이다. 결과적으로 선원들은 비양심적으로 행동했지만, 이들의 근무 여건과 직무 구조를 생각했을 때 승객 구조를 의도적으로 외면한 것으로 보기는 어렵다.

⑥ 승객은 왜 정상적인 안전교육을 요구하지 않았나

여객기를 타면 출발 전에 안전과 관련된 비디오를 상영하고 승무원들이 구명 장비의 위치와 위급 시 행동 요령을 알려준다. 하지만 여객선은 이러한 승객안전교육이 대체로 미비하다. 세월호의 경우 승객에 대한 안전교육은 물론이고 선원들에 대한 안전교육도 없었다. 이럴 때에는 승객이 먼저 안전교육을 요구할 수도 있지만, 실제로 그런 경우는 거의 없다. 승객들도 위험이나 안전에 대한 인식 수준이 낮기 때문이다. 승객들은 여객선 운항 과정에서 발생할 수 있는 위험에 대해 관용적이다. 또한 규정을 벗어나는 과적이나 승객 초과 탑승을 요구하기도 한다.

⑦ 해경은 왜 정상적인 모니터링과 구조 활동을 할 수 없었나

세월호 침몰 당시 진도 해상관제센터 직원들은 배의 침몰 상황을 파악하지 못하고 있었다. 운항을 모니터링해야 했지만 그들은 제대로 근무를 하고 있지 않았다. 침몰하는 세월호로 다가온 해경의 선박도 제대로 구조하지 못했다. 해경이 구조 활동에 무능했던 것은 사실이지만, 더 중요한 문제는 해경의 업무에서 안전이나 구조가 중요한 부분이 아니었다는 점이다.

해경은 해상 및 운항과 관련된 범죄 수사에 더 많은 관심을 기울여왔다(≪한경플러스≫, 2014.11.11). 구조를 위한 인력과 장비도 부족했고, 잠수 같은 기초적인 구조 능력도 부족했다. 정책적으로도 예산의 상당 부분을 중국어선 단속을 위한 경비함 건조나 헬기 확충에 사용하기 때문에 전문 구조선박 확보에는 투자하지 못했다(≪연합뉴스≫, 2014.4.30). 해경 함정 중에서 중형 함정은 서해상에 배치되어 중국어선 감시활동에 투입되고, 남해상의 항로 안전관리에는 소형 함정이 배치된다. 사고 당일 투입된 해경123호는 정원 13명의 소형 함정이었고, 구조 인력은 9명에 그쳤으며, 위성통신 장비와 구조 장비를 갖추고 있지 못했다. 따라서 세월호가 침몰하는 상황에서 제대로 접근조차 하지 못했다.

세월호 구조 및 희생자 수색 업무가 해군 및 민간 업체에 의해 진행된 것을 보면, 해상 구조라는 국가적 과제가 해경의 관장이라기보다는 사실상 민영화되어 있다는 것을 알 수 있게 한다. 진도 관제센터 직원들의 업무 태만도 사실로 밝혀졌다. 하지만 관제업무라는 전문 분야에 전문가를 배치하지 않고 일반직을 순환보직으로 운용하고 있기 때문에(≪한국해운신문》, 2014.5.29), 업무의 전문성이 확보되지 못하고 직무의 동기 수준이 낮은 점이 구조적 원인이었다.

⑧ 재난의 컨트롤타워는 어디인가

세월호 참사 같은 대형 재난이 발생했을 때에는 정부의 각 행정 부서, 해경, 해군은 물론 민간 조직까지 총동원해 대응해야 한다. 따라서 최상위 지휘소(컨트롤타워)는 모든 부서를 총괄할 수 있는 국무총리실이나 청와대가 담당해야 한다.

　세월호 참사가 발생하기 이전인 2013년 6월에 해양수산부가 작성한 해양사고 위기관리 실무 매뉴얼에 따르면 청와대의 국가안보실이 위기관리센터의 역할을 맡는 것으로 되어 있다. 안전행정부의 국가재난대응 체계도에서도 대통령 밑에 국가안보실이 있고, 그 밑에 안전행정부 장관이 중앙재난안전대책본부의 역할을 맡는 것으로 되어 있다. 국가안보실장은 세월호 참사 1년 전인 2013년 4월 18일에 국회 보고에서 국가안보실이 안보와 재난 및 국가위기상황을 24시간 모니터링하고 있다고 설명했다. 그런데 그는 세월호 사건 발생 1주일 후인 4월 23일에 국가안보실이 재난의 컨트롤타워가 아니라고 말했다(《연합뉴스》, 2014.4.24; 《국민TV미디어협동조합》, 2014.4.26). 이에 대해 청와대 비서실장은 "일반적 의미에서 청와대가 국정의 중심이니까 그런 의미에서의 컨트롤타워라면 이해가 되지만, 법적으로는 중앙재난대책본부장이며, 대통령은 구조하는 분이 아니"라고 해명했다(《연합뉴스》, 2014.7.10).

　재난 발생 상황과 피해 규모에 따라 재난의 등급이 매겨진다. 심각한 재난은 국가 차원의 대응이 필요하다. 모든 재난 대응을 청와대가 담당할 필요는 없지만, 심각한 재난은 그렇게 해야 한다. 그런데 청와대는 세월호 참사를 심각한 재난으로 판단하지 않은 것처럼 보인다. 재난이 발생하기 이전에는 국가안보실의 기능과 역할을 과대하게 설명하다가 재난 발생 이후에는 그 역할을 축소시키고 책임을 회피하는 것은 조직이기주의의 전형적인 모습이다.

⑨ 보고지휘체계는 얼마나 신속하고 정확했나

해경은 사고 당일 오전 8시 55분에 사고를 접수하고도 중앙재난대책본부와 국가안보실에는 9시 33분에 보고했다. 해경은 현장에 파견된 함정으로부터 학생 200~300명이 선체에서 빠져나오지 못했다는 사실을 보고받고도 오후 2시 39분에 작성한 상황보고서에 이 사실을 누락했다. 구조 상황과 관련해서, 오후 4시 33분에 수색 중인 잠수요원이 6명에 불과했지만 160명을 동원해서 선체 내부를 수색 중이라 보고했다. 해양수산부는 당일 오전 9시 40분에 위기경보를 국가 차원 대응 단계인 '심각' 단계로 발령하고도 국가안보실에는 11시 6분께 통보했다. 중앙재난대책본부는 당일 오후 2시 세월호 구조자 수를 368명으로 발표했다가 뒤늦게 164명으로 정정했다. 이것은 해경이 "190명 팽목항으로 이송 중"이라는 잘못된 소문을 사실인 것처럼 해경 본청에 보고한 후, 중앙재난대책본부가 이것을 그대로 구조자 수에 포함하여 발표하면서 일어난 일이었다. 해경 본청은 1시 55분에 구조자 숫자의 오류를 인지했지만 30분이 지나서야 중앙재난대책본부에 이를 보고했다(≪뉴시스≫, 2014.7.8). 이러한 사실들에서 위기대응 과정에서의 보고체계가 얼마나 느슨한지 적나라하게 드러났다. 사실 확인을 위해 다른 유관 기관들과 상호 협력하거나 크로스체크를 하는 등의 시스템은 전혀 작동되지 않고 있었다.

⑩ '관피아'는 왜 사라지지 않는가

세월호 참사의 원인 중 하나는 민관유착의 비리다. 해운조합은 세월호의 불법 과적 운항, 안전 점검, 출항 점검을 제대로 하지 않았고, 해경은 불법 운항계획서를 승인했으며, 한국선급은 세월호의 무리한 증축 허가를 내주었다. 이런 일이 가능한 것은, 이들을 감독하는 위치에 있는 해양수산부의 관료들이 퇴직한 이후에 이들 기관에서 요직을 차지하고 있기 때문이다. 해양수산부 산하에 해양행정 업무를 수행하는 14개 공공기관이 있고, 운항 관리와 안전검사를 담당하는 민간 업체들이 있다. 해양수산부의 퇴직 관료들이 산하 기관과 유관 기관의 요직에 있기 때문에 해양수산부는 관리감독을 제대로 수행하기 어렵다. 세월호의 인천-제주 항로 운항허가도 청해진해운이 항만청 간부들에게 뇌물을 주고 받아냈다(《중앙일보》, 2014.7.24).

이렇게 중앙정부, 산하 공공기관, 민간 유관 기관들이 이해관계의 사슬로 유착된 구조를 '관료 + 마피아'라는 의미로 '관피아'라고 한다. '관피아'는 해양수산부만의 문제가 아니다. 사회 전반에 이런 먹이사슬이 만연해 있다. 특히 고위 관료들의 유관 기관 취업이 관행으로 굳어져 바로잡기가 더 어렵다.

⑪ 진상 규명은 왜 더디기만 한가

세월호 참사의 진상 규명은 쉽게 진행되지 못하고 있다. 진상 규명을 위한 '세월호 특별법' 제정에만 8개월이 걸렸다. 특별법 제정을 지연시킨 핵심 쟁점은 진상조사위원회에 수사권과 기소권을 부여하느냐는 문제로, 이에 대한 유족들의 요구를 여당이 거부하면서 특별법 제정이 늦추어졌던 것이다. 여당은 이런 요구가 사법체계에 위배되는 것이기 때문에 수용하기 어렵다고 주장했다. 그러나 대한변호사협회를 비롯한 법률가들은 수사권과 기소권 부여가 위헌이 아니라고 판단했다. 결국 핵심 쟁점은 수사권과 기소권의 위헌 여부가 아니라 수사의 대상에 청와대 고위층이 포함되는가의 여부로 해석된다. 실제로 유족들은 세월호 침몰 당시 청와대가 언제 어떻게 사실을 파악했고, 어떤 조치를 취했는지 조사하기 위해 비서실장과 비서관의 청문회 증인 출석을 요구했다. 이것은 간접적으로 대통령이 제대로 역할을 수행했는지 파악하는 문제와 연결된다. 이 문제는 야당에게는 정치적 공세의 소재를 제공했고, 여당에게는 절대적 방어의 책임을 부여했기 때문에 정치적 논란으로 변했다.

세월호 참사가 정치적으로 해석되고 논란이 부각되면서 정작 필요한 진상 규명은 뒤로 밀렸다. 민주화를 위한 변호사 모임(민변)은 사건 초기부터 세월호 참사의 원인을 분석해 2개월 후인 5월 29일에 '세월호 참사 진상 규명을 위한 17대 과제' 중간보고서를 발표했다. 여기서는 정부의 규제 완화 정책, 정부조직 개편에 따른 혼란, 부실한 선박 운항 및 안전 관리, 해양사고의 무대책, 출항 관리에서 해경의 관리감독 소홀, 정확한 침몰 경위, 세월호 선원의 잘못된 대응, 해경의 잘못된 초기 대응, 정부 재난관리 시스템의 부실과 무책임, 해경의 구조활동 방해 의혹, 민간 업체 언딘과 해양수산부 해경의 부적절한 관계, 사고 이후 언론 통제와 은폐 의혹, 피해 가족에 대한 감시와 탄압, 청와대 대응과 지시 등을 규명해야 한다고 지적했다. 이런 이슈들은 대부분 정부의 해양행정 업무와 관련된 비리와 무능을 밝히는 것들이다. 자신들의 잘못을 밝히자는 것이기 때문에 정부와 여당이 소극적인 태도를 보였던 것이다.

⑫ 왜 그렇게 많은 국민이 충격에 휩싸였나

세월호 참사 발생 이후 많은 국민이 희생자 추모에 동참했다. 전국 126곳에 분향소가 설치되었고, 22일 만에 182만 명이 분향소를 찾아 조문했다(≪뉴스원뉴스≫, 2014.5.14). 수개월 동안 음주가무를 동반하는 각종 모임과 행사들이 취소되어 사실상 국가적 애도 기간이 유지되었다. 축구선수들은 검은 완장을 차고 경기에 임했고, 영화 개봉과 관련한 공식 행사도 취소되었다. 노란 리본 캠페인이 진행되었으며, 수많은 자원봉사자들이 진도에서 유가족들을 지원했다. 대부분의 국민이 모임, 외식, 쇼핑을 절제하고 트라우마 속에서 조용하게 지냈다. 요식업소와 유통업체의 매출은 크게 줄어들었다(≪SBS뉴스≫, 2014.4.21).

많은 국민이 세월호 참사에 충격을 받고 슬픔에 동참했던 것은 사고의 규모가 매우 컸다는 점, 청소년 학생들이 많이 희생되었다는 점, 지지부진한 구조 활동이 그대로 TV로 생중계되었다는 점, 사고 이후 관련된 정부 각 부처의 총체적 무능이 적나라하게 드러난 점 등의 이유로 한국 사회가 안전하지 않으며, 자신도 희생될 수 있다는 공포와 불안을 느꼈기 때문이었다.

⑬ 유족들은 왜 전면에 나서는가

세월호 참사에서는 유족들의 활동이 두드러졌다. 처음에는 가족의 시신을 찾기 위해 진도에 모여 있었지만, 시간이 지나자 진상 규명을 위한 세월호 특별법 제정을 요구하면서 조직적인 청원 활동을 전개했다. 유족들이 전면에 나선 것은, 재난관리 당사자들이 재난에서 교훈을 얻고 다시는 같은 일이 반복되지 않도록 제도를 개선하는 데 소홀했기 때문이다.

재난에서 교훈을 얻고 이를 조직과 제도 개선에 반영하는 조직을 학습조직learning organization이라고 한다. 정부나 공공기관들은 학습조직 기능이 약하다. 정부 조직은 비밀주의나 책임 회피, 부패와 먹이사슬, 재난에 대한 인식과 준비 부족 때문에 재난에서 교훈을 얻기보다는 재난을 잊고 빠져나가려고 한다. 이처럼 정부가 앞장서서 재난의 진상을 밝히려 하지 않기 때문에 유족들이 나서게 된 것이다.

우리는 안녕한가

특별히 위험한 한국: 과거형 재난과 미래형 재난의 중첩

독일의 사회학자인 울리히 벡Ulrich Beck은 '위험사회론'을 제안했다. 과거의 재난은 주로 홍수나 지진 같은 자연재해에서 비롯되었는데, 현대사회의 재난은 그 성격이 다르다는 것이다. 현대 문명이 발전하면서 생태계가 파괴되어 환경호르몬 문제가 대두되고 기후 변화가 발생했다. 이런 재난은 불확실성이 커서 대응하기가 어렵다. 또한 산업과 교역이 글로벌화되면서 위험도 글로벌화되었다. 전 세계에서 식품을 공급받게 되면서, 영국에서 광우병 문제가 발생하면 우리나라도 그 영향을 받는다. 또한 산업과 업무 구조가 복잡하고 많은 요소들이 네트워크화되면서 모든 과정을 관리감독하기 어려워졌고, 결국 인간적 한계가 드러났다. 그로 인한 위험도 커졌다. 예를 들면, 미국 우주왕복선 챌린저호 폭발 사고나 러시아 체르노빌 원전폭발 사고는 인간적 한계로 인한 작은 실수가 엄청난 재난으로 이어진 사건이다. 기업, 연구소, 정부의 정보 관리가 인터넷으로 연결된 상황에서, 한 곳에서 사고가 발생하면 그 여파가 전국으로 퍼져나갈 수 있다. 현대사회는 과거와는 달리 모든 사회적 구성 요소들이

유기적으로 연결되어 있기 때문에 한 곳에서의 작은 실수가 순식간에 전체 네트워크로 전파되어 큰 재난이 발생하는 새로운 위험이 제기되었다.

이런 새로운 위험은 선진국에서도 동일하게 발견된다. 선진국들도 기후 변화로 농업 수확량이 감소하는 위험에 직면해 있고, 광우병이나 조류독감 위험에 처해 있으며, 원전 사고의 가능성에서 자유롭지 않다. 울리히 벡은 세상 모든 곳이 위험사회이지만 한국은 특별히 위험한 사회라고 지적했다(≪조선일보≫, 2008.4.1). 한국은 새로운 위험(미래형 위험)은 물론 과거형 위험에도 동시에 노출되어 있다. 또한 위험을 인식할 수 있는 성찰도 부족하고 대응 역량도 떨어지기 때문에 특별히 더 위험하다. 새로운 위험 또는 미래형 위험은 위험을 인지하는 것도 어렵다. 위험의 규모가 지구적 차원이기 때문에 단일 국가에서 대응하기도 쉽지 않다. 반면 자연재해나 교통사고 같은 과거형 위험은 위험 신호가 사전에 나타나기 때문에 예측할 수 있고 위험을 회피할 수 있는 대응 기술도 있다. 따라서 위험관리는 어렵지 않지만, 위험을 관리할 때 발생하는 이해관계나 책임 문제 때문에 대응을 회피할 경우 더 큰 재난이 발생한다. 세월호 참사도 낡은 배를 운항하게 한 결정부터 과적 단속, 출항 점검, 항로안전 모니터링 등 전 과정에서 위험 요소가 관리되지 못한 것이 원인이었다.

과거형 위험 중 홍수는 대표적인 재난이다. 한국은 여름철에 태풍이 불고 장마철의 집중호우로 홍수가 자주 발생했다. 이에 대비해 하천을 정비하고, 댐을 건설하고, 수위를 조절해 홍수로 인한 위험은 상당히 감소했다. 그럼에도 이명박 정부에서 4대강에 '홍수조절용 보'를 추가로 설치해 홍수에 과도하게 대응했다.

산업사회에서는 사회적 위험에 대한 대응이 국가의 과제다. 질병 치료를 위한 의료보험과 정년퇴직 후의 삶의 안정을 위한 노령연금이 사회적 위험에 대비한 대표적인 사례다. 우리나라는 건강보험, 기초연금, 퇴직연금을 운영하고 있지만 그 지급액이 충분하지 않기 때문에 중병에 걸릴 경우 개인 부담이 크다. 퇴직연금도 수급 자격을 갖춘 사람이 적고 연금액도 적어 추가적인 경제활동을 해야 한다. 한국에서는 위험에 대한 대비가 개인에게 맡겨지고, 사회 또는 국가가 맡는 몫은 작다.

위험에 대한 인식도 부족하다. 예를 들면, 서구에서는 핵 발전의 위험에 대한 인식이 증가해 점차 대체에너지로 전환되고 있다. 독일이 원전 가동을 중단한 것도 이 때문이다. 원전 사고를 겪은 일본에서도 원전 가동을 중단하고 있다. 그러나 한국에서는 핵 발전의 위험에 대한 인식이 아주 낮다. 반면 한국에서는 다른 위험에 대해 과도하게 걱정한다. 광우병 사태 때 전국적으로 수십만 명이 거리로 나와 미국산 쇠고기 수입 금지를 요구한 사례나, 에볼라 질병을 염려해 국제회의에 참석하려는 아프리카 대표단의 입국을 거부한 사례 등은 합리적 위험인식의 수준을 넘는 반응이었다. 위험에 둔감한 것도 문제이지만, 과잉 반응도 위험 대비에 도움이 되지 않는다. 중요한 것은 위험에 대한 성찰이다. 위험 원인에 대한 학습과 위험에 대비할 수 있는 제도적 장치를 마련하고 개선하는 것이 진정한 위험관리다. 위험에 대한 과잉 반응은 정서적 공포심만 표출하고, 위험에 처한 사람들을 낙인찍고 따돌리는 행태일 뿐이다. 세월호 참사에서도 선원들은 위험에 대해 사전에 전혀 인식하지 못했다. 그들이 구조를 위해 아무 노력도 하지 않은 것은 이해하기 어렵다. 굳이 해석하자면 배가 침몰할 수 있다는 생각을 하지 않았다가 막상 침몰 상황이 되자 공포에 빠져 합리적 사고를 할 수 없게 되고 위기대응 능력을 상실해버렸다고 할 수 있다.

우리는 왜 위험에 대한 인식과 사전 대비를 소홀히 하게 되었을까? 이것은 우리 사회의 근대화 과정과 맞물려 있다. 우리는 서구가 300여 년에 걸쳐서 이룬 산업화를 불과 30~40년 만에 성취했다는 자화자찬에 익숙해 있다. 이런 경제적 성공을 이룬 사회가 세계적으로 거의 유일하기 때문에 자부심을 가질 만도 하다. 그러나 그런 압축성장을 하면서 우리가 지불해야 했던 비용도 크다. 가장 중요한 비용은 우리가 삶의 목표를 국가적으로는 경제 성장, 개인적으로는 경제적 성공(부자 되기)에 고정시킨 점이다. 지금도 우리 사회에서는 경제를 성장시키겠다는 것이 대통령선거의 핵심 공약이다. 아이들은 유아 시절부터 공부 경쟁에 내몰리고, 그것이 좋은 학교, 좋은 직업, 많은 재산과 높은 소득을 얻는 경쟁으로 이어지고 있다. 하지만 부자는 소수만 될 수 있기 때문에 대다수 국민은 자신의 삶이 불행하다 여기며 우울해한다. 국가의 모든 정책도 경제 살리기에 맞춰져 있다. 그러다 보니 선령 20년이 넘는 낡은 배도 운행 허가를 내주고, 운항과 관련된 안전규제도 대충 넘어간다. 낡은 배라도 운항해 기업을 살리고 일자리를 만들어낸다면 경제 살리기에 기여한 것으로 인정된다.

압축성장 전략에서 경제적 성공은 외형으로 판단되기 때문에 빠른 시간에 조직 규모나 매출 규모 같은 외적 성과를 키우는 것이 중요하다. 새로 건조한 작은 나룻배는 위험해 보이지만 선령 20년이 된 배수량 6,800톤의 대형 여객선은 안전한 것으로 인식된다. 세월호의 노령화로 인한 위험 증가보다는 대형 여객선에서 얻는 경제적 이득이 더 중요한 판단 기준으로 작용한다.

그러나 여객선 운송 사업이 경제적 이윤 창출을 목적으로 하더라도 어디 한 곳에서는 안전 문제를 제대로 제기하고, 위험이 임박하면 운항을 정지시키는 장치가 있어야 한다. 하지만 세월호의 경우에는 관련된 여러 집단 중 어느 한 곳도 이런 임무를 수행하지 않았다. 해운조합이나 선급협회는 선박의 안전과 운항적합성을 점검하는 자율적인 조직이다. 선박의 안전을 판단하는 것은 전문성이 필요하기 때문에, 전문성이 떨어지는 정부 기관이 안전을 관리하기보다는 당사자인 선박 운항자들이 자율적으로 규제하는 것이 적합할 수 있다. 선진국들도 그렇게 한다. 이는 민간과 정부의 협치(거버넌스)의 한 형태다. 이런 규제 장치의 전제조건은 그 조직이 안전을 중시하는 학습조직으로서의 기능을 갖추고 있어야 한다는 것이다. 선박 운항에 대한 기술적 요건은 갖추었지만 위험관리의 중요성에 대한 인식이 결여된 조직이라면, 해운조합이나 선급협회는 규제 장치가 아니라 이익단체에 불과할 것이다.

해경의 재난구조 기능이나 중앙정부의 재난대책본부 기능이 재난 대응에 기여하지 못한 것도 마찬가지다. 위험관리 기술의 문제도 있지만, 근본적으로는 조직이나 규제가 실패했기 때문이다. 청와대, 안전행정부, 해양수산부에는 재난 사고에 대응하는 위기관리 조직이 있다. 문제는 위기관리에 정책적으로 힘이 실려 있지 않기 때문에 형식적인 조직만 있고 실제로 작동하지 않는 것이다. 예를 들면, 정부 부서에서 위기관리를 잘하고 전문성을 키웠을 경우보다는 부서의 외형적 규모를 키우는 데 기여한 공로가 클 경우에 승진 가능성이 더 높다면 위기관리 부서에 가려는 관료는 없을 것이다. 정부 조직과 유관 기관들 사이에 부패의 사슬이 만연해 있기 때문에 위기관리를 위해 제도와 정책을 만들기보다는 이윤을 더 많이 남기는 방향으로 제도를 운영하기 때문에 위기관리가 어려운 것이다. 해경은 서해안에서 중국 어선의 월경을 단속해 어업자원을 지키는 것이 중요한 임무다. 그러니 구난구조를 위한 선박, 장비, 전문 인력은 절대적으로 부족하다. 해경은 구난구조라는 국가의 기본 역할을 수행하기 위한 예산을 확보해 인력과 장비를 보강하지 않고, 민간 업체들에 그 역할을 맡겨 재난관리를 민영화했다. 그러다 보니 세월호가 침몰하던 시간에 이를 구조하는 역할은 해경과 업무상 관계가 깊은 언딘이라는 민간 업체가 맡게 되었고, 다른 업체의 더 크고 성능도 좋은 구조용 선박이 현장에 도착했어도 구조 업무를 맡기지 않았다(≪동아일보≫, 2014.10.7). 세월호 참사는 우리나라 재난관리 시스템이 총체적으로 실패했음을 여실히 보여주었다.

'빨리빨리' 근대화가 낳은 위험 요인: 부패, 유착, 내집단주의

압축성장을 위해 우리나라는 국가가 성장 목표를 정하면 정부, 기업, 국민은 일사불란하게 목표 달성을 위해 헌신하면서 국력을 결집했다. 경제성장이라는 목표를 달성하기 위해 모든 국력을 결집하면서 성과지상주의가 우리의 인식을 지배했다. 목표 달성과 성과지상주의가 강조되면서 불법적이거나 탈법적인 방법을 동원해서라도 목표를 달성하려고 시도했다. 조직의 목표를 달성하기 위한 가장 좋은 방법은 모든 구성원을 경쟁에 내몰고 최대한 노력하도록 부추기는 것이다. 하지만 경쟁이 지나치면 공정한 경쟁보다는 부패와 유착을 통한 우회로를 찾게 된다. 경쟁을 하려면 노력이 많이 들지만 승리가 보장되지도 않는다. 반면 부패와 유착은 확실한 성공을 보장해준다. 한국의 고속성장 이면에는 정부가 몇몇 기업에 특혜적 금융 지원이나 사업 기회를 제공해 기업 성장을 보장해주는 관치경제가 주요 전략으로 자리하고 있었다. 이런 방식은 자원이 빈약한 상황에서 경쟁에 소요되는 비용을 줄이고 자원 사용의 효율성을 높일 수 있다. 혜택을 받은 기업은 정부(관료)에 정치자금이나 뇌물을 공여하거나 퇴직 이후 일자리를 약속해 유착관계를 만들었다. 정부의 집중 지원을 받은 기업은 빨리 성장할 수 있다. 따라서 다른 기업들도 공정하게 경쟁하기보다는 정부와 유착관계를 형성하기 위해 노력하게 된다. 집권세력이 같은 지역 출신의 인재들을 등용하고 다른 지역 출신을 차별하는 것도 압축성장의 부산물이다. 고속 성장을 위해서는 발전을 위한 계획을 수립하고 투자를 결정하는 데 빠른 의사결정이 필요하다. 이를 위해서는 신뢰할 수 있고 정서적으로 가까운 사람끼리 함께 일하는 것이 효율적일 수 있다. 이런 유착관계나 연줄을 통해 조직을 안정시키고 업무를 효율적으로 추진할 수 있다. 하지만 이런 경영은 조직 규모가 커질수록 비효율성이 커진다. 조직 내부의 기술적 복잡성이 커지고 시장 환경이 불확실한 상황에서는 소수 지배그룹이 모든 상황을 통제·결정·추진하기 어렵다. 그럴 경우 실무자들이 재량권을 가지고 변하는 환경에 대응해 자율적으로 결정하고 업무를 추진하는 분권형 지배구조가 적합하다.

국가도 마찬가지다. 우리나라는 경제 규모나 시장 규모가 커지고 복잡해지면서 관료적으로 판단·결정·지도할 수 있는 단계가 지났다. 시장경제가 효율적으로 작동하기 위해서도 기업의 자율, 관료의 자율, 기업과 정부에 대한 시민사회의 참여와 감시가 필요하다. 공정한 시장경쟁과 정책의 투명성은 시장이나 시민사회의 올바른 작동을 위해 필수적이다. 하지만 고속성장 단계에서 형성되었던 소수집단의 유착관계나 부패의 사슬이 공정 경쟁과 투명성을 가로막고 있다. 한국처럼 경제 규모가 크고 사회가 복잡한 상황에서는 안전과 위험관리 업무도 다른 업무들처럼 시스템을 통해 작동되어야 한다. 이를 위해서는 사회 각 부분에서 위험을 감지·보고·대응하고 다시 감지하는 학습조직 기능이 자동적으로 작동되어야 한다. 하지만 세월호 참사에서는 안전과 관련된 여러 조직 중에서 학습조직 기능이 제대로 작동된 곳이 거의 없었다. 이런 상황에서는 여객선 침몰 같은 과거형 재난조차도 제대로 탐지되기 어렵다. 해경, 해양수산부, 안전행정부, 해군 중에서 어느 한 곳이라도 제대로 기능했더라면 사고가 발생하지 않았을 수 있고, 발생했더라도 대부분 구조되고 소규모의 희생자만 발생했을 수 있다. 재난관리 기능이 총체적으로 부실했던 탓에, 재난 상황에서 국가가 사실상 존재하지 않았던 것 아닌가 하는 의구심이 들 정도다.

성장 패러다임에 가려진 문제들: 위험이 왜 방치되는가

세계적으로는 경제 성장보다 삶의 질을 더 중요시하는 방향으로 관심이 이동하고 있다. 성장의 상징인 GDP(국내총생산)를 대신할 수 있는 국정 지표를 찾는 작업들이 진행 중이다. 건강, 안전, 행복감은 GDP를 대신하는 중요한 지표가 될 수 있다. 하지만 현실은 성장지상주의에서 한 치도 벗어나지 못하고 있다. 성장을 약속하면 집권할 수 있지만, 건강이나 안전은 정치적으로 큰 자산이 아니다. 한때 진보 정당에서 무상 의료를 정책으로 제시했지만 국민들에게 관심을 받지는 못했다. 진보 정당에서도 '살림살이가 나아졌는가'라고 경제 성장을 암시하는 질문을 해야 관심의 대상이 된다.

경제 성장이 국정의 제1과제로 고착되면서 건강이나 안전도 성장과 연결되어야 정책적인 관심의 대상이 된다. 영리병원 설립, 원격의료 허용, 병원의 영리 자회사 설립 허용 등이 논란이 되었다. 이런 정책들은 의료를 산업으로 간주해 일자리를 창출하고 경제 활성화에 도움을 주려는 목적에서 추진되었다. 의료 민영화가 확대될수록 의료 불평등이 커진다는 점은 고려 대상이 아니었다. 해경이 기능적으로 부실한 구조 업무를 아예 민영화해 새로운 일자리를 만들려고 했던 것도 비슷한 논리다.

위험관리는 성장에 도움이 되지 않기 때문에 방치된다. 비슷한 논리로 '잔여적 복지'라는 개념이 있다. 같은 돈을 경제에 투자하면 상당한 성과를 얻을 수 있는데 복지에 투자하면 낭비적으로 써버리는 것과 같다. 그래서 우선 경제에 투자하고 남는 돈이 있을 때 복지에 투자하자는 논리다. 경제성장지상주의에서 경제에 투자하고 남는 돈은 별로 없기 때문에 복지는 계속 뒷전으로 밀린다.

안전도 같은 상황이다. 안전에 대한 투자는 비용 증가를 초래해 기업 경영을 어렵게 만드는 요소로 간주된다. 많은 기업인이 안전에 투자해 사고를 예방하는 것보다는 사고가 발생하면 피해자에게 개별적으로 보상해주는 것을 선호한다. 치료는 건강보험에 떠넘긴다. 그러나 안전이 돈을 벌 수 있게 해줄 경우 상황은 크게 달라질 것이다. 대표적인 사례를 건강 위험에서 찾을 수 있다. 병원은 신체상의 작은 위험을 과대하게 평가해 환자가 불필요한 검사와 수술을 받게 만든다. 위험이 돈을 벌게 해주기 때문에 과잉으로 위험관리를 한다. 신체 위험의 경우에 돈을 지불할 수 있는 자비 환자를 대상으로 위험의 사적 관리가 추구될 수 있다.

반면 세월호 참사는 비행기라는 더 빠르고 안전한 대체 교통수단이 있어서 '자비 고객'은 세월호 대신 비행기를 선호할 것이다. 이는 세월호가 예상되는 위험을 안전하게 관리한다는 명분으로 더 비싼 요금을 받기 어려운 제약조건이다. 외딴 섬을 오고 갈 여객선은 반드시 필요하다. 이럴 때에는 국가의 지원으로 공영화하는 방법이 해결책이자 대안이다. 우리는 장애인 같은 교통약자의 이동권을 보호하기 위해 건물 문턱을 낮추고 버스와 지하철의 승차 구조를 바꾸어야 한다. 국가는 섬 지역에 사는 주민들의 교통편을 확보하기 위해 투자해야 한다. 하지만 성장지상주의에서 이런 지출은 우선순위가 떨어지는 비용으로 간주된다. 그래서 세월호는 공영화라는 대안보다는 기업 경영에 맡겨졌다. 청해진해운은 이윤을 창출하기 위해 해상 안전과 운항 관리를 담당하는 정부 부서 및 공공기관과 유착관계를 형성해 불법적으로 선박구조 변경, 증축, 과적을 저질렀다. 또한 교육청을 움직여서 학생들이 배를 타도록 하여 고객을 창출했다. 해상 안전과 위험관리를 위해 공적 지출과 공적 관리가 이루어지지 않는 상황에서 승객들은 탑승료를 지불하고서도 안전을 보장받지 못했다.

새로운 사회적 위험 요인: 불확실성의 위험들

세월호 참사는 충분히 예상할 수 있는 위험이었다. 반면 새롭게 등장하는 안전과 건강 위험은 불확실하고 예측하기 어렵다. 최근 유행하고 있는 에볼라 질병은 과거에는 아프리카의 깊은 숲 속에서나 발생했고, 거기에 살던 소수의 사람만 죽이고 사라졌다. 하지만 이번에는 대도시에 퍼져 1년 넘게 유행하면서 많은 사람을 죽이고 있다. 질병의 속성상 돌연변이가 발생하고, 사회환경과 자연환경이 변해 에볼라가 갑자기 유행하게 된 것이다. 광우병이나 조류독감은 과거에는 동물들만 걸렸다. 동물과 인간 사이에는 유전자 구조가 다른 종간 장벽이 있어서 전염되지 않았다. 그런데 이런 병들이 점차 인간에게 전염되고 있다. 생물계 위험의 불확실성이 커졌다. 핵 발전도 과거에는 안전하게 관리되는 것처럼 보였지만, 원전 기술이 복잡해지면서 불확실성도 동시에 커졌다. 이제는 핵 발전과 관련하여 안전한 통제에 대한 확신이 감소하고 있고, 독일처럼 원전 가동을 중단하는 국가도 생겨나고 있다.

위험 불확실성의 증가는 모든 것이 글로벌화되고 네트워크화되는 상황에서 불가피한 현상이다. 따라서 이에 대응하려면 우리 생활을 상시적으로 모니터링하고 학습조직화해야 한다. 과거에는 질병이 발생한 이후에 치료를 했다. 그러나 지금은 질병이 발생하기 전에 예방하기 위해 건강검진을 한다. 물론 예방과 일상적 모니터링이 새로운 문제를 야기할수 있다. 영화배우 안젤리나 졸리는 자신의 어머니가 10년 동안 유방암투병을 하다 돌아가셨기 때문에 자신도 유방암 발병 위험이 높다고 판단했다. 이를 예방하기 위해 그녀는 예방적 유방절제를 시행했다. 인간이가진 신체적 결함을 유전자 차원에서 진단하는 기술이 발전하면서, 과학은 미래에 어떤 질병이 발생할 확률을 계산하기 시작했다. 그녀의 예방적 유방절제는 이런 계산에 따른 것이다. 이런 일은 임신 과정에서 태아의 유전적 결함을 확인하고 인공유산을 한다든지, 선제적 시술을 통해모든 결점을 제거한 슈퍼 베이비를 만들려는 시도로 연결된다. 중요한것은 이런 예방적 시술이 막대한 경제적 이윤 창출과 연결되어 있다는점이다. 위험의 불확실성이 클수록 그 위험을 이용한 산업도 커진다. 한국도 유전자 진단과 치료를 위한 기술 개발이 빠르게 진행되고 있다. 해상 안전의 낙후성과는 분명하게 대비된다 하겠다.

새로운 위험이 등장하면서 이것을 관리하는 문제가 제기되었다. 안젤리나 졸리의 경우처럼 새로운 신체적 위험에 대한 대비가 당사자 개인에게 맡겨진다면 부자들만이 그 비용을 감당할 수 있다. 따라서 부자들은 신체적으로 더 건강해지고 빈민은 상대적으로 더 병약해져, 사회적불평등이 생물학적 불평등으로 이어질 수 있다. 기후 변화나 환경호르몬같은 새로운 위험도 동일한 문제를 발생시킬 수 있다. 위험을 공적으로관리하지 않을 경우 능력 있는 사람은 개인적 역량을 동원해 위험에 대비할 수 있지만, 그렇지 못한 다수는 위험에 노출될 수밖에 없다. 따라서 개인적 성찰 능력을 함양하는 것과 함께 위험관리에서 공공성을 확보하는 것이 위험에 대비하는 핵심 요건이다.

2장

세월호 침몰과
재난의 사회학

20년 전으로 돌아간 사고

1장에서 언급했듯이 세월호는 우리에게 많은 질문을 던지고 있다. 대한민국은 세계 1위의 조선대국이다. 그런데 어떻게 일본에서 용도 폐기한, 선령이 21년이나 된 고물 여객선을 수입하게 되었는가? 더구나 수입한 배를 불법으로 증개축하여 선실을 늘리고, 무게중심을 높여서 배의 복원력이 제대로 작동하지 못하도록 하는 일이 가능했는가? 배에 과적하면 안 된다는 것은 상식이다. 그런데 적재량을 훨씬 넘기는 화물이 실렸는데도 어떻게 이를 감시하고 제지하는 감독기능이 제대로 구현되지 못했는가? 어째서 선사에서는 몇 명의 승객이 탑승했는지도 제대로 파악하지 못하고 허둥댔는가? 이러한 질문들은 놀랍게도 1993년 서해 위도 페리호 사건에서 똑같이 제기되었던 것들이다.

20년 전 사고가 똑같이 반복되었다는 것은 지난 20여 년 동안 우리가 제대로 학습하지 못했다는 것을 의미한다. 그렇다면 20여 년 전의 과거에 집중적으로 발생한 재난들은 어떤 특징을 가지고 있는가? 한국 사회에서 과거형 재난의 전형은 1990년대 중반에 대거 발생한 대형 재난들에서 볼 수 있다. 78명이 사망한 구포역 무궁화호 탈선 사고(1993년 3월), 66명이 사망한 아시아나항공기 화원반도 추락 사고(1993년 7월), 292명이 사망한 위도 서해페리호 침몰 사고(1993년 10월), 32명이 사망한 성수대교 붕괴 사고(1994년 10월), 101명이 사망한 대구 지하철공사장 폭발 사고(1995년 4월), 502명이 사망한 삼풍백화점 붕괴 사고(1995년 4월) 등 1990년대의 대표적인 재난들은 다음과 같은 몇 가지 공통점을 가지고 있다(이재열, 1998; 임현진 외, 2003).

첫째는 압축적인 성장 과정에서 빠른 성장을 추구하다 보니 외형 확장과 결과를 중시하는 속도전쟁을 한 결과라는 점이다. 속도에 집착하는 고도성장 사회에서 안전에 대한 지출은 비용이라 생각되었다. 안전비용 지출을 억울한 이자 지불쯤으로 여기는 분위기가 만연해 있었다. 그러나 이자를 내지 않는다고 해서 지불이 유예되는 것도, 탕감되는 것도 아니다. 나중에 한꺼번에 만기가 되어 몰려온 지불청구서들이 모여 터진 것이 1990년대 중반의 재난들인 것이다. 1997년의 외환위기도 경제 영역에서 똑같은 구조로 재생되었다. 그동안 안전불감증이 개선된 분야도 있다. 국제적인 경쟁에 노출된 항공이나 국제 해운 등이 대표적이다. 그러나 여전히 안전을 비용이라고 생각하는 경향은 사라지지 않고 있다. 일본에서는 건물의 베란다를 화재에 대비한 대피 공간이나 구조를 요청하는 공간으로 인식한다. 반면 우리는 베란다를 거실의 확장 공간으로 여긴다.

둘째는 집단과 제도 간 조정의 실패라는 것이다. 공공기관 사이에서 조율이 이루어지지 않았던 대표적 사례로 수도권 지하철 운영을 꼽을 수 있다. 수도권 지하철은 서울시와 경기도를 넘나든다. 그런데 관할 기관에 따라 직류와 교류, 좌측통행과 우측통행의 기준이 다르게 적용되다 보니, 지하철 4호선처럼 전동차가 스스로 교행과 전원 교체를 하면서 운행해야 하는 경우가 생긴다. 해당 기관들 사이의 조율 실패로 재난긴급통신망의 기준이 11년째 통일되지 못한 것을 보면, 지난 20년간 수많은 사고와 재난을 겪으면서도 현실은 별로 달라지지 않았음을 알 수 있다.

셋째는 긴급구난체제의 실패라는 점이다. 정부시스템의 실패는 긴급구난시스템이 작동하지 않는 현실을 잘 보여준다. 20년 전의 시스템 실패는 그동안 지속적으로 반복되었다. 세월호 침몰 과정에서 해경과 해수부, 안전행정부와 소방방재청 간의 협력 실패는 대표적인 사례였다. 이는 과거의 실패에서 배우지 못하는 조직학습의 문제점을 잘 보여준다.

넷째는 대부분의 재난이 기술적 요인보다는 조직이나 규제의 실패 때문에 나타났다는 사실이다. 이미 한국의 토목과 건축 기술은 세계적인 주목을 받아왔고, 국제적 감리제도하에서는 중동이나 아시아 여러 지역에서 기념비적 작품들을 만들어낸 바 있다. 조선 산업 세계 1위를 자랑하는 한국에서 선박의 건조와 운영에 관한 기술은 손색이 없다. 그러나 한국의 규제 시스템하에서는 반복적으로 붕괴와 침몰 사고가 일어나고 있다. 그래서 기술의 문제가 아니라 규제와 조직의 문제인 것이다.

다섯째, 규제의 실패는 대부분 부패의 문제와 밀접히 관련을 맺고 있다. 비현실적인 법규를 만들어 대부분의 피규제자들을 잠재적인 위반자로 만든 후 집행권자에게 자의적인 권한을 부여하여 선택적으로 적용하는 방식이야말로 최악의 시스템이 될 수 있다. 이런 경우 꼭 필요한 규제와 불필요한 규제를 뒤섞이게 만들고, 규제의 총량을 줄이는 것을 선善으로, 규제를 강화하는 것을 악惡으로 여기게 하는 착시 현상을 낳는다.

과거형 재난과 조직학습의 실패

세월호 사고는 전형적인 과거형 재난이다. 이 참사는 한국 사회의 시곗바늘을 20년 전으로 돌려놓았다. 과거형 위험은 이미 기술적으로 검증된 체계에서 발생한다. 압축적 산업화 과정을 통해 많은 위험 요소들까지 시스템 안에 구조적으로 내장되었다. 그런데 투명성이 결여되고 규칙이 타협되는 시스템에서는 시스템의 이완 현상이 발생한다. 이처럼 안전성이 이미 검증된 기술을 규정대로 쓰지 않고 오남용할 때 생기는 것이 '과거형 재난'이다. 과거형 재난은 '숙성형 사고 incubated accidents'라고 표현할 수도 있다. 즉, 사전의 경고들을 무시하거나 간과하는 문화 속에서 축적된 위험의 요소들이 한꺼번에 동일한 시간과 공간에 집중하여 나타나 한 사회나 사회의 하위 체계 존속을 위협하는 사건이라는 것이다(Turner, 1997). 위험 신호가 곳곳에 널려 있으나 그 신호들은 간과되고, 사람들은 최악의 경우를 가정하는 것을 두려워한다. 설령 개개인이 위험 요소를 인지한다 하더라도, 조직 차원에서 전체적인 양상을 종합해내지 못하거나 리더가 그런 상황을 이해하는 능력이 모자랄 때에도 재난은 피하기 어렵게 된다.

세월호 침몰 사고는 스위스치즈 모델로도 설명할 수 있다. 구멍이 숭숭 뚫려 있는 스위스치즈는 한 겹이라면 쉽게 뚫릴 수도 있지만, 여러 겹으로 쌓으면 마지막까지 뚫리는 것을 막을 수 있다. 그러나 여러 겹으로 쌓았음에도 오랜 시간이 지나면 다 뚫려버리는 것이 숙성형 재난의 특징이다. '하인리히 법칙'은 '큰 재해, 작은 재해, 사소한 사고'의 발생 비율이 '1 : 29 : 300'이라고 정리하고 있다. 대부분의 재난은 예외적인 사고라기보다는 수많은 징조 및 신호와 함께 드러나는 빙산의 일각이라는 것이

그림 2-1　스위스치즈 모델로 본 재난의 발생

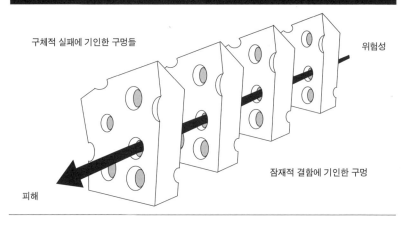

구체적 실패에 기인한 구멍들

위험성

잠재적 결함에 기인한 구멍

피해

다. 세월호 참사는 이런 숙성형 사고의 전형이다. 그래서 전형적인 과거형 재난인 것이다. 원인도 알고 피하는 방법도 다 알지만, 시스템 실패로 말미암아 발생한 것이다.

　20여 년 전 호된 재난으로 엄청난 고생을 했으면서도 다시 같은 유형의 재난을 겪게 되는 이유는 조직학습의 실패에서 찾을 수 있다. 우리 속담에 '소 잃고 외양간 고친다'라는 말이 있는데, 소를 잃고도 외양간을 고치지 않았기 때문에 재난이 반복되었다는 것이다.

　조직학습 이론에 따르면, 실패에서 배우는 것의 성패는 이중순환학습double-loop learning을 했는지, 하지 않았는지에 따라 결정된다(Argyris, 1976, 1977). 이중순환학습을 이해하려면 먼저 단일순환학습single-loop learning과의 차이를 알아야 한다. 이중순환학습과 단일순환학습을 나누는 결정적 단서는 시스템을 '열린 체계'로 이해하는지의 여부다. 만일 시스템을 닫힌 체계로 인식하게 되면 기존의 시스템을 그냥 둔 상태에서 문제를 내부에서 해결하기 위한 노력을 하게 된다. 그래서 시스템을 지탱하는

그림 2-2 단일순환학습과 이중순환학습

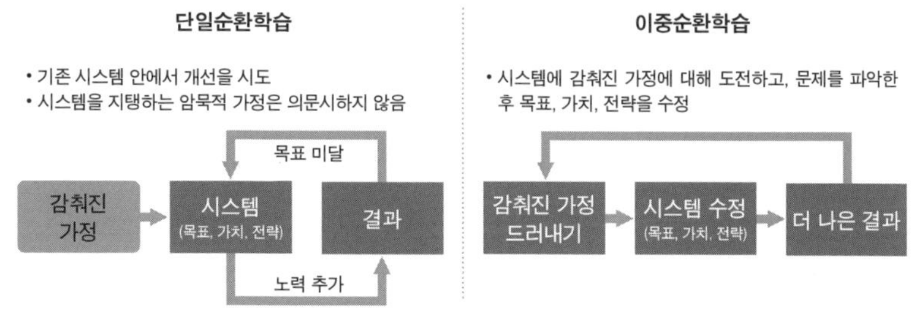

단일순환학습

- 기존 시스템 안에서 개선을 시도
- 시스템을 지탱하는 암묵적 가정은 의문시하지 않음

이중순환학습

- 시스템에 감춰진 가정에 대해 도전하고, 문제를 파악한 후 목표, 가치, 전략을 수정

```
목표 미달
감춰진         시스템          결과
가정       (목표, 가치, 전략)
노력 추가
```

```
감춰진 가정      시스템 수정       더 나은 결과
드러내기      (목표, 가치, 전략)
```

암묵적 가정은 의문시하지 않고 시스템의 목표나 가치 그리고 전략을 그대로 둔 채 더 나은 결과를 얻기 위해 노력을 추가하게 된다. 지난 20여 년간 대형 재난들이 빈발했음에도 결과가 달라지지 않은 이유도 이러한 단일순환학습에서 찾을 수 있다.

우선 위험에 대한 관용 수준이 달라지지 않았다. 여전히 위험을 무릅쓰고 공사 기간을 단축해 비용을 절감하는 데서 성과를 얻으려고 하는 방식이 달라지지 않았다. 안전에 드는 비용이 낭비라는 생각, 그리고 위험을 감수하는 것이 이윤을 남기고 성장을 촉진하는 것이라는 생각이 바뀌지 않은 것이다. 또한 기존의 정책이나 제도에 대한 관용 수준이 높았다. 그렇다 보니 근본적인 방식으로 제도를 바꾸기보다는 피상적으로 조직 개편을 하여 최대한 기존의 정책을 유지하려 했으며, 위험의 소지를 사전에 발굴해 선제적으로 대처하는 노력을 하지 않았다.

예를 들면, 2003년 대구 지하철 참사를 계기로 노무현 정부에서는 소방방재청을 만들었다. 이명박 정부는 행정자치부의 명칭을 행정안전부로 바꾸고, 재난안전실을 두어 안전관리정책, 비상대비, 민방위, 재난관리제도 등의 업무를 관장하게 했다. 박근혜 정부는 이를 다시 안전행정부로 바꾸고 재난안전에 대비하는 정부의 의지를 강조한 바 있다. 그러나 조직 변화와 부서의 명칭 변경이 재난에 대비하는 부처의 능력을 제고했는지는 의문이다. 실제 조직의 관행과 실천적 지식이 변화하지 않는다면 그것은 전형적인 피상적 변화에 불과하기 때문이다. 이와 유사한 논란이 국민안전처 신설을 두고 벌어지고 있다. 기존에 존재하던 소방방재청의 기능에 해양경찰의 기능을 흡수하여 새롭게 발족했지만, 실제 기능이 어떻게 발휘될지는 여전히 미지수다. 단일순환학습의 가장 대표적인 사례는 희생양 찾기다. 기존 제도가 작동하는 방식에 대한 근본적인 고려 없이 내부에서 문제를 해결하는 내부화 전략의 전형이 담당자에 대한 처벌과 일벌백계를 통해 동일한 결과가 나타나지 않게 하는 일이다.

이처럼 지금까지의 대응은 주로 단일순환학습의 형태로 나타났다. 위험에 대한 관용도가 여전히 높았고, 사전 학습을 통한 예방 노력이 부족했다. 기존의 전제나 가정을 재검토해 새롭게 시스템을 개혁하는 '외재화' 전략보다는 위험통제 방식을 '내재화'해 말단의 관리자를 희생양 삼아 책임을 추궁하는 데 그쳤다는 것이다(이상팔, 1995).

반면에 이중순환학습은 시스템에 감춰진 가정에 도전해 문제를 파악한 다음, 잘못 설정된 목표와 가치 그리고 전략을 수정해 더 나은 결과를 얻는 방식의 학습을 의미한다. 이때 문제 해결의 첫 번째 단추는 외재화에서 찾을 수 있다. 먼저 외부 전문가가 참여하는 진상 규명이 우선되어야 한다. 철저한 원인 규명을 통해 재난이 일어나게 된 구체적인 원인, 그리고 제도적·시스템적 차원에서의 문제들에 대해 근본적으로 재검토해야 한다. 그리고 다양한 토론을 통해 결과를 공개하고 원천적 해결 방법을 모색하는 전략을 택하게 된다. 그러나 세월호 참사에 대해서는 이러한 진상 조사와 원인 규명에 대한 노력이 여러 가지 정치적 이유로 인해 제대로 이루어지지 못했다.

재난에서 배워 문제를 바로잡고 그 실패를 반복하지 않은 외국의 사례들을 보면 모두 대형 재난에 대해 철저한 외재화 전략을 취했음을 알 수 있다. 미국의 대표적인 재난이라고 할 수 있는 스리마일 아일랜드 Three Mile Island 원전 사고나 챌린저호 폭발 사고의 경우를 보면, 당시 미국은 즉각적으로 의회에서 여야 합의로 진상조사위원회를 구성했으며, 각 분야별 전문가들을 실행위원으로 세워 철저한 조사를 진행한 바 있다. 후쿠시마 원전 사고를 겪은 일본에서는, 정부 조사단의 역할이 매우 제한적이어서 제대로 조사를 하지 못했다는 비난이 일자 의회에서 조사단을 파견해 철저한 재조사를 실시했다. 세월호 참사에서 다시금 확인되는 것은, 20여 년 전에 대형 재난을 겪고 나서도 제대로 된 진상 조사가 이루어지지 않았고, 제대로 된 백서도 만들어지지 않았다는 점이다.

거버넌스의 위기

세월호 침몰로 재빨리 주목을 받게 된 소위 '관피아' 문제는 한국 사회가 현재 '전환의 계곡'에서 헤어나지 못하고 있음을 잘 보여준다. 과거 권위주의 체제에서는 투명성 수준이 매우 낮았어도 위계적이고 일사불란한 통제를 통해 거버넌스의 수준을 유지할 수 있었다. 그러나 민주화 이후, 권위주의는 효과적으로 해체했지만 권위도 모두 실종되는 상황을 경험하고 있다. 권위주의 시대 한국 사회는 투명성은 낮았지만 그럼에도 비교적 높은 일반적 신뢰와 제도적 신뢰를 유지했다. 지금의 중국이나 베트남에서 보는 바와 같은 위계적 권위주의 모델이 작동했고, 카리스마적 지도자를 따라 의기투합하여 '돌격 앞으로' 방식으로 고지탈환전을 하는 사회였다. 정치체제가 그러했고, 기업의 리더십도 다르지 않았다(Yee and Chang, 2010).

그러나 민주화 이후 제도에 대한 신뢰는 급속히 추락한 반면, 투명성은 제자리를 맴돌고 있다. 서구의 선진국들 같은 높은 수준의 제도 신뢰와 높은 투명성이 결합한 사회, 민주적 절차의 권위가 인정받는 개방적 사회로 가지 못한 채 지체되어 있다. 향후 혁신적인 방법으로 투명성을 제고하지 못하면 헤어나지 못할 전환의 계곡에서 헤매고 있는 것이다.

'관피아' 문제는 바로 이러한 전환의 계곡에서 발생하는 부패의 전형이다. 과거 권위주의 시대 최고 정치지도자의 독점적인 부패 사슬이 분권화된 '엘리트 카르텔'로 바뀌어 사회 각 부문으로 확산되고 있는 것이다. '관피아' 문제는 연안 해운만의 문제가 아니라 우리 사회 거의 전 영역의 문제가 되고 있다.

세월호 참사에서 다시금 확인되는 것은 다양한 규제와 관련한 구조화된 부패다. '엘리트 카르텔'을 통해 서로 봐주기를 하는 동안 안전과 관련한 다양한 규제들은 무력화되었다. 노후한 선박의 증축이 불법으로 이루어졌는데도 이를 걸러내지 못했다. 선박을 감독하는 선주 협회와 선급회사들의 주요 경영진이 규제 기관인 해양수산부 출신들로 채워졌기 때문이다. 미래를 위해 현재의 규제 권한을 누그러뜨린 규제 기관의 임직원들은 자신들의 미래와 현재의 안전을 바꾸었다. 이와 같은 '엘리트 카르텔'은 우리만의 문제는 아니다.

일본의 경우에도 원전 사고 후 대응은 기술의 문제가 아니라 조직과 문화의 문제였다. 미국 스리마일 아일랜드 원전과 후쿠시마 원전 사고는 대응 과정에서 결정적인 차이를 보인다. 스리마일 아일랜드 원전 사고에서는 정보가 투명하게 공개되었으나, 후쿠시마는 그렇지 못했다. 일종의 비밀주의가 발생한 것이다. 일본은 원전 사고 후 방대한 보고서를 작성했지만, 사실을 감추기 급급하다 보니 국민적 신뢰를 잃었다. 그 원인은 두 가지다.

첫 번째는 일본식 '관피아'를 지칭하는 이른바 '원자력마을原子カムラ' 때문이다. 규제 기관이나 산업 분야, 학계 할 것 없이 원전과 관련된 모든 조직과 기관에 도쿄대 원자력학과 출신 인사들이 자리를 차지하고 있는 것이다. 두 번째 원인은 잘못된 애국주의다. 관계자들은 나라를 위해 일한다는 믿음을 갖고 있었다. 그 애국심은 의심의 여지가 없으나, 맹목적인 애국심은 나라를 훨씬 더 위험하게 만들 수 있다는 사실도 기억해야 한다. 무엇보다 중요한 것은 터놓고 정보를 공개하는 것이다. 사람들이 위험을 인지하고 그 위험이 사회적으로 증폭되는 방식을 보면, 어떤 종류의 위험이냐에 따라 대응하는 방식이 달라지기 때문이다.

여기서 다시금 확인하게 되는 것은 제도 실패의 문제다. 전통적으로 제도주의 경제학에서는, 거래 비용의 발생을 이유로 하여 시장의 실패는 정부의 개입으로 풀고 정부의 실패는 시장화를 통해 풀어나간다는 논리를 설파했다. 그러나 세월호 참사는 시스템 실패가 좀 더 근본적인 이유에서 발생했다는 것을 보여준다. 현재 정부의 정책이나 제도를 보면 전 세계에서 좋다는 것은 다 들여왔다는 것을 알 수 있다. 그러나 문제는 그 좋은 것이 제대로 작동하지 않는다는 점이다. 왜 그럴까? 어떤 제도든 공정성이나 투명성이 작동하지 않으면 왜곡되고 변형되기 때문이다. 앞에 예를 든 바와 같이 비교적 우리의 문화적 체질에 잘 맞는다고 보인 전통적인 모델은 왕도정치 모델이다. 덕스럽고 지혜로운 지도자가 솔선수범하면 백성들이 이를 따라가는 모델인데, 이 모델이 공정성과 투명성을 결여하면 마피아와 같은 조직으로 변질된다. 시장도 공정성과 투명성을 결여하면 약육강식의 정글과 같이 변형된다. 공정성과 투명성이 없는 공동체는 폐쇄적인 연고 집단이나 파벌로 바뀐다. 이런 의미에서 세월호 참사는 전반적인 사회 시스템의 이완이나 만연한 부패와 떼어서 생각할 수 없다.

연고주의와 결합한 부패의 문제는, 특히 조직의 자원을 통제하고 배분하는 권한을 가진 각 조직 리더들의 행태에서 문제가 될 수 있다. 보통 사람들에게 연고는 사회생활의 윤활제가 된다. 그런데 인맥의 분포는 소득이나 자산의 분포보다 훨씬 불평등하다. 소득의 지니계수는 측정 방식에 따라 차이가 나기는 하지만 공식적인 통계에 따르면 0.34 정도 된다. 자산의 지니계수는 훨씬 불평등해서 0.62에 이른다. 반면 인맥의 지니계수는 0.82에 이른다. 다시 말해서 일반 국민 대부분은 의사나 변호사, 정치인 등 공적 자원을 통제하는 지도적 위치에 있는 리더들과 인맥이 전무하다. 반면 대부분의 인맥, 그중에서도 실제로 문제를 풀어나가는 데 활용되는 유효한 인맥의 대부분은 조직의 상층부 소수에게 집중되어 있다. 리더들이 통제할 수 있는 정보나 자원이 방대하다는 것이 이들이 약한 수준에서 봐주기를 해도 조직에는 매우 치명적이게 되는 이유다.

바람직한 조직문화와 고용안정성

안전 확보에 가장 적합한 조직문화는 고신뢰조직 high reliability organization 문화라고 본다. 군대나 비행기 관제시스템, 항공모함처럼 높은 수준의 긴장감이 유지되는 조직이어야 하기 때문이다. 또한 정해진 순서대로 교대가 원활한 조직이어야 한다. 예를 들어 A, B, C팀이 있어 위험 발생 시

원칙대로 자동 투입되는 시스템을 가진 조직이다.

그러나 사람이 운영하는 만큼 원칙대로 집행하지 않을 때가 있다. 안전과 관련된 것은 양보할 수 없는 원칙이라고 동의하지만, 때로는 원칙을 지키면 인간관계를 훼손할 수 있다고도 생각한다. 특히 한국 사회의 보통 사람들에게 인간관계나 연고는 사회생활의 윤활제가 되는 따뜻함이나 온정을 의미한다. 그러나 계층과 지위에 따른 인맥의 극단적인 불평등한 분포를 고려할 때, 인격주의적인 문화적 배경은 조직의 상층으로 갈수록 많은 문제를 낳게 된다. 계층에 따른 인맥의 분포가 가지는 불평등은 소득의 불평등보다 훨씬 극단적이라는 사실을 상기해보면 좋을 것이다.

실제로 화학공업단지 노동자들을 대상으로 설문조사를 한 결과를 살펴보자(서울대학교 사회발전연구소·서울대학교 화학공정신기술연구소, 2004). "A는 위험한 작업장에서 안전관리를 담당하고 있다. A는 직원 B가 안전모와 보안경을 쓰지 않은 채 작업장에 들어온 것을 보고 이를 문제 삼아 해당 부서에 통고했다. 그 바람에 B는 인사상 불이익을 당했다." 이런 가상 상황을 설정해놓고 안전관리 담당자의 처사가 어떠했는지 물어보았다. 그 결과 37%는 '융통성이 없고 야박하다'고 응답한 반면, 무려 63%는 '할 일을 했다'고 답했다. 그러나 이렇게 안전 준수에 대한 규범적 응답을 한 이들 중에서도 '안전담당자가 향후 직장 동료들과 변함없이 잘 지낼 것'이라고 답한 비율은 50%에 지나지 않았다. 나머지 절반은 '규칙을 고집하다 보면 인간관계가 소원해질 것'이라고 우려하고 있다. '자신 없는 원칙론'이 강한 것이다.

'응답자가 만일 안전담당자라면 안전 수칙을 지키지 않은 상대방을 어떻게 할 것이냐'고 물어보았다. 49%가 상대방을 '눈감아주겠다'라고 응답했으며, 51%만이 '원칙대로 처리하겠다'고 응답했다. 그런데 이렇게 원칙을 고수하겠다고 응답한 이들 중에서도 무려 28%가, '만일 상대방이 절친한 사이라면 태도를 바꾸어 상대방의 잘못을 눈감아주겠다'고 응답했다. 상당수의 노동자가 의리 앞에서 약해지는 표리부동한 태도를 보인 것이다.

이처럼 자신 없는 원칙론과 표리부동한 태도를 가진 한국인의 안전의식은 어떤 형식으로든 개선이 필요해 보인다. 감기를 쉽게 이기는 사람도 있지만 한번 감기에 걸리면 곧바로 폐렴으로 악화되는 체질도 있다. 이런 경우에는 항생제 처방을 강하게 해야 한다. 인맥을 중시하는 우리의 체질도 투명성과 반부패라는 강한 처방이 필요한 것 같다.

원전 문제도 마찬가지다. 우리나라의 원전 기술이 뛰어나다는 점을 부인하기는 어렵다. 더구나 원자력과 관련된 기술은 안전과 관련된 기술이 대부분이다. 그럼에도 우리가 원전에 대해 불안해하는 것은 기술 때문이 아니다. 기술을 통제하는 조직, 구성원, 문화, 협력사 등과의 관계가 어떤지를 알기 때문에 우려하는 것이다. 창의성과 관련한 부문에서는 과감히 규제를 풀어야 한다. 그러나 규제자는 안전과 관련해서는 양보할 수 없는 분명한 기준을 지켜야 한다.

안전 문화를 정착시키기 위해서는 안전을 습관처럼 일상화해야 한다. 비상 매뉴얼이 제대로 작동하게 하려면 반복 훈련을 통해 습관화하여 본능적으로 자연스러운 행동으로 연결되게 해야 한다. 군대에서 60만 명 모두가 어떻게 전쟁을 치를 것이냐를 두고 고민하지 않는 것은 매뉴얼에 따라 일상화된 임무를 반복하도록 훈련받기 때문이다. 병사들은 반복해온 훈련대로 유사시에도 각자 주어진 임무를 수행해야 승리할 수 있다. 허버트 사이먼Herbert Simon이 지적한 바와 같이, 복잡한 과업을 해결해야 하는 조직이 성공적으로 그 과업을 해결할 수 있는 방안은, 조직 구성원들이 제한된 합리성bounded rationality을 가졌다는 것을 인정하여, 단순화한 과업을 가지고 반복적으로 습관화할 수 있도록 일을 나누어주는 데서 출발한다.

세월호 참사에서 두드러지는 이슈 하나는 승무원 29명 가운데 17명이 비정규직이었다는 점이다. 갑판부 선원 10명 가운데 8명이, 기관부 10명 가운데 8명이 비정규직이었으며, 심지어는 선장조차 계약직이었다. 우리나라에서 비정규직은 다른 OECD 회원국들의 비정규직과는 다르다. 고용시간의 유연성이라는 측면보다는, 동일한 노동을 하면서도 임금이나 기타 비금전적 보상에서 매우 낮은 처우를 감내하는 신분 차별적인 특징을 갖는다. 한국의 비정규직은 2013년 전체 근로자의 3분의 1에 달하며, 정규직과의 상대적 임금 격차는 계속 벌어지고 있다. 그래서 비정규직일 경우 안전교육을 제대로 받지 못하고, 조직에 대한 애착도 낮을 가능성이 높다. 그럼에도 이들은 청소와 보수, 그리고 안전관리 영역에 집중적으로 투입되는 경향이 있다. 이러한 고용 관행으로는 제대로 된 안전관리를 담당하기 어렵다.

새로운 노사관계의 토대는 불신을 제도화한 계약에 기반을 둔 영미형 고용의 장점과 장기적 신뢰에 기반을 둔 전통적인 한국형 고용의 장점을 잘 조화시키는 데서 출발한다. 즉, 장기적인 계약과 장기적 투자를 아끼지 않되, 조직 간 호환성과 투명성, 그리고 엄격한 규제를 결합하는 방식이어야 한다.

이번 사고에서 또 하나 눈에 띄었던 것은 갑판부나 기관부 선원들의 비윤리적 행동이 두드러진 반면, 선실 내 젊은 직원들의 투철한 사명감과 살신성인 정신은 빛을 발했다는 점이다. 취약한 직업윤리를 불안정한 고용으로만 설명할 수 없음을 보여주는 장면이다. 나아가 공공성에 대한 체계적인 교육과 높은 수준의 시민의식이 얼마나 중요한지 알 수 있게 해주는 대목이기도 하다.

이중위험사회 한국

한국 사회는 두 가지 유형의 위험에 직면해 있다. 압축적 산업화의 후유증인 '과거형(혹은 경로의존형) 위험'의 문제를 해결하지 못한 상태인데 미래에서 새로운 형태의 위험이 몰려오고 있다. 미래형 위험이란 울리히 벡이 진단한 바와 같이, 점진적인 경계의 소멸로 인해 합리적인 복합 체계 안에 내장되어 커지는 미지의 위험들을 말한다. 다가오는 미래형 위험은 단순한 '위험도의 증가'가 아니라, 그 이전의 사회가 알지 못하던 새로운 위험이라는 점에서 구별된다. 본래 위험은 통제가능성과 계산가능성에 기초한 개념이기 때문에 '통제할 수 없는 위험'은 형용모순이다. 하지만 새로운 위험은 공간적·시간적·사회적 차원에서 전통적인 경계가 소멸된 결과로 나타난다는 점에서 '통제할 수 없는 위험'의 전형적 특징들을 보여준다(Beck, 1999). 그 특징들은 다음과 같이 정리할 수 있다.

첫째, 위험의 공간적 경계가 무너지고 있다. 중국의 황사나 미세먼지는 곧바로 우리 문제가 되고 있다. 구소련 체르노빌 원전 사고가 유럽 전역에 피해를 입힌 것처럼, 일본의 후쿠시마 원전 사고는 일본만의 문제가 아니라 전 세계의 문제로 비화되고 있다. 그러나 후쿠시마보다 더 걱정되는 것은 중국의 원전이다. 황해를 사이에 두고 중국의 동해안을 중심으로 건설되고 있는 원전의 숫자는 계획한 것을 포함해 이미 200기를 넘는다. 한국이 운영 중인 원전이 30여 기에 불과하다는 점을 생각하면 놀라운 수치인데, 그중 하나라도 문제가 터지면 편서풍의 영향을 받는 한반도에 직접적인 피해가 미칠 것이라는 데 의문의 여지가 없다.

둘째, 위험에서 현 세대와 미래 세대를 나누는 시간적 경계가 사라지고 있다. 원자력발전소의 사고나 핵폐기물, 그리고 유전자조작 식품의 피해는 당대에 그치지 않고 수천 년 혹은 수만 년 이후 후손의 삶에도 영향을 미친다. 또한 우리 세대의 자원 남용은 미래 세대의 자원을 마구 고갈시킨다는 점에서 세대 간 정의에 반하는 문제를 낳는다.

셋째, 위험의 사회적 경계가 소멸되고 있다. 고도로 분화된 분업 체계로 구성된 현대사회는 책임 소재를 명백히 가리기 어려운 구조를 갖는다. 사회적 상호작용이 복잡해짐에 따라 다수의 행위가 결합하여 표출되는 위험이 많아지기 때문이다. 예를 들면, 한 공장에서 배출된 오염 물질이 인근 농토를 오염시켰다고 하자. 이를 모른 채 농부는 재배한 채소류를 유통시켰고, 주택가 슈퍼마켓에서 사 먹은 시민이 피해를 보았다고 한다면, 이것은 과연 누구의 책임인가? 공장의 책임인지, 농부의 책임인지, 유통사의 책임인지, 슈퍼마켓의 책임인지, 아니면 소비자의 책임인지, 이 과정 전반에 대한 정부의 관리 소홀이 문제인지 등은 쉽게 결론 내기 어렵다. 지금의 법률 체계로는 해결할 수 없는 광범위하고 심각한 피해가 늘어나고 있다. 서해안에 엄청난 피해를 입힌 유조선 허베이스피릿호 오염 사고가 대표적인 사례가 될 수 있다. 사고는 수조 원의 피해를 남겼지만, 직접적 원인제공자인 삼성중공업의 법적 책임은 수십억 원에 불과했다. 분명히 엄청난 피해가 발생했음에도 아무도 제대로 책임지지 않는 조직화된 무책임organized irresponsibility이 넘쳐나는 것이다.

넷째, 위험 체험의 불평등성이 증가하고 있다. 위험의 지구화가 항상 위험의 지구적 동질화를 의미하지는 않는다. 오히려 위험 지위risk position 나 위험 배분, 위험 체험 등의 불평등은 심화되는 경향이 나타난다. 이러한 불평등은 국가 간 관계뿐 아니라 한 나라 안에서도 나타난다. 중심부 국가들은 스스로의 안전을 확보하기 위해서 주변으로 위험 원인들을 이식시키는 경향이 있다. 한 국가 내에서도 사회적으로 중심에 위치한 계층은 나름의 방법을 동원하여 위험을 통제하는 반면, 그렇지 못한 계층은 상대적으로 사회적 위험에 크게 노출된다. 이러한 위험의 불평등성이 가장 적나라하게 드러난 것은 2005년 미국 남부를 강타한 허리케인 카트리나의 예에서 볼 수 있다. 허리케인은 전형적인 자연재해지만, 실제 뉴올리언스 주의 피해는 인종과 계층, 그리고 지역사회 간 불평등의 문제를 적나라하게 드러냈다. 복구를 마치고 오랜 기간이 흐른 후에도 그 흔적은 깊이 남아 있다.

다섯째, 복합형/돌발형 위험이 증가하고 있다. 최근으로 올수록 전통적인 자연 재난이나 단순한 화재 등과 같은 위험에 머물지 않고, 시스템이나 설계, 운영 등의 오류와 인간적인 실수 등이 결합하여 나타나는 조직 재난organizational disaster이 빈번해지고 있다. 이러한 재난들은 대체로 복합성과 돌발성을 특징으로 한다. 미국의 사회학자 찰스 페로Charles Perrow가 제시한 정상 사고normal accident가 이에 해당한다(Perrow, 1999). 정상 사고는 매우 복잡하고 단단하게 결합된 시스템에서 작은 인간적 실수나 사소한 기계적 결함이 계기가 되어 돌발적으로 일어나는 사고인데, 환경오염처럼 인과관계를 따지기 어려울 정도로 오랜 시간에 걸쳐 진행되어 엉뚱한 곳에서 피해가 나타나는 특징을 갖는다. 스리마일 아일랜드 원전 사고나 우주왕복선 챌린저호 폭발 사고 등이 대표적인 사례다.

전통적인 자연재해나 인재 사고도 새로운 기술적 기반과 결합할 경우 그 피해가 더 확대되는 경향이 있다. 1990년대 한국에서 발생한 대형 재난들이 조직 내부의 조정과 소통 실패 또는 규범과 규칙을 무시하고 타협한 데서 비롯된 장기숙성형 재난들이었다고 한다면, 새롭게 부상하는 위험 요인들은 시스템의 복합성이 복잡한 인과관계를 통해 위험을 증폭시키는 형태로 나타난다. 미래의 재난은 나노기술, 바이오기술, 인터넷 등 신기술의 오용 또는 부작용으로 인해 발생할 가능성도 커졌으며, 교통망, 통신망, 전력망 등과 같은 필수 기반시설에 대한 위협 등이 중요한 위험 요인으로 부각되고 있다. 아울러 정보기술 및 네트워크 기술의 확산으로 인해 위험의 속성도 돌발적인 형태로 변하고 있다. 미래형 재난의 경우에는 IT를 기반으로 한 인터넷 같은 인프라, 혹은 교통망과 전력망 같은 SOC(사회간접자본)의 인프라, 그리고 수질이나 공기의 질 등과 같은 환경을 매개로 하여 분산되어 있는 위험 요소들이 순간적으로 결합하고 확대될 가능성이 높아졌다는 점에서 새롭게 접하게 되는 위험의 특성이 잘 드러난다. 위험의 요소들이 순간적으로 전파될 수 있는 가능성이 많아진 것이다. 또한 사회의 상호 의존성과 복합성이 증대될수록 사회 시스템 내에서 (잠재적) 위험 요소들의 상호 연계성도 증가해 그 파괴력이 돌발적이고 복합적이게 될 가능성도 커졌다.

재난은 그 사회의 취약성을 드러내는 창

어빙 고프먼Erving Goffman은 사회를 인상 관리impression management의 장으로 설명한 바 있다. 사회생활은 마치 배우가 연극무대 위에서 자신의 역할을 연기하는 것과 같다는 것이다. 무대 이면은 배우의 적나라한 모습을 볼 수 있는 곳이다. 그러나 무대 위에서는 인상 관리가 이루어진다. 관객들은 무대 전면의 모습만을 볼 따름이다. 일상에서는 무대의 뒷면과 전면을 구분하는 것이 가능하고, 또 중요하다. 그러나 재난은 감춰진 무대의 뒷면을 열어 젖혀 그 맨 얼굴과 속살을 적나라하게 드러낸다. 커튼 뒤에 숨겨두었던 온갖 취약성과 불확실성의 요소들이 한꺼번에 드러난다는 점에서, 재난은 한 사회의 이면을 깊숙이 관찰할 수 있는 관찰 통로의 역할을 한다. 세월호 참사는 충격적인 트라우마를 남겼지만, 동시에 평소에는 드러나지 않았던 한국 사회의 민낯을 적나라하게 드러낸 계기가 되었다는 점에서, 사회학적으로는 매우 소중한 기회를 제공한다.

이처럼 재난이 드러나지 않았던 문제들과 결합하여 그 피해가 극대화되는 경험이라고 하는 설명을 '사회적 취약성 모델'이라고 한다. 그리고 이 모델은 전통적인 재난연구 패러다임이라고 불린 '유사전쟁 모델'과는 극적으로 대비된다. 유사전쟁 모델은 평화롭고 잘 통합된 공동체에 갑작스레 날아온 포탄과 같이, 재난을 주로 외부 요인에 의해 발생하는 것으로 이해하는 시각이다. 그러나 사회적 취약성 모델에 따르면, 재난은 외부 요인에 의해 촉발되기도 하지만 사회의 내부 과정에 내재한 취약성에 의해 만들어지기도 한다. 그럴 경우 재난의 위력은 증폭된다.

예를 들면, 남극 대륙의 지하에서 발생한 진도 9의 강진은 자연현상일 뿐이다. 그러나 인구 1,000만 명이 거주하는 대도시 인근에 진앙지를 둔 지진은 전혀 다른 결과를 가져온다. 도시의 구조적·사회적 취약성과 결합해 엄청난 재난으로 귀결되기 때문이다. 예를 들어 1995년 일본 고베 지방을 강타한 진도 7.2의 한신·아와지 대지진과 2008년 중국 내륙을 강타한 진도 8의 쓰촨 성 대지진을 비교해보자. 한신·아와지 대지진이 고베라는 대도시를 강타했음에도 사망자는 6,434명에 그친 반면, 쓰찬 성 대지진에서는 6만 9,000명 이상이 사망하여 거의 열 배 이상의 인명 피해를 낳았다. 물론 진도를 볼 때 쓰촨 성의 지진이 더 심각했다는 것을 고려해야겠지만, 이러한 피해의 차이는 다양한 사회경제적 요소들을 함께 고려하지 않으면 설명되지 않는다. 한신·아와지 대지진의 피해를 최소화할 수 있었던 것은 오랫동안 지진을 겪어온 일본 사회에서 지방 정부와 시민들이 스스로를 재난으로부터 지켜내기 위해 협력하고 노력한 결과라고 볼 수 있다. 상당수 건물이 방진설계 기준에 맞추어 시공되었다. 또한 재난이 발생한 이후에도 자원봉사자들이 대거 참여해 재난 극복 과정에 힘을 보탰다. 반면에 쓰촨 성에서는 매우 부실하게 건축된 구조물들이 일시에 무너져 내리면서 피해자의 숫자를 늘린 데다, 비효율적인 구조작업이 피해를 심각하게 증폭시켰다.

남북한 간 자연 재난으로 인한 사망자 수를 비교해보면 이러한 취약성의 요소들이 어떻게 재난과 결합하는지 잘 드러난다. 국제적십자사의 통계에 따르면, 1998년부터 2007년까지 10년간 자연 재난으로 인한 사망자가 남한은 1,851명인 반면, 북한은 38만 3,000명으로 남한의 200배를 넘어선다. 한반도를 스쳐간 폭우나 태풍이 남긴 피해의 차이는 북한의 사회적 취약성을 빼고는 설명하기 어렵다.

최근에 들어서는 재난을 설명하는 '불확실성 모델'이 지지를 받고 있다. 이는 재난이, 한 사회가 실제 또는 가상의 위험을 정의하는 데 실패하는 데서 기인한다는 것이다. 현실의 위험을 위험으로 이해하는 데 적합한 프레임이 제대로 작동하지 않을 때 재난이 발생한다는 의미다.

이렇게 본다면 세월호 참사는 그 원인의 형성 배경, 사고의 진행 과정, 그리고 이후 수습 및 처리 과정과 정치적 논란 등의 전 과정을 통해 한국 사회의 취약성과 불확실성을 가장 극적이고 적나라하게 드러내 보였다고 할 수 있다.

사회의 질과 복원력

'복원력'이라는 용어는 애초에 물리학이나 생태학에서 비롯되었지만, 최근 들어 심리학, 사회학, 경제학 등에 이르기까지 다양한 학문 분야에서 널리 사용되고 있다. 특히 재난관리에서 매우 빈번히 사용되고 있다. 생태학적 관점에서 복원력이 '생태 시스템이 변화를 수용하면서도 지속될 수 있는 능력의 정도'라고 정의된다면, 사회, 환경, 정치, 경제 등이 갖는 시스템 차원에서는 '혼란(동요)을 완화시키거나, 변화의 과정에서도 여전히 동일한 기능, 구조, 정체성 및 피드백 등을 본질적으로 유지할 수 있도록 재구성할 수 있는 시스템의 역량'이라고 할 수 있다.

재난과 관련하여 사회적 시스템 차원의 복원력에 초점을 맞춘다면, 복원력 제고는 재난이 닥쳤을 때 피해를 줄일 수 있는 대비 태세를 강화하는 것을 의미한다. 또한 복구 과정에서 회복에 드는 시간을 줄이는 것을 의미하기도 한다. 따라서 복원력은 **그림 2-3**에서 보듯이 공동체의 수준을 향상시키거나(세로), 회복에 걸리는 시간을 줄여서(가로) 격차를 줄이는 것이라고 이해할 수 있다.

하나의 시스템이 재난과 같은 외부적 충격에 얼마나 견고한지, 또 재난에 대비한 가외성 장치가 되어 있는지, 자원동원력이 있는지, 얼마나 빠르게 대응할 수 있는지 등의 여부에 따라 복원력 정도를 평가하려는 이론으로 'R 모델'이 제시되고 있다. 'R 모델'은 한 사회의 재난 대비 복원력Resilience 을 견고성Robustness, 가외성Redundancy, 자원동원력Resourcefulness,

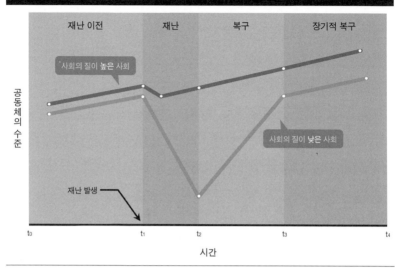

그림 2-3 **사회의 질과 복원력**

재난 이전   재난   복구   장기적 복구

사회의 질이 높은 사회

공동체의 수준

사회의 질이 낮은 사회

재난 발생

t₀   t₁   t₂   t₃   t₄

시간

신속성Rapidity 등의 4R로 정리했다.

견고성은 재난을 당했을 때 시스템과 시스템을 이루는 하부 요소가 손상을 입지 않고 견딜 수 있는 능력을 의미한다. 가외성은 재난에 의해 시스템 기능에 손상이 가해져도 기존 업무를 계속할 수 있도록 시스템을 대체할 수 있는 능력을 말한다. 자원동원력은 문제를 진단하고 우선순위를 정해 금전, 정보, 기술, 인적 자원을 운용할 수 있는 능력을 말한다. 그리고 신속성은 피해를 줄이기 위해 빠른 시간 안에 원래의 기능을 회복할 수 있는 능력을 의미한다(Tierney, 2007).

복원력은 시스템의 물리적인 피해를 줄인다는 점에서는 기술 영역과 결합되고, 지역경제나 기업의 특성과 맞물려 있다는 점에서는 경제적 측면과 맞물린다. 그러나 동시에 시스템의 물리적 요소를 관리하는 조직이나 제도의 특성과 밀접히 연관되어 있다는 점에서 조직적이고 사회적인 특성과도 떼어서 생각할 수 없다.

바로 이러한 이유에서 한 사회의 재난 대비 복원력은 사회의 질과 떼어서 생각할 수 없다. '사회의 질'이란 개인 수준의 삶의 질과 대비되는 사회적 수준의 관계의 특성을 의미한다. 즉, '한 사회를 구성하는 시민들이 공동체 내에서 자신의 잠재력을 충분히 발휘하면서 경제적이고 문화적인 삶을 누릴 수 있는 정도'라고 정의할 수 있을 것이다. 다르게 표현하면, 개인의 자기실현이라는 원심력과 사회적 맥락에서 발현되는 집합적 정체성이라는 구심력 사이에 상호 긴장이 있되, 둘 사이에 균형이 유지될수록 사회의 질이 높아진다는 것이다. 개인의 생애사적 발전과 사회적 발전은 서로 보완적이어야 사회의 질을 높일 수 있다는 것이다. 또한 시스템의 조직화된 공식성과 친밀한 비공식적 세계를 가르는 축 사이에도 긴장과 균형이 유지되어야 사회의 질이 높아진다. 이처럼 개인과 사회를 가르는 수직축, 시스템과 생활세계를 가르는 수평축을 교차하여 영역을 나누었을 때, 각 영역에서 사회적 조건이 충족되는 정도에 따라 그 사회의 수준을 가늠할 수 있다고 본다(van der Maesen, 2001, 2005; 이재열, 2007).

위험과 재난은 그 발생 영역과 메커니즘에서 양태가 다양하다. 그리고 흥미롭게도 각각의 재난은 사회의 질을 구성하는 영역들과 대응한다. **그림 2-4**에서 수평축은 체계 수준의 객관적 위험과 일상생활에서 경험하는 위험을 구분하는 축이고, 수직축은 거시적 위험과 미시적 위험을 구분하는 축이다. 이제 각각의 위험에 대응하는 불안에 대해 생각해보자.

첫째, 거시적이고 체계적인 위험들에 대해 생각해보자. 후쿠시마 원전 사고나 전 세계적 금융위기, 그리고 전쟁과 테러 등이 이에 해당한다. 예를 들면, 전쟁에 대응하는 평화조약, 금융위기를 극복할 외환 스와핑,

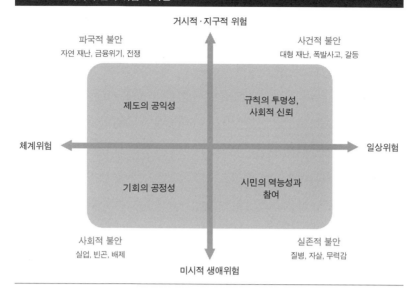

그림 2-4　사회의 질과 위험 거버넌스

거시적·지구적 위험

파국적 불안
자연 재난, 금융위기, 전쟁

사건적 불안
대형 재난, 폭발사고, 갈등

제도의 공익성

규칙의 투명성,
사회적 신뢰

체계위험　　　　　　　　　　　　　　　　　　　　　　　일상위험

기회의 공정성

시민의 역능성과
참여

사회적 불안
실업, 빈곤, 배제

실존적 불안
질병, 자살, 무력감

미시적 생애위험

또는 대규모 실업에 대비하는 실업보험 등이 갖춰져 있지 않다고 가정해
보자. 보편적인 위험에 대비한 공적인 제도가 부재하거나 제대로 작동하
지 않을 경우, 사람들은 파국적 불안에 시달리게 된다.

　둘째, 미시적이지만 체계적인 수준에서 발생하는 다양한 사회적 위험
들이다. 실업이나 빈곤, 그리고 사회적 배제 등의 문제는 각각 그에 상응
하는 보험이나 복지정책, 그리고 차별 금지를 명시한 시민권 개념의 확
산 등을 통해 극복할 수 있다. 그러나 공정한 대응이 이루어지지 못하는
취약 집단이 증가할 경우, 이들은 다양한 사회적 불안을 경험하게 된다.

　셋째, 생활세계에서 사회적으로 증폭되는 사건이나 재난들이다. 일
상적 공간에서 일어날 수 있는 재난은 사건적 불안을 증폭시킨다. 세월
호 참사가 대표적인 사례다. 재난에 대한 대응 과정이 미덥지 못하고, 원
인에 대한 설명을 믿지 못하며, 정부의 행동에 대해 신뢰하지 못하는 한

사건적 불안은 증폭되고 사회적으로 큰 파장을 낳는다. 결국 규칙의 투명성, 그리고 담당 기관에 대한 신뢰가 담보되지 않는 한 사건적 불안은 사회적으로 증폭될 수밖에 없다.

넷째, 일상의 삶 속에서 개인들이 경험하는 생애 과정에서의 위험으로 인해 야기되는 실존적 불안이다. 이러한 불안감은 각자의 삶을 지탱하는 주체의 역능성과 밀접히 연관되어 있다. 생애 과정의 각 단계에서, 즉 출산과 진학, 군대경험, 연애와 결혼, 출산과 부양 등의 전 과정에서 겪는 다양한 불안들은 스스로의 주체성과 역능성이 확보되지 않으면 지속될 수밖에 없고, 심각하면 자살자의 급증을 낳게 된다.

사회의 질이 높은 사회는 이러한 네 가지 영역에서 위험에 대처하는 역량을 높임으로써 재난과 위험에 대비한 회복탄력성을 높일 수 있다. 거시적이고 제도적인 위험과 파국적 불안에 대비하는 공익성 높은 제도, 미시적이고 객관적인 위험과 사회적 불안에 대비하는 공정한 안전장치, 빈발하는 대형 재난과 그에 따른 사건적 불안을 해소할 수 있는 높은 신뢰와 투명성, 그리고 실존적 불안에 대응할 수 있는 각 개인의 역능성과 주체성 제고 등을 통해 사회의 재난 대비 회복탄력성은 크게 높아질 수 있다.

위험관리와 위험 거버넌스

위험은 무조건 피하거나 줄여야 하는 회피 대상만은 아니다. 이미 조지프 슘페터 Joseph Schumpeter 가 지적한 바와 같이 혁신 innovation 은 과감하게 위험을 무릅쓰고 현실의 한계를 넘어서는 것이다. 따라서 사회의 발전은 혁신에 따르는 일정한 수준의 위험을 적극적으로 수용하려는 진취적 태도가 뒷받침되어야 가능해진다. 반면 지나치게 모험을 추구하는 것은 시스템 전반을 위험하게 만들 수 있다. 따라서 문제는 구조화되고 내장된 위험의 요소들을 어떻게 관리해나가느냐 하는 것이다. 그런 맥락에서 세계위험통제학회International Risk Governance Council: IRGC에서는 "위험관리는 정책 입안자들에게 부담이 아니라 공공의 신뢰를 얻을 수 있는 기회"라고 주장한 바 있다. 영국의 전 총리 토니 블레어Tony Blair도 "유능한 정부의 핵심 역할은 혁신과 변화라는 한 축과, 충격과 위기의 관리라는 또 다른 축 간의 균형을 이루는 것이며, 이것이 바로 위험관리"라고 설파한 바 있다.

위험을 체계적으로 관리하기 위해서는 개인적인 수준을 넘어서 사회 전반적으로, 그리고 합리적으로 위험에 대응할 수 있는 시스템을 만들어내야 한다. 사실상 근대 국가는 여러 위험을 통계적으로 파악하고 관리할 수 있는 보험과 복지 등의 다양한 공적 제도들을 갖추어왔다는 점에서 전통 국가와 구별된다. 통계학statistics의 어원이 국가학Staatskunde이라는 사실로 미루어 짐작할 수 있듯이, 확률론의 발달로 국가나 기업이 위험에 정책적으로 대처할 수 있는 학문적·기술적 기초를 형성했다는 것이 근대성의 핵심이었다. 통계의 핵심은 불확실성을 과학화했다는 점이다. 확률론을 이용해 사건 분포의 정상성normality을 상정하고 이로부터 벗어나는 정도를 분산variation으로 개념화하는 방식으로, 통계는 불확실성과 무질서의 공간인 위험을 객관적이고 과학적으로 통제하는 방법론으로 자리 잡게 되었다. 개인적으로 각기 다른 방식으로 체험되고 또한 대처하기가 어려운 위험의 요소들일지라도 통계적으로 그 경향을 파악하고 발생 확률을 예측할 수 있기 때문에 개인들의 개별적 대응을 넘어서는 회피와 보상의 메커니즘도 가능해지는 것이다.

전통적인 위험관리 방식의 핵심은 합리적 체계를 구축하는 것이다. 위험 요인에 대응하는 적절한 기술적인 투자와 기술 개발이 이루어져야 하고, 이를 기반으로 하여 효율적인 대응이 가능한 시스템을 구축하는 데 집중한다. 위험관리의 주체는 조직이다. 때로는 정부 기관이, 또는 지방자치단체나 기업이 주체가 되기도 한다. 가장 중요한 것은, 조직은 합리적 체계로 움직인다는 점이다.

그러나 새로운 위험들은 전통적인 위험대응 방식이 가진 한계들을 드러나게 했다. 대안적 접근들은 조직을 자연적 체계, 혹은 열린 체계로 보는 시각과 밀접히 연관되어 있다. 이러한 접근은 위험이 사회적으로 구성되는 측면에 주목한다. 즉, 위험에 대한 지각에 영향을 미치는 요소로 기술적 요인 이외에 ① 정치경제적 환경과 사회문화적 환경, ② 시스템 구성 요소들이 얼마나 복잡하게 상호작용하는지, 그리고 얼마나 단단하게 얽혀 있는지 등으로 측정할 수 있는 위험 지각 대상의 특징, ③ 위험 지각 당사자의 과거 경험, 개인적 특성, 이해와 관심사 등에도 주목한다. 이러한 요소들로 인해 이해 관련자들은 위험을 더 심각하게 인식할 수도 있고, 때로는 덜 심각하게 받아들일 수 있다. 그래서 위험에 대한 지각 방식이 위험을 둘러싼 갈등이나 협력에 영향을 미치게 된다. 그리하여 위험이 사회적으로 규정된다는 것은 단지 객관적으로 얼마나 더 위험한가에 의해서만 결정되지 않고, 다양한 상황적 요인과 시스템 특성에 따라 증폭될 수도 있고 약화될 수도 있음을 의미한다. 그리고 규정된 위험의 성격에 따라 이에 상응하는 관리전략(예: 합리적 계산, 강제, 토론, 연구, 정보 제공, 협력 네트워크 등)이 도출된다.

정부나 기업의 위험 거버넌스는 제도적 환경 속에서 작동한다. 수많은 이해 당사자들stakeholders로 둘러싸인 제도적인 환경 아래에서는 효율성뿐 아니라 '정당성'도 매우 중요한 역할을 한다. 정책의 일관성, 사회적 평판, 시민사회 및 지역사회와의 관계, 언론의 역할 등이 모두 위험 거버넌스를 제대로 작동하게 하는 중요한 요소가 된다. 따라서 위험관리와 위기관리에 대한 국민적 동의와 지지를 얻어내는 것이 무엇보다 중요하게 된다.

이러한 맥락에서 위험의 성격이 달라지면 위험관리의 방법도 달라져야 한다는 세계위험통제학회IRGC의 주장에 귀를 기울일 필요가 있다. IRGC는 위험을 발생 원인에 따라 단순형 위험 외에 복잡성, 불확실성, 모호성에 기인하는 유형 등으로 나눈다. 그리고 각 유형별로 이해 관계자와 적정한 관리 수단이 달라지기 때문에 거버넌스의 방식도 그에 따라 달라져야 한다고 말한다(Renn, 2008). 단순한 위험일 경우에는 해법도 전통적인 합리적 방법이면 충분하다. 법률 체계 내에서 허용하는 방법 중 비용 대비 효과가 가장 큰 것을 고르면 된다.

그러나 복잡성complexity에서 기인하는 위험은 대부분 위험이 만들어지는 원인과 그 결과에 관한 과학적 연구들 간에 의견 일치가 이루어지지 않은 것들이다. 따라서 이를 관리하기 위해서는 위험원의 특성을 좀 더 구체화할 수 있는 심도 있는 연구를 지속하되, 동시에 위험 발생에 대비하여 시스템의 견고성을 제고할 수 있는 별도의 연구가 필요하다.

불확실성uncertainty에 기인한 위험은 위험을 만들어내는 기제와 시기에 대한 충분한 지식이 없기 때문에 생겨나는 어려움을 반영한다. 그 대표적인 예가 지진인데, 지진의 경우에는 사전에 대비하는 것도 필요하지만 대비에 한계가 있기 때문에 사후 복원의 탄력성을 제고하는 것도 매우 중요하다. 위험의 원인에 대해 우리가 불완전한 지식만을 가지고 있음을 인정하고 실수의 범위를 줄이기 위해 조심스럽게 접근하는 것이 필요하다.

모호성ambiguity에 기인한 위험이란 다양한 이해 당사자들에 의해 위험이 서로 다르게 해석되는 경우를 말한다. 위험의 원인과 과정 그리고 파급효과 등에 대해 서로 다른 관점이 존재하기 때문에 이러한 관점의 차이를 고려하지 않고는 위험관리를 할 수 없다. 원자력발전이나 유전자조작식품 등의 위험에 대한 논의가 대표적인 사례다. 모호성에 기인한 위험을 관리하기 위해서는 광범위한 참여를 통한 의사결정 방식을 채용해 사회적 담론과 공감대를 이끌어내는 것이 관건이다. 이러한 위험에 대한 대응과 관리 방식이 적절한 결과를 생산해내려면, 위험의 사실적factual 차원뿐만 아니라 사회문화적socio-cultural 차원 모두 고려할 필요가 있다.

미래형 위험에 대해서는 위험을 둘러싼 논의가 전통형에서 복잡형으로, 그리고 불확실성에서 모호성으로 진전되고 있기 때문에 점점 더 정치사회적 차원도 중요해지고 있다. 기술이 점점 복잡해짐에 따라 기술이 내포한 위험에 대한 정확한 윤곽을 그리는 것이 어려워지게 되었고, 위험의 내용에 대해 일반인뿐 아니라 전문가들조차 불확실성을 인지하게 되었다. 따라서 위험이나 안전을 수용하는 일은 단지 기술적인 문제를 넘어서, 실제로 일반 대중이나 산업계와 같은 이해 당사자들에 의해 얼마나 수용될 수 있느냐가 중요해졌다. 결과적으로 과학기술정책과 관련된 결정일지라도 정부의 정치적·법적 정통성이 결여될 경우 심각한 반발에 부딪힐 가능성도 커진 것이다.

위험 거버넌스의 형식은 위험원의 유형에 따라 달라진다. 단순한 위험의 경우에는 예측되는 결과가 명확하고 복잡한 절차도 필요하지 않기 때문에 이해 당사자들도 굳이 참여의 필요를 느끼지 못한다. 그러나 복잡한 위험의 문제를 다룰 때는 위험의 평가와 관리에서부터 공정성과 투명성이 요구된다. 따라서 위험의 원천에 대해 다양하고 상이한 과학적 입장을 가진 사람들이 대화를 통해 인지적 차원의 불일치를 해결하는 일이 중요하다. 이런 인식론적 담론에는 여러 전문가를 대상으로 반복 설문을 하여 의견을 수집·발전시키는 델파이 기법Delphi method 등이 동원되기도 한다. 불확실성에 기인한 위험의 경우에는 위험에 대한 평가나 위험 감소를 위한 구조를 디자인할 때 어떻게 위험의 특성을 포착하고 개념화하느냐가 매우 중요한 것이다.

모호성에 기인하는 위험의 문제는 가장 복잡한 거버넌스 형식을 요한다. 관련되는 이해 당사자가 다양하고, 또한 각 이해 당사자들이 서로 다른 분석틀을 가지고 있기 때문이다. 모호성을 구성하는 다양한 차원들은 곧바로 비용과 혜택, 장점과 단점을 산출하는 토대이기 때문에 모호성이 강한 이슈일수록 많은 집단과 사람들을 포괄하는 '참여형 담론'의 필요성은 커진다. 그리고 그 과정은 공통의 가치관과 전망을 확인하는 과정이 될 것이다.

공공성이 작동하는 사회를 위해

세월호 참사는 사회의 질이 낮은 사회에서 경험하는 다양한 위험과 불안으로 뒤범벅된 재난의 구조를 상징적으로 보여준다. 앞서 제시한 영역별 불안과 그 대응 방식에 대입해보면 세월호 참사는 거의 모든 분야에서 실패했음을 알 수 있다.

첫째, 거대한 재난에 대비한 공익적 제도를 작동시키는 데 실패했다. 재난 상황에서 가장 기본이 되는 구조 활동을 포기하고 민간 기업에 이를 맡긴 해경의 선택은 공익성 개념이 전무한 국가의 모습을 적나라하게 보여주었다.

둘째, 재난이 발생하기까지의 전 과정에서 규제기관들의 행태는 공정성과 거리가 멀었다. 연고나 친소 관계에 의해, 그리고 부패 고리를 통해 불법과 탈법을 눈감아주는 밀실 거래와 야합이 판을 쳤다. 구조와 사후 수습을 담당하는 기관들의 행태에서도 공정성은 찾아볼 수 없었다. 강남 학생들을 태운 배에서 유사한 재난이 발생했어도 정부의 대응이 같은 방식이었을지 의문을 제기하는 사람들이 많은 이유다.

셋째, 사고수습 과정 역시 투명성이나 신뢰와는 거리가 멀었다. 탑승자와 구조자 수 파악에서 반복된 실수는 정부의 공신력을 땅에 떨어뜨렸다. 사고의 원인으로 작용했던 투명성의 결여는 사후처리 과정에서도 달라지지 않았다. 불신은 언론으로도 확산되었다. 사회적으로 신뢰받는 전문가들이 참여할 여지가 극도로 제한되었다.

넷째, 시민들의 참여는 극히 제한되었고, 정치 과정은 왜곡되었다. 실제 문제의 본질은 엄청난 피해를 낳은 인적 재난이었음에도 정치권은 책임 추궁과 비난의 정치화에 몰두한 탓에 파행이 이어졌다. 시민들의 역할은 제한되었다. 많은 이가 좌절과 분노감을 표시했지만, 정작 문제 해결로 이어지지는 못했다.

총체적인 공공성의 실종이었다. 공익을 위한 제도도 작동하지 못했고, 공정한 규칙도 없었으며, 신뢰할 만한 규칙의 투명성도 없었고, 시민들의 역능성에 기반을 둔 참여도 결실을 거두지 못했다. 결국 세월호 참사는 그 원인에서 진행 과정, 그리고 사후처리 과정 모두에서 우리 사회의 질을 적나라하게 드러냈다. 그리고 그 취약성은 취약한 공공성과도 밀접하게 연관되어 있다.

위험은 확률로 존재한다. 위험을 피하려는 사람이 있는가 하면 위험을 즐기는 사람도 있다. 그러나 위험은 너무 피하기만 하거나 즐기려고만 해서는 안 된다. 적절한 위험에 노출되어야 혁신적이고 새로운 시도를 할 수 있다. 혁신은 창조적인 파괴로만 가능하며 무언가를 파괴하려면 위험이 따른다. 그런 의미에서 위험관리가 필요하다. 토니 블레어는 "혁신을 가능하게 하는 위험관리가 국가 역량의 핵심"이라고 했다.

과거에 우리나라는 위험을 당연히 여기고 모두 떠안았다. 짧은 시간 동안 빨리 성장해야 하니 국가 정책이나 기업의 성장전략은 위험을 감수하려는 경향이 강했다. 그런데 외환위기 이후 개인들은 위험을 기피하고 있다. 벤처 창업은 꺼리고 공무원 수험생은 많아졌다. 모든 것을 위험의 관점에서 피하려고만 하는 것도 문제다. 균형 있는 위험관리가 필요하다. 그리고 이 모든 것들이 속도와 외형, 결과를 중시하는 성장 위주의 사회에서 안전과 내실, 과정을 중시하는 지속가능한 사회로의 전환을 요구하고 있다.

체계론적 관점에서 보면 안전이란, 사회를 구성하는 여러 행위자들이나 조직들의 단순 합이 아니라 이들 간의 원활한 상호작용이 이루어질 때 가능해진다는 점에서 사회 시스템의 출현적 속성emergent property이라고 정의할 수 있다. 즉, 안전이란 경제 시스템과 고용체계, 재난관리 시스템, 의료관리 시스템 등이 함께 어우러져서 만들어지는 종합적 결과물이다. 따라서 재난 같은 위험으로부터 안전을 확보하기 위해서는 근본적인 사고의 전환이 필요하다. 사고의 전환은 물질적인 성장에 더해서 사회의 질을 높이는 발전을 추구해야 한다는 가치의 전환에서 출발한다.

지금까지 우리가 만들어낸 근대성의 여러 가지 어두운 부분들에 대한 성찰을 통해 우리 사회 곳곳의 공공성 부재를 확인했다. 사회의 질을 높이고, 안전과 안심이 보증된 사회를 만들고자 한다면 공공성의 제고에서 그 단초를 찾을 수 있을 것이다. 그 지름길은 공공의 문제에 대한 관심, 나의 문제가 우리 문제이며 우리의 문제가 곧 내 문제임을 자각하는 의식의 성장, 그리고 이를 통해 함께 문제를 풀어나갈 줄 아는 시민적 역량의 제고라고 할 수 있을 것이다.

3장

문제는
공공성이야

위험관리체계와 공공성

한 사회의 위험관리체계는 그 사회의 공공문제 해결 방식 및 원칙과 밀접한 관계를 맺으며 발달한다. 사회 구성원들은 개인적으로 대응할 수 없는 문제에 대해 공동으로 해결하려는 노력을 해왔다. 근대 복지국가의 발전은 자연적·사회구조적으로 발생하는 위험에 대해 사회공동체 수준에서 공동으로 대응한 결과다. 복지국가는 시민의 안전에 적극적으로 개입함으로써, 위험을 국가가 관리해야 하는 핵심 대상으로 자리 잡게 했다. 그뿐 아니라 이를 통해 복지국가 발전의 정당성을 찾으려 했다. 그러나 복지국가가 모두 같은 형태로 발전한 것은 아니다. 국가의 간섭을 필요로 하는 영역, 그리고 개입의 규모와 방식은 그 사회의 역사적 맥락과 정치적 결정에 따라 상이하게 이루어졌고, 이는 서로 다른 특징을 가진 복지국가 체제를 초래했다.

현대사회의 고도의 기능적 분화로 부문들 간의 긴밀한 연계와 복잡성이 증가함에 따라 위험의 성격도 변화했다. 과학적·기술적 합리성을 토대로 하는 근대화는 그 사회 시스템이 갖는 내재적 속성으로 인해 복합적인 위험이 일상화되는 위험사회로 진입하게 했다(Beck, 2006). 위험사회에서 위험은 공간적·시간적 경계를 넘어설 뿐만 아니라, 사회적으로도 원인과 결과를 분명히 규명하기 어려운 위험들이 발생한다. 말하자면 현대사회의 위험은 동시대를 살아가는 광범위한 사회 구성원들뿐 아니라 다음 세대의 사회 구성원들에게까지 영향을 미친다. 또한 위험은 다양한 주체들의 행위들이 복잡하게 결합되어 나타나기 때문에 모든 사람이 위험의 원인이자 결과로서 작용하게 되는 것이다. 이러한 복합위험의 일상화는 다양한 행위 주체들 간의 협력과 소통, 책임 공유를 중심으로 사회 구조 전체를 대상으로 하는 위험관리의 필요성을 증가시켰다.

그러나 후기 근대 사회로 접어들면서 복지국가 쇠퇴와 신자유주의 확산을 이끈 사회경제적 변화는 그동안 국가가 제공해온 다양한 공공 서비스와 위험관리체계의 조정을 불가피하게 만들었다. 한국도 예외는 아니어서 1990년대 중반 경제위기 이후 본격적으로 신자유주의 기조하에 규제를 완화하고 경쟁과 효율성 중심의 체제 개편을 추진했다. 경쟁력 강화라는 취지 아래 공공의 영역은 축소되고 시장 친화적인 방식의 구조 조정이 이루어졌다. 이 과정에서 서로 다른 집단과 서로 다른 이해관계들 사이의 충돌과 사회적 갈등이 발생하면서, 한국 사회의 공공성 쇠퇴에 대한 우려가 불거져 나왔다.

위험관리라는 공동의 문제에 대한 집합적 대응 양식을 규정하는 토대는 그 사회의 공공성 수준과 맞닿아 있다. 세월호 참사 이후 공공성이 핵심적인 사회적 화두로 떠오른 것은 이 때문이다. 세월호 참사는 그동안 추진해온 신자유주의적인 위험관리 방식이 위험에 대한 효율적 대응이 아니었다는 것을 보여주었다. 오히려 그것은 사회적 위험에 대한 공동의 대응 능력을 약화시키고, 결과적으로는 공유되어야 하는 위험을 개인에게 책임지우는 데 불과한 것이었음을 분명하게 깨닫게 해주었다(지주형, 2014). 공공성 쇠퇴에 대한 우려가 현실화되는 순간을 목도한 것이다.

세월호 침몰 사고는 지난 수십 년간의 우리 사회의 문제 해결 및 대응 방식과 원칙들에 대한 반성과 성찰을 요구한다. 이는 궁극적으로는 대한민국이라는 국가 공동체의 존재 기반과 지속 여부의 정당성을 떠받치고 있는 공공성에 대한 문제 제기로부터 출발한다. 공공성은 사회적 위험의 수준과 공동의 대응 방식의 차이를 낳는 중요한 요인이자 사회의 시스템이 어느 방향으로 나아가야 할지를 제시하는 틀이기 때문이다. 그렇다면 과연 우리 사회의 공공성은 어느 수준에 와 있는가?

위기에 선 한국의 공공성

공공성은 단순히 공적 영역과 사적 영역을 구분하는 기준이나 윤리적·도덕적 의식만을 의미하는 것은 아니다. 공공성은 공동의 문제 해결을 위해 우리 사회에 구조적으로 각인된 틀로서, 사회 구성원들의 사회적 관계와 행위규칙을 규정하는 제도적 조직원리이자 문화적 코드라고 할 수 있다(신진욱, 2007). 개별 사회에서 공공성의 내용과 성격은 선험적으로 결정되는 것이 아니라 그 사회의 역사적·사회적 맥락과 공동체의 집합적인 선택과 의지가 개입된 사회적 구성물이다.

한국의 공공성은 근대화와 경제 성장이라는 역사와 사회적 맥락에 뿌리를 두고 있다. 단기간에 이룩한 놀랄 만한 경제 성장은 우리에게 물질적인 풍요를 안겨주었지만, 다른 한편으로는 경제 성장이 곧 발전이자 우리 사회가 지향해야 하는 최우선의 가치로 자리 잡게 해버렸다. 이처럼 강한 성장 우선주의는 우리 사회가 과학기술의 진보와 산업화, 그리고 자유시장경제의 확대에 수반되는 위험에 둔감하게 하고 그것에 충분히 대비하도록 하는 데 장애가 되었다. 1997년 경제위기 이후 신자유주의의 확산으로, 경쟁력 강화라는 명목 아래 국가와 개인 할 것 없이 자유시장체제의 무한 경쟁에 내몰리고 있다. 경쟁은 자유시장경제의 기본적인 작동기제다. 문제는 경쟁이 어떤 가치들과 함께 결합되어 나타나는가, 어떤 게임의 법칙들 기반 위에서 이루어지는가, 그리고 어떤 사회적 맥락에서 나타나는가에 따라 공공성의 수준과 성격이 달라질 수 있다(강명구, 2013)는 점이다.

견제 없는 사익 추구 •

세계가치관조사World Value Survey 결과에 따르면, 한국은 성장과 개인의 성공, 물질적 부의 축적을 다른 국가들에 비해 중요시하는 것으로 나타난다. 다른 국가들은 경쟁의 긍정적인 면을 인정하기는 하지만, 성공이나 성장만을 지향하지는 않으며, 참여나 이타심, 관용과 같은 것들을 삶의 중요한 덕목으로 여긴다. 칼 폴라니Karl Polanyi 는 그의 저서 『거대한 변환The Great Transformation』에서 '사회와 시장의 이중운동'에 대해 지적한 바 있다. 그에 따르면 시장경제는 그 출현부터 사회에 '배태'되어 있었다. "인간의 경제적 행위는 물질적 재화의 소유에 대한 개인적인 이익을 지

• 　이 부분의 아이디어와 분석은 서울대학교 사회발전연구소 조교로 연구에 참여했던 서형준 (애리조나 대학 박사과정)의 도움을 받았다.

키기 위한 것이 아니라 자신의 사회적 지위와 사회적 요구, 그리고 사회적 자산을 지키기 위한 것이었다. 인간이 물질적 재화를 평가하는 기준은 이러한 목적에 부합하는가 부합하지 않는가 하는 것일 뿐이었다. 생산의 과정뿐만 아니라 분배의 과정도 재화의 소유에 결부된 특정한 경제적 이익과 결합되어 있지 않았다. 생산과 분배에서 모든 행위는 궁극적으로 사회적으로 요구되는 몇 가지 이익에 부합하도록 이루어졌다"(김영진, 2004: 7에서 재인용).

시장경제 확대는 필요한 재화를 획득하기 위한 사회관계를 이윤 획득을 극대화하기 위한 교환관계로 전환시키면서 기존 사회관계를 위협하는 경향을 갖고 있다. 사회는 이러한 시장경제의 단점으로부터 자신을 보호하기 위해 반응한다. 복지제도, 환경보호, 금융규제 등이 그 결과다. 사회는 이러한 제도적 대응을 통해 시장경제의 이윤 추구 동기를 사회적으로 수용 가능한 범위 안으로 제한하는 방향으로 움직여왔다. 사회로부터 벗어나서 이윤을 자유로이 추구하려는 시장과 그것을 견제하려는 사회의 운동, 폴라니는 이를 가리켜 '이중운동'이라고 칭한 것이다.

한 사회에서 시장의 영향력과 이에 대한 사회적 견제력 사이의 긴장관계는 사적 이익과 공적 이익을 추구하는 행위들 간의 충돌을 조정한다. 사적 이윤을 극대화하려는 행위는 국가와 사회의 제도적·도덕적 간섭을 통해 조절되며, 국가와 사회의 과도한 간섭은 민주주의와 자유라는 기본적 권리를 보호하려는 노력을 통해 제어된다. 이 둘 사이의 적절한 균형점을 찾을 때 사회의 불안정성은 약화된다. 앞에서 언급한 세계가치관조사 자료에서 경쟁, 성공, 금전 만능주의, 빈곤의 개인책임 중요성을 묻는 문항을 묶어 시장지향적 가치로 개념화하고, 평등, 연대, 관용과 존중, 이타주의/박애주의 가치의 중요성을 묻는 문항을 묶어 사회지향적

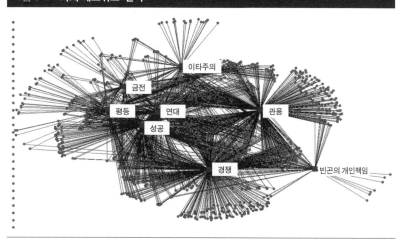

그림 3-1   **가치 네트워크: 한국**

그림 3-1 가치 네트워크: 한국 내의 라벨들:
이타주의 / 금전 / 평등 / 연대 / 성공 / 관용 / 경쟁 / 빈곤의 개인책임

표 3-1   가치의 근접중심성: 한국

근접중심성
: 높을수록 네트워크의 중심에 위치

경쟁 0.735	평등 0.430
성공 0.600	금전만능주의 0.408
연대 0.536	빈곤의 개인책임 0.383
관용 0.485	이타주의 0.369

가치로 개념화한 후 각각의 가치들 간의 관계를 살펴보면, 폴라니가 말한 사회와 시장의 이중운동이 한국 사회에서 어떤 모습으로 형성되어 있는지를 확인해볼 수 있다.

    그림 3-1은 한국 사회에서 이러한 가치들이 어떻게 관계를 맺고 있는 가를 나타낸 것이다. 이 그림에서 우리는 두 가지 사실을 확인할 수 있다. 하나는 경쟁, 성공과 같은 시장지향적 가치가 네트워크의 중심부에 위치해 있다는 점이다. 값이 클수록 네트워크의 중심에 위치함을 의미하

는 근접중심성 분석에서도 이러한 사실은 확인된다(표 3-1). 이는 한국 사회가 사회지향적 가치보다 시장지향적 가치가 더 강하게 힘을 발휘하는 사회라는 것으로 해석할 수 있다. 다른 하나는 가치들 간의 거리를 통해 나타난다. 성공이라는 가치는 평등과 연대의 가치와 근접해 있다. 그러나 경쟁, 빈곤의 개인책임 같은 시장지향적 가치는 다른 사회지향적 가치들로부터 멀리 떨어져 있다. 이는 시장지향적 가치가 사회지향적 가치의 견제를 받지 않고 있다는 것을 의미한다.

동일한 분석을 스웨덴을 대상으로 수행해보면 그 결과(그림 3-2와 표 3-2 참조)가 사뭇 다르게 나타난다. 한국과 비교해 스웨덴은 관용과 연대 같은 사회지향적 가치가 네트워크의 중심부를 차지하고 있고, 성공이나 빈곤의 개인책임 같은 시장지향적 가치가 오히려 바깥으로 밀려나 있다. 이러한 결과는 미국, 독일, 네덜란드와 같은 국가를 대상으로 해도 유사하게 나타난다. 또한 이들 국가에서는 경쟁과 성공이라는 가치가 사회지향적 가치와 가깝게 위치해 있어 서로 견제하는 단단한 결합tight coupling 상태를 보여준다.

이러한 결과는 다른 국가들에 비해 한국에서 시장지향적 가치가 사회지향적 가치에 배태되어 있지 않은 채로 강한 영향력을 발휘하고 있는 것으로 해석할 수 있다. 폴라니가 지적한 바와 같이 시장경제가 긍정적 측면과 부정적 측면 모두를 갖고 있다면, 한국에서는 시장경제의 부정적 측면이 잘 견제되지 않고 있다는 점을 시사하는 것이다. 이를 세대별로 비교해보면, 한국은 특히 젊은 층에서 사회지향적 가치의 견제가 약한 것으로 나타난다. 이러한 불균형은 한국 사회의 불안정성과 사회관계 해체 등으로 가시화되고, 결국 우리 사회를 위협하는 요인이 되고 있다.

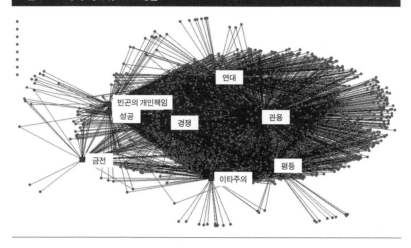

그림 3-2   가치 네트워크: 스웨덴

표 3-2   **가치의 근접중심성: 스웨덴**

근접중심성
: 높을수록 네트워크의 중심에 위치

관용 0.794	빈곤의 개인책임 0.491
경쟁 0.754	성공 0.475
연대 0.643	이타주의 0.419
평등 0.546	금전 0.388

'우리' 없는 '나'

한국인은 공공선을 위해 무언가를 하는 것보다는 자신의 성공을 더 중요
시한다. 세계가치관조사의 결과에 따르면, '자신이 공공선에 기여하는
것을 중요하게 여기는 사람'이라고 응답한 비율은 51.5%로, 52개국 평균
인 76.5%에 훨씬 못 미친다. 대신 '자신이 공공선에 기여하는 것을 중요
시하는 사람은 아니'라고 응답한 사람은 47.6%로, 52개국 평균인 20.1%
에 비해 압도적으로 많다. 이와 대조적으로 '인생에서 성공하는 것을 중

표 3-3	공공선에의 기여와 개인 성공의 중요도 평균 비교					
구분	한국	독일	일본	네덜란드	미국	5개국 평균
공공선 기여 중요	3.67	4.01	3.15	3.89	4.27	3.80
성공 중요	3.99	4.18	2.84	2.56	3.44	3.40

주: 세계가치관조사 6차(2010~2014). 설문은 다음과 같이 진행되었다. "다음 사항이 ○○님의 경우와 비교했을 때 어느 정도 비슷한지 해당되는 곳에 ✔표 해주십시오. 이 사람에게는 사회를 위해 어떤 일을 하는 것이 중요하다(공공선 기여 중요); 이 사람에게는 성공해서 다른 사람으로부터 인정을 받는 것이 중요하다"(성공 중요). 응답 범주는 "나와 대단히 비슷하다", "나와 아주 비슷하다", "나와 어느 정도 비슷하다", "나와 약간 비슷하다", "나와 비슷하지 않다", "나와 전혀 비슷하지 않다"로 구성되어 있다.

요하게 여기는 사람'이라는 데 긍정적으로 응답한 사람은 62.7%다. 이 두 문항의 평균을 내어 다른 국가들과 비교해보면 한국의 이러한 성향이 보다 분명해진다(표 3-3 참조). 공공선에 기여하는 것, 성공이 중요하다는 데 대한 가장 긍정적인 응답값을 6점, 가장 부정적인 응답값을 1점으로 놓았을 때, 일본이나 네덜란드, 미국은 '자신의 성공이 중요하다'는 문항의 평균점수보다 '공공선 기여가 중요하다'는 문항의 평균점수가 큰 차이로 높은 반면, 한국은 성공이 중요하다는 데 대한 점수가 더 높다.

타인에 대한 관용과 존중은 자유로운 개인이 함께 더불어 살아가는데 중요한 덕목이다. 다름을 인정하고 공감하는 능력은 원활한 소통의 조건이자 공적 이익에 대한 토론과 합의를 이루어나가는 데 필수적인 요소이기 때문이다. 이러한 요소가 그 사회에서 어느 정도 중요하게 인식되는지를 살펴보면 그 사회의 공공성의 수준을 가늠할 수 있다. 세계가치관조사에는 독립심, 근면성, 책임감, 상상력, 관용과 타인 존중, 근검절약, 결단력과 참을성, 신앙심, 이타심, 복종, 자기표현 등 부모가 다음 세대에 교육해야 할 11개의 가치 항목을 제시한 후, 각각의 항목에 대해 가정에서 아이들이 배워야 할 중요한 덕목인지 아닌지를 묻는 문항이 있다. 각 항목에 대해 중요한 덕목이라고 응답한 비율에 따라 순위를 매겨

보면, '타인에 대한 관용과 존중' 항목이 미국에서는 1순위, 네덜란드에서는 2순위, 독일에서는 3순위, 일본에서는 4순위로 나타난다. 반면 한국에서는 이를 11개 항목 중 일곱 번째로 중요한 항목으로 인식한다. 더욱 놀라운 것은 이를 중요한 덕목이라고 선택한 사람이 한국은 40.8%로, 52개의 세계가치관조사 참여 국가 가운데 가장 낮은 수준이라는 것이다. 응답자의 86%가 가정에서 가르쳐야 할 중요한 덕목이라고 응답한 네덜란드와 비교해보면, 한국 사회가 관용의 가치를 어느 정도로 인식하지 알 수 있다.

한국은 물질주의적 가치관을 가진 사람들의 비율이 다른 선진국들에 비해서 높은 것으로 알려져 있다. 물질주의는 경제 성장과 사회질서 유지를 중요시하는 가치관을, 탈물질주의는 언론 자유나 정책 결정에의 참여, 자기표현 등을 중요시하는 가치관을 말한다. 2010년 세계가치관조사에 따르면, 한국에서 물질주의적인 가치를 지지하는 사람은 45%로, 대개 20% 내외인 선진국과 비교하여 매우 높게 나타난다. 더 흥미로운 사실은 일반적으로 선진국에서는 교육 수준이나 소득 수준이 높을수록 물질주의적 가치관보다는 탈물질주의적 가치관을 가지게 되는 경향이 있는데, 한국은 대학교육 수혜자와 중상층에서의 물질주의 가치관 소유자가 각각 41.3%와 40.4%로 그 비중이 매우 높다는 것이다. 우리와 대조적으로 독일은 대학 교육을 받은 사람 중에서 물질주의 가치관을 지지하는 사람은 7.9%, 중상층에서 물질주의 가치관을 지지하는 사람은 13.1%에 불과하다. 반면 탈물질주의 가치관을 지지하는 비율은 40%를 웃돈다.

공공성은 공적인 것에 대한 시민들의 관심과 참여를 통해 실현된다. 민주주의하에서 공공성 구현 과정에의 참여는, 정치 과정과 절차를 통한 참여(정치 참여)와 생활세계에서의 직접적인 공공성 실천(사회 참여 또는 실천)을 통해 이루어진다. 세계가치관조사 항목 중 서명, 보이콧, 합법적인 파업 등 세 가지 형태의 정치행동 중 한 가지라도 참여해본 사람의 비율이 한국은 32%에 불과했다. 일본, 칠레, 멕시코, 터키 등과 더불어 OECD 국가들 중에서 가장 낮은 수준의 정치 참여율을 나타낸다. 미국에서는 65.4%, 독일에서는 55%가 한 번이라도 이러한 행동에 참여한 적이 있는 것으로 나온다. 한편 기부나 모르는 타인에게 도움을 주는 행위, 자원봉사 등에 참여한 경험 역시 한국은 미국이나 네덜란드 등에 비해 낮은 수준이다.

이처럼 한국은 우리보다는 나 자신의 성공을 중요하게 여기고, 타인을 배려하기보다 나의 성공을 위해 치열하게 경쟁하는 것을 지지한다. 그 과정에서 상호 간의 공감이나 연대보다는 각자도생의 길을 가고 있다. 한마디로 공공성의 기반이 너무나 취약하다.

공공성을 다시 생각한다*

사실 한국에서 공공성 위기는 어제오늘 있어온 이야기가 아니다. 앞에서 살펴본 것과 같이 한국 사회에서 공공성의 기반은 허약하기 그지없지만 우리는 그러한 취약한 공공성의 민낯을 돌아볼 겨를도 없이 치열하게 경쟁하며 개인의 성공과 경제 성장을 향해 달려가고 있었다. 세월호 참사

---

* 이 부분은 「공공성은 위험수준을 낮추는가?: OECD 국가를 중심으로」《한국사회정책》, 제22권 1호(2015)에 실린 글을 수정·보완한 것이다.

는 사적 이익의 극대화를 위해 불법 개조와 과적을 용인하고, '관피아'와 같은 권력 남용과 부패에 눈을 감으며, 정보 은폐와 거버넌스 실패, 그리고 직업윤리의 상실과 같은 공공성이 실종된 사회에서 위험이 어떻게 전개되어 나가는가를 보여준 상징적인 사건이었다. 세월호 참사는 우리 사회가 공공성의 의미를 다시 생각하게 하는 계기가 되었다.

그동안 한국에서도 공공성에 대한 논의는 많이 있었다. 그러나 지금까지 공공성 담론은, 공공성은 곧 국가에 의해 관리되고 통제되는 무엇이며 국가에 의한 통제가 경쟁과 효율성이라는 시장논리에 의해 잠식되면 곧바로 공공성의 상실로 이어진다는 단선적인 논리에 의존하여 이루어져 왔다. 이는 의료 민영화, 국민연금 민영화, 공기업 민영화, 교육 자율화, 그리고 이들과 연관된 각종 규제 완화 등 공공성이 중요한 의제가 되었던 사안들을 돌아보면 잘 나타난다. 그러나 공공성은 국가나 소수 집단에 의해 결정되고 실현되는 것이 아니다. 공적 주체와 사적 주체를 구분하는 기준, 개인이나 집단의 이익과 사회 전체의 이익 간의 경계는 사회관계의 틀 속에서 늘 긴장감을 유지해왔다. 이 때문에 공공성을 단순히 국가에 의해 지향되는 공공복리, 또는 사적 이익의 대립각으로서 사회 전체를 위한 이익의 차원에서 제한적으로 이해해서는 그 개념을 제대로 포착해내기 어렵다.

공공성은 상이한 개념적·분석적 차원들의 결합으로 구성된다. 공공성의 개념적 토대는 크게 공익을 위해 사회적 부담과 혜택을 분배하는 문제와 공공의 의제들을 공개적으로 논의하여 합의를 이루는 문제가 중심축을 이루고 있다. 페시Udo Pesch 의 구분을 빌려 말하자면, 전자는 공공재 생산을 중심으로 하는 경제적 차원을, 후자는 공익을 중심으로 하는 규범적·정치적 차원을 의미한다(Pesch, 2008). 페시는 공공성 개념에는 본질적으로 이 두 개의 차원이 결합되어 있다고 주장한다. 결국 공공성을 재구성하기 위해서는 경제적 차원으로서의 공공재 생산을 둘러싼 자원 공유 및 배분 방식과 정치적 차원으로서의 공동의 이익을 규정하는 방식에 대한 면밀한 검토가 필요하다.

경제적 차원으로서의 자원 배분 방식은 누가 어떤 자원을 어떤 방식으로 배분하며 그 효과성은 어떠한가를 통해서 드러난다. 공동의 이익을 규정하는 방식은 자원 배분 방식을 결정하는 정치적 과정을 통해서 드러난다. 경제적 차원은 궁극적으로 공공성 실현의 주체로서의 국가와 시민사회 간의 관계(주체로서의 공공성), 자원 배분의 원리를 결정하는 정의 및 평등 가치(내용으로서의 공공성)를 드러낸다. 정치적 차원은 그러한 결정에 대한 정당성의 원천으로서 민주주의의 제도적·실질적 작동 원리들(절차로서의 공공성)을 드러낸다.

공공성은 경제적 차원으로 공익성과 공정성을, 정치적 차원으로 공민성*과 공개성을 핵심적인 구성 요소로 포함한다. 공익성은 공동의 이익에 기여하는 국가와 사적 영역의 자원 투입 및 배분 상태를 나타낸다. 공정성은 자원에 대한 접근과 분배 및 재분배의 형평성 정도를 나타낸다. 그리고 공민성은 공동의 이익과 관련된 내용, 즉 '누가', '무엇을', '어떻게'를 결정하는 과정에서의 시민 참여 역량과 제도화 수준을 나타낸다. 마지막으로 공개성은 공익과 관련된 의사표현의 자유와 의사결정 과정에

• 　시민성이 아니라 공민성이어야 하는 이유에 대해 조대엽(2012: 11~12)은 다음과 같이 말한다. "'국민'은 근대 국민국가적 경계와 함께하는 국가 구성원으로서의 시민권적 대상이 강조되는 반면, '시민'은 이를 넘어서는 공공적 기능의 담당자이자 주체로서의 존재를 의미하기 때문이다. 나아가 공공성의 범주가 일국적 수준을 넘어 지구적 수준에서도 설정되기 때문에 공적 '시민'으로서의 공민이 강조되는 것이다."

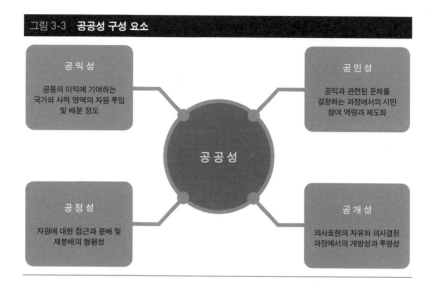

그림 3-3 **공공성 구성 요소**

공익성

공동의 이익에 기여하는
국가와 사적 영역의 자원 투입
및 배분 정도

공민성

공익과 관련된 문제를
결정하는 과정에서의 시민
참여 역량과 제도화

공공성

공정성

자원에 대한 접근과 분배 및
재분배의 형평성

공개성

의사표현의 자유와 의사결정
과정에서의 개방성과 투명성

서의 개방성과 투명성을 나타낸다. 공공성은 공익성, 공정성, 공민성, 공
개성이라는 네 가지 요소의 총합으로 파악할 수 있으며, 이 네 가지 구성
요소가 어떻게 결합하는가에 따라 공공성의 성격은 달리 나타날 수 있다.

공공성을 재구성하기 위해서는 이처럼 다차원적으로 구성되는 공공
성의 개념을 근거로 한국의 공공성 수준을 경험적으로 가늠해보는 것이
필요하다. 현재 우리의 공공성 수준과 그 성격을 정확히 진단해야만 어
떻게 공공성을 회복해나갈 것인가에 대한 적절한 처방이 가능하기 때문
이다.

공공성을 측정할 때는 공공성의 각 구성 요소들의 성격을 드러낼 수
있는 적절한 지표를 선택하는 것이 중요하다. '공익성'은 복지, 교육, 의
료 부문에서 사회적으로 이들 부문에 투입되는 자원 가운데 국가의 자원
투입이 어느 정도 비중을 차지하고 있는지, 그리고 국가 이외 개인들이
자신이 가지고 있는 자원을 공익적인 활동에 얼마나 투입하는지를 함께

고려해 다양한 주체의 공적 기여 부분으로 측정할 수 있다.

'공정성'은 한 사회의 자원 배분 상태의 형평성과 자원에 대한 접근성이 어느 정도인지를 살펴봄으로써 파악할 수 있다. 이를 통해 분배 결과에 보다 중심을 두는지, 아니면 분배 기회에 보다 중심을 두는지를 확인할 수 있다. 이는 성, 연령, 교육 수준, 경제적 배경 등에 따른 소득, 고용, 교육성취, 건강상태 면에서의 분배 격차와 국가가 공익을 위해 사회 구성원들에게서 마련한 재원, 즉 조세가 어느 정도 그 사회의 형평성을 구현하는 데 효과적으로 쓰이고 있는가를 통해 측정할 수 있다.

'공민성'은 민주주의 사회에서 시민 참여의 형식적이고 제도적인 장치들의 수준과 그러한 장치들이 제대로 작동하고 있는지를 드러낼 수 있어야 한다. 이를 위해 선거, 시민권, 정당 활동, 입법 활동, 이익단체와 시민 참여 역량 등과 관련된 지표들을 선별하여 민주적 참여의 실질적인 수준을 파악할 수 있다.

마지막으로 '공개성'은 정부가 가지고 있는 정보에 어느 정도 접근가능한지, 다양한 의견을 가진 매체가 어느 정도 독립성을 가지고 있는지, 그리고 의사결정과 정책 실현 과정에서의 투명성 정도가 어느 정도인지를 통해 확인할 수 있다.

이제 다차원적으로 구성된 공공성 개념틀에 기반하여 칠레, 에스토니아, 멕시코, 터키를 제외한 30개 OECD 국가들과의 비교를 통해 한국의 공공성이 어느 수준에 있으며 어떤 성격을 가지고 있는지를 살펴보자.

우리는 어디에 서 있는가

공공성 수준

공공성을 구성하는 4개 구성 요소들의 총합으로 산출한 공공성 종합 지수를 기준으로 OECD 국가들의 공공성 수준을 비교해보면(**표 3-4** 참조), 노르웨이, 스웨덴, 핀란드, 덴마크 등 북유럽 국가들의 공공성 수준이 가장 높음을 알 수 있다. 네덜란드와 독일, 벨기에, 이탈리아 등은 중상위 수준이었으며 영국, 프랑스, 미국 등은 중하위 수준이었다. 반면 한국과 일본, 헝가리, 슬로바키아, 그리스 등은 공공성이 매우 낮은 것으로 나타났다. 특히 한국은 OECD 국가들 중에서 공공성 수준이 가장 낮았다.

OECD 국가들을 공공성 구성 요소별로 들여다보면 상이한 특성을 보여준다. 공공성 수준이 가장 높은 북유럽 국가에서는 공공성 4개 요소들의 수준도 골고루 높다. 반대로 공공성이 낮은 국가들은 4개 요소의 수준도 모두 낮다. 반면 중위권의 국가들에서는 공공성의 4개 요소에서 특정 요소의 순위는 매우 낮지만, 다른 요소의 순위는 높은 경우들이 발견된다. 이탈리아와 미국이 특히 그러한 경우다. 이탈리아는 공익성과 공정성의 수준은 각각 9위와 5위로 상당히 높지만, 공민성과 공개성 수준은 낮다. 특히 공개성은 29위로 매우 낮은 수준이다. 미국은 반대로 공민성과 공개성 수준은 각각 5위와 7위로 매우 높지만, 공익성과 공정성 수준은 모두 29위로 최하위권에 속한다. 이러한 차이는 개별 국가들의 공공성을 지지하고 있는 주요 요소가 상이할 수 있음을 보여준다.

표 3-4 국가별 공공성과 공공성 하위 영역 순위

	순위				
	공공성	공익성	공정성	공민성	공개성
노르웨이	1	3	1	3	1
스웨덴	2	6	2	1	3
핀란드	3	5	3	4	2
덴마크	4	4	6	2	4
룩셈부르크	5	1	14	7	6
뉴질랜드	6	2	10	9	8
아일랜드	7	7	9	18	11
스위스	8	25	7	10	5
아이슬란드	9	16	4	13	12
네덜란드	10	11	8	14	13
독일	11	15	18	6	9
벨기에	12	10	11	12	18
이탈리아	13	9	5	22	29
호주	14	21	17	8	14
오스트리아	15	8	22	16	21
체코	16	13	24	20	10
캐나다	17	23	16	11	17
슬로베니아	18	12	12	24	20
폴란드	19	18	21	15	16
스페인	20	14	13	19	27
영국	21	22	20	17	15
프랑스	22	17	15	23	25
미국	23	29	29	5	7
포르투갈	24	20	26	25	23
이스라엘	25	24	28	21	19
그리스	26	28	19	27	22
슬로바키아	27	26	27	26	24
헝가리	28	19	23	30	30
일본	29	27	25	28	26
한국	30	30	30	29	28

표 3-5 집단별 공공성 성격

구분		1집단	2집단	3집단	4집단
해당 국가		노르웨이, 핀란드, 스웨덴, 덴마크, 룩셈부르크	헝가리, 슬로바키아, 슬로베니아, 체코, 폴란드, 포르투갈, 스페인, 그리스, 이탈리아, 벨기에, 프랑스, 독일, 오스트리아	뉴질랜드, 네덜란드, 영국, 호주, 캐나다, 아이슬란드, 아일랜드, 스위스	일본, 한국, 이스라엘, 미국
공익성	국가 중심	○	○		
	시민사회 중심			○	○
공정성	분배 결과의 평등성	○	○	×	×
	분배 조건의 평등성	○	×	○	×
공민성	제도화 수준	○	△	○	×
	실질적 참여 수준	○	×	○	×
공개성	정보접근성	○	×	○	×
	투명성	○	×	○	×
공공성 성격		참여적 공화주의	배제적 공화주의	포용적 자유주의	배제적 자유주의

공공성 성격

OECD 국가들의 공공성 성격을 분명히 하기 위해 공공성 측정에 사용한 지표를 이용하여 유사한 패턴을 가진 국가들을 묶어보았다.● 그 결과 30개 국가는 크게 네 개의 집단으로 분류되었다(표 3-5 참조). 첫 번째 집단에는 노르웨이, 핀란드, 스웨덴, 덴마크, 룩셈부르크 등 모든 공공성 하위 요소에서 공공성 수준이 최상위권인 북유럽 국가들이 포함되었다. 두 번째 집단에는 헝가리, 슬로바키아, 슬로베니아, 체코, 폴란드 등 동

●　　이를 위해서 군집분석이 수행되었다.

구권 국가와 스페인, 포르투갈, 이탈리아, 그리스 등 남유럽 국가, 그리고 프랑스, 독일, 벨기에, 오스트리아 등 보수주의 복지 레짐을 가진 국가 등이 포함되었다. 세 번째 집단에는 영국, 캐나다, 호주, 아이슬란드, 아일랜드, 스위스, 뉴질랜드 등 주로 자유주의 복지 체제를 가진 국가들이 해당되었는데, 네덜란드는 보수주의 복지 레짐의 성격을 갖고 있지만 이 집단에 포함되었다. 마지막으로 네 번째 집단에는 미국, 일본, 이스라엘, 그리고 한국이 속해 있는데, 한 집단으로 묶이기는 하지만 이들 간의 집단 내 유사성은 상대적으로 떨어져서 그 안에 어느 정도 편차가 존재하고 있음을 예상할 수 있다.

그러면 이제 분류된 집단들의 성격을 지표가 나타내는 특성을 중심으로 자세히 살펴보자. 먼저 1집단과 2집단은 공익을 실현하는 데 국가가 적극적인 역할을 하며, 사회 불평등 해소를 위한 분배와 재분배에 적극적으로 개입한다는 점에서 공화주의적 성격이 강하게 드러난다. 반면 3집단과 4집단은 국가보다는 시민사회의 자발적 공익 활동을 중심으로 개인의 선택과 책임을 강조하는 자유주의적 성격이 강하다. 그러나 같은 공화주의적 성격을 띤다고 해도 1집단과 2집단은 차이가 난다. 1집단은 높은 공개성을 바탕으로 공공 영역에의 실질적인 참여 수준이 높다. 반면 2집단은 국가를 중심으로 하는 공익 실현 정도는 강하나 실질적인 시민사회의 참여 수준은 낮다. 말하자면 약한 공화주의 또는 도구적·제도적 공화주의 성격을 띤다. 그러면서 분배 조건의 평등성이 낮고 정보 공유 및 투명성도 낮아 공공성의 민주적 기반이 상대적으로 취약하다.

자유주의적 특성을 보이는 3집단과 4집단도 차이가 난다. 3집단은 4집단과 비교하여 민주주의의 제도화 수준이나 실질적인 참여 수준이 양호하고 공개성, 특히 투명성이 높다. 다시 말해서 시민의 공익 실현 참여를 위한 민주적 기반이 강하다고 할 수 있다. 반면 4집단은 자원 배분의 형평성이 확보되지 못한 상태에서 참여의 제도적·실질적 기반이 모두 취약하다. 이런 특징들을 고려할 때, 1집단의 공공성 특징은 참여적 공화주의 공공성으로, 2집단은 배제적 공화주의 공공성으로, 3집단은 포용적 자유주의 공공성으로, 4집단은 배제적 자유주의 공공성으로 명명할 수 있다. 이를 공공성 수준과 연결해보면, 참여적 공화주의 공공성의 성격을 갖는 국가군들의 공공성 수준이 가장 높고 배제적 자유주의 공공성의 성격을 갖는 국가군들의 공공성 수준이 가장 낮다고 할 수 있다.

공공성은 위험을 낮추는가

이상에서 살펴본 집단별 공공성의 특징이 그 사회의 위험 수준과 실질적인 연관이 있는가를 살펴보자. 우선 한 사회의 위험 수준을 가늠할 수 있는 대리변수로 10만 명당 산재사고사망률을 위의 4개 집단에 대해 비교해보면,* 참여적 공화주의 공공성의 성격이 강한 국가군의 10만 명당

* 개별 국가들의 위험 수준과 위험관리 역량을 비교할 수 있는 지표는 거의 없다고 해도 과언이 아니다. 개별 위험이 아니라 사회적 수준에서 위험을 수치화한다는 것은 매우 어려운 일이며, 재난과 같은 위험의 경우 지리적 조건이나 자연환경의 영향을 많이 받아 재난 발생 건수와 피해 규모 등을 단선적으로 비교할 수는 없기 때문이다. 여기서는 국가별 위험 수준을 나타내는 대리변수로 인구 10만 명당 산업재해사망률을 사용했다. 산업재해사망률은 산업화가 고도로 발달한 사회에서의 위험 통제와 안전의식 수준을 보여줄 수 있기 때문이다. 하지만 국가마다 산업재해 통계산출 방식이 다르고 산업재해로 인정되는 기준이 달라 이 지표를 기준으로 개별 국가들을 일대일로 비교하기는 어렵다. 그러나 공공성 성격에 따른 국가군별로 집단 간 위험 수준을 비교하는 데 큰 무리는 없을 것이다. 집단별 산재사고사망률은 집단에 속하는 국가들의 산재사망률 평균으로 구했다.

산재사고사망률은 1.8명인 데 반해 배제적 자유주의 공공성의 성격을 갖는 국가군의 10만 명당 산재사고사망률은 9.23명으로 나타났다. 참여적 공화주의 공공성 국가군과 비교해 배제적 자유주의 공공성 국가군이 5배 가까이나 높다. 공공성 수준이 중간 정도인 배제적 공화주의 공공성 국가군과 포용적 자유주의 공공성 국가군은 산재사고사망률이 각각 4.23명과 2.94명으로, 참여적 공화주의 공공성 성격을 갖는 국가들보다는 높고 배제적 자유주의 공공성 국가군보다는 낮았다.

공공성과 국가 위험관리 역량과의 관계는 어떠한가? 세계경제포럼 World Economic Forum은 2012년 위험관리 효과성에 대한 전문가조사를 실시했는데, 조사항목 중에 자국이 재정 위기를 포함하여 자연재해, 기후변화, 전염병 등과 같은 지구적 위험에 대해 어느 정도 효과적으로 모니터링하고 대비 및 대응하고 있는지를 질문한 것이 있다. 이 질문은 1점부터 7점까지의 척도로 측정되었는데, 점수가 높을수록 효과적으로 위험을 관리하고 있음을 나타낸다. 여기서는 이 조사의 결과를 활용하여 OECD 국가의 위험관리 역량과 공공성 수준 간의 관계를 살펴보았다. 그 결과 국가의 위험관리 역량과 각 국가의 공공성 수준과의 상관관계가 어느 정도는 유의미한 것으로 나타났다(상관계수=.381; p=.035). 집단별로 비교해도 공공성 수준이 가장 높은 참여적 공화주의 공공성 국가군의 위험관리 역량이 7점 척도에서 평균 4.9점으로 가장 높은 것을 확인할 수 있다. 포용적 자유주의 공공성 국가군(4.66점)이 그다음으로 위험관리 역량이 높았다. 반면 배제적 공화주의 국가군(3.79점)과 배제적 자유주의 국가군(4.16점)은 위험관리 역량이 다른 두 국가군보다 유의미하게 낮다.

이러한 결과들은 공공성과 위험 간의 관계에 관한 흥미로운 사실을 드러낸다. 먼저 참여적 공화주의 공공성의 성격을 보여주는 국가들은 상대적으로 위험 수준이 낮고 위험도 잘 관리하고 있는 반면, 배제적 자유주의 공공성의 성격을 가지고 있는 국가들은 위험 수준이 높고 위험관리 역량이 상대적으로 떨어진다. 또한 배제적 공화주의 국가군의 경우와 같이 공화주의적 분배 원리를 제도적·규범적 원리로 지향할 때 시민의 참여 역량과 공개성이 충분히 뒷받침되지 않는다면 위험에 대해 취약할 수 있다는 사실도 확인할 수 있다. 이는 지난 2008년 재정 위기를 경험한 남유럽 국가의 사례에서도 확인할 수 있을 것이다. 다른 한편으로 자유주의적 공공성의 원리를 지향하는 경우라도 포용적 자유주의 공공성 국가군과 같이 민주적 참여와 공개성이 보장되어 좀 더 포용적인 원칙들을 견지할 수 있다면 위험에 대해 효과적으로 대응하고 관리할 수 있다.

결국 공화주의적 공공성이든 자유주의적 공공성이든 더욱 참여적이고 포용적인 성격을 가질 때 한 사회의 위험 수준은 낮아지고 위험관리 역량도 강화된다고 할 수 있다. 참여적이고 공개적으로 이루어진 원전 위험에 대한 독일의 대응이나 대홍수 위험에 대한 네덜란드의 대응 등이 중장기적으로 위험을 관리하는 데 성공한 반면, 공개성에 심각한 문제를 노출했던 일본의 후쿠시마 원전 사고가 위험을 증폭시킨 사례는 이러한 결과를 뒷받침해준다.

공공성 강화를 위한 방안

지금까지 살펴본 분석 결과를 요약하면, 공공성이 높은 국가에서 위험 수준은 낮고 위험관리 역량은 높다. 또한 위험 수준과 위험관리 역량은 공공성 성격에 따라 차이가 나는데, 그 사회의 공공성이 참여적이고 포용적인 성격을 가질 때 위험 수준이 낮고 위험관리 역량은 높다. 한국은 다른 어느 국가들보다도 심각한 공공성 위기에 직면해 있으며, 배제적 자유주의 공공성의 성격이 강해서 위험에 취약한 듯 보인다. 따라서 위험 수준을 낮추기 위해서는 공공성의 회복이 필요할 뿐 아니라 한국이 갖고 있는 공공성의 성격을 재구성하는 것이 필요하다. 어떤 공공성인가에 따라 위험은 다른 양상을 보이기 때문이다.

그렇다면 더 안전한 사회 시스템을 만들어나갈 수 있도록 공공성을 재구성하는 방법은 무엇인가? 한국의 공공성 지표를 살펴보면 여러 지표들 중에서 경제적 차원의 공공성인 공익성과 공정성이 특히 낮다는 것을 확인할 수 있다. 그중에서도 공적 교육 지출이나 소득 재분배, 임금 격차 등은 다른 OECD 국가들과 비교해 그 차이가 심하게 크다. 따라서 이 부분에 대한 격차를 줄여나가는 것이 시급한 문제일 것이다. 이를 위해서는 국가의 역할을 더욱 확대할 필요가 있어 보인다.

아울러 공공성 유형과 위험 간 관계에 대한 분석 결과들은, 공공성 강화를 위해 공공 부문과 정부의 팽창이 필요한지 아니면 경쟁을 더욱 강화하는 것이 필요한지에 대한 논의 못지않게 중요한 것이 공공성 실현의 민주적 기반을 공고히 하는 것이라는 점을 보여준다. 공공성은 경제적 차원과 정치적 차원의 균형적인 맞물림을 통해서 실현되는 것이기 때문이다. 공공성의 민주적 기반을 공고히 한다는 것은 실질적인 참여가 가능하도록 제도를 마련하고, 모든 사람이 접근가능한 공개적이고 투명한 공론장을 구성하는 것이다. 결국 다양한 이해관계와 이견을 가진 개인들이 이를 공론화할 수 있는 플랫폼이 있는가, 그러한 플랫폼이 효과적으로 작동하는가 하는 문제다. 따라서 이를 위한 제도적 대책 마련이 필요할 것이다.

공공성 강화를 위해서는 법적·제도적 개혁뿐만 아니라 미시적 수준에서의 사회적 실천 또한 중요하다. 공공성 회복이 단지 '좋은 정부'를 만드는 것으로만 이루어지는 것이라는 생각은 위험하다. 공공성 회복은 다층적인 것이어야 하며 다양한 주체들의 역할을 필요로 한다. 따라서 거시적 구조나 법적·제도적 차원의 노력이 있어야 함은 물론이거니와 개인적이고 미시적인 수준에서 공공성을 만들어내려는 노력이 함께 이루어져야만 한다. 마우리치오 비롤리Maurizio Viroli는 사회 구성원들이 공동체에 대한 집합적 정체성을 갖고 공동의 문제에 헌신하고자 하는 시민적 덕성, 또는 시민적 공공윤리를 공공성 실현의 기반으로 들고 있다(Viroli, 2006). 즉, 공공성은 공적인 것에 대한 공동의 관심과 행위의지를 통해 사회적 실천으로 재생산된다. 공공성의 어원인 'public'의 의미에서 보듯이, 공공성은 '개인의 행동이 다른 사람들에게 미치는 영향을 이해할 수 있는 능력이나 자기 자신의 입장에서 벗어나 전체를 볼 수 있는 성숙성'이라는 의미를 가지고 있다(임의영, 2003: 32).

공공성의 재구성에서 타인에 대한 배려와 공적인 것에 대한 관심, 그리고 정치적 의견 형성과 참여가 중요하다고 할 때, 한 사회의 이기적/이타적 성향과 정치행동에의 참여 의사는 공공성을 재구성하는 데 필요한 가장 기초적인 동력이라고 할 수 있다. 따라서 이를 이끌어낼 수 있는 방안이 무엇인가를 고민해보아야 한다. 기존 연구들을 통해서 보면, 신뢰와 투명성 제고는 이 두 가지 요소에 긍정적인 기여를 한다. 인간의 행위에 관한 다양한 실험들은 인간 행위의 동기가 이기심만이 아니라는 것을 보여준다. 또한 신뢰를 통해 공공의 가치를 창출하는 사회에서 높은 협력 시스템이 만들어진다는 것도 보여준다.

공적인 것에 대한 개인의 투자와 참여는 이러한 행동을 했을 때 발생

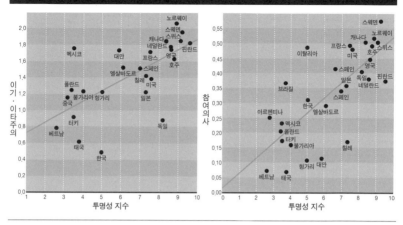

그림 3-4   이타주의 성향 및 정치적 행동 참여의사와 투명성 간의 관계

주: '부자가 되는 것은 중요하다', '성공하는 것은 중요하다'에 대해 긍정적으로 응답한 것을 이기주의적 성향
으로, '타인을 돕는 것은 중요하다', '환경을 돌보는 것은 중요하다'에 대해 긍정적으로 응답한 것을 이타주의
성향으로 보고, 이타주의 성향 점수에서 이기주의 성향 점수를 뺀 값으로 구했다. 정치행동 참여의사는 '탄원
또는 진정서에 서명', '보이콧에 참여', '시위 참여' 문항으로 조사했다. '참여한 적이 있다'는 1점, '참여할 수도
있다'는 0.3점, '절대 참여하지 않겠다'는 0점을 준 후 이를 평균하여 구했다.
자료: 세계가치관조사, 5차년도(2005~2007)와 부패인식지수(2005). 이타주의 성향 조사는 슈위츠(Randal
Schwartz)의 가치 모듈을 참조함.

하는 비용을 낮추는 것을 통해서 활성화될 수 있다. 투명성의 제고는 이
러한 비용을 낮추는 방향으로 작용한다. **그림 3-4**에서 보는 바와 같이 투
명성이 높은 사회에서 이타주의적인 성향이 더 나타나고 참여 의사도 더
높다. 결국 한국 사회의 위험 수준을 낮추기 위해서는 신뢰와 투명성을
바탕으로 참여적이고 포용적인 공공성을 사회적으로 재구성하는 것이 필
요할 것이다.

4장

우리를 잃어버린 시대의 재난,
후쿠시마 원전 사고

세월호와 경제의 동반 침몰?

"세월호 장기화로 경제 침체", "세월호에서 민생 공방으로", "세월호 참사, 경제 참사로 이어지면 안 돼", "세월호보다 경제", "세월호 특별법, 민생 법안과 분리 처리해야", "세월호에 갇힌 경제"……

2014년 5월 20일, 세월호 참사 진상 규명에 관한 가족대책위원회의 성명서가 발표된 이후 반년 이상 세월호 특별법이 장기 표류하면서, 신문과 방송에서는 연일 세월호 특별법 때문에 민생 경제 법안 처리가 늦어지고 있다는 보도가 이어졌다. 300여 명의 학생과 일반 승객이 목숨을 잃고, 세월호 특별법 제정을 촉구하는 유가족들이 국회 앞에서 단식 농성을 했다. 친구를 잃은 43명의 단원고 생존 학생이 단원고에서 국회까지 47킬로미터의 거리를 걸어서 행진하고, 세월호 특별법 제정을 촉구하는 촛불집회가 열릴 때마다 많게는 5만여 명의 시민이 모여든 것이 민생 문제가 아니라면 과연 무엇이 세월호 특별법과 '분리' 처리해야 할 민생 법안이었을까? 민생의 경제 문제는 정말 세월호 특별법과는 별개의 것일까?

잘 알려져 있는 것처럼 세월호 참사는 선박 관련 기업들의 사익과 이윤 추구에 우선권을 내준 규제 완화에 상당 부분 기인하고 있다. 재난의 원인을 제공했던 경제적 이익이 이번에는 재난의 처리 과정과 극복 과정에 깊숙이 들어와, 세월호 때문에 민생 경제가 어려워졌고 세월호 때문에 경기가 침체되었다는 논리에 힘을 실어주었다. 기업의 이윤을 지나치게 추구하는 경제 시스템이 불러온 재난 앞에 또 경제를 외치고 있는 것이다.

세월호 특별법 제정을 요구했던 유가족들의 '기대'는 무엇이었을까? 세월호 참사 관련 가족대책위원회가 내놓은 대국민 호소문에는 "실종자를 마지막 한 명까지 모두 가족의 품으로 돌아가게 하고, 사건의 진상을 철저히 규명하며, 안전한 대한민국을 만들어 다시는 이러한 일이 발생하지 않도록 해야 한다"라는 입장이 분명히 밝혀져 있었다. 유가족들이 요구했던 세월호 특별법은, 개인적 차원에서는 사랑하는 가족의 죽음을 헛되이 하지 않기 위한 것이고 국가적 차원에서는 안전한 대한민국을 만들어가고자 하는 바람이 담긴 것으로 볼 수 있다. 안전을 위한 법을 만들어가는 과정이 합의와 재합의를 반복하면서 표류하고, 국가 전체의 경제를 위기에 빠뜨리는 것처럼 적잖게 인식되는 이유는 무엇일까? 왜 우리는 안전과 경제 대립론에서 쉽게 벗어날 수 없는 것일까?

앞 장에서 우리는 국가의 공공성 수준이 위험대응 능력이나 재난 이후 일상으로 복원되는 능력과 밀접한 관련이 있다는 것을 확인했다. 그렇다면 한 나라의 공공성 수준은 위험대응 방식과 어떤 관련이 있을까? 세월호 참사와 재난극복 과정에서 나타난 안전과 경제의 대립 구도는 한국만이 겪고 있는 고유한 문제일까, 아니면 공공성 수준이 낮은 나라들에서 공통적으로 나타나는 특성일까?

이 문제를 알아보기 위해서는 한국처럼 공공성 지표의 모든 부문에서 하위권을 차지하고 있는 국가들의 재난 경험과 재난극복 방식을 분석해봐야 할 것이다. 이 장에서는 한국의 공공성 수준을 비교하기 위해 사용했던 OECD 국가의 관련 지표 순위에서 우리와 꼴찌 자리를 다투었던 일본을 예로 들어, 국가의 공공성이 재난극복 방식에 미친 영향에 대해 살펴볼 것이다.

공공성 수준이 '낮아진' 나라

공익성, 공정성이라는 경제적인 차원과 공개성, 공민성이라는 정치적 차원으로 측정된 공공성 수준의 순위에서 볼 때 한국은 OECD 33개 회원국 중 공익성과 공정성이 33위, 공개성이 29위, 공민성이 31위로 최하위권을 차지하고 있다. 이번 장에서 다룰 일본도 공익성이 29위, 공정성이 27위, 공민성이 30위, 공개성이 31위로 공공성 종합 순위가 31위에 머물러 있다. OECD 국가들의 공공성 지표 순위를 몇 개의 그룹으로 분류하는 분석에서도 한국과 일본은 같은 집단에 속한 것으로 나타난다.

그러나 공공성 수준이 낮은 일본의 지표를 시계열로 살펴보면 조금 특이한 경향을 발견하게 된다. 공공성의 네 가지 측면을 나타내는 공익성, 공정성, 공개성, 공민성과 관련한 지표들이 처음부터 낮았던 것이 아니라 특정 시기부터 '낮아졌다'는 점이다. 더욱이 일본의 공공성이 '낮아진' 특정 시기 전까지 공공성의 기반이 되는 지표들이 조금씩 증가하는

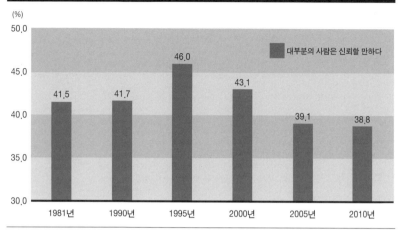

그림 4-1   일반적 타자에 대한 일본 사회의 신뢰 의식 변화

(%)
50.0

45.0

40.0

35.0

30.0

46.0

대부분의 사람은 신뢰할 만하다

41.5   41.7   43.1

39.1   38.8

1981년   1990년   1995년   2000년   2005년   2010년

자료: 세계가치관조사 연도별 데이터를 바탕으로 분석.

추세에 있었다는 것은 더욱 흥미롭다.

예를 들면, 공공성을 실현하는 주체인 시민이 공적인 이슈에 참여하고 소통하는 정도를 가늠할 수 있는 일반적 신뢰의 추이(그림 4-1)를 보면 "대부분의 사람은 믿을 만하다"라는 제시문에 대해 일본인 응답자는 1981년에는 41.5%, 1990년에는 41.7%, 그리고 1995년에는 46%가 '그렇다'고 응답했다. 즉, 1990년대 중반까지 일반적 신뢰가 증가하고 있었던 것이다. 그러나 1995년을 기점으로 일본 사회의 일반적 신뢰는 급격하게 감소하기 시작하여, 2010년에는 1981년 수준보다 낮은 38.8%에 머무르고 있다.

일반적 신뢰 수준이 증가세에서 감소세로 돌아선 1995년은 일본의 고도 경제 성장과 버블경제가 막을 내리고, 몇 년간 주춤하던 경제 지표들이 본격적인 장기 침체로 돌아선 시기였다. 오랜 경제성장 과정에서 시민사회가 성장하고 소통의 영역이 증가하던 일본이, 경기 침체기에 들어서면서 공공성을 받치고 있던 한 축을 잃어버릴 위기에 놓이게 된 것이다.

공민성의 수준이 낮아진 것은 일본 시민사회를 지탱하고 있던 지연 중심의 자발적 결사 참가율에서도 확인할 수 있다. 일본 시민사회의 중요한 특징 중의 하나는 서구의 자원봉사 활동이나 종교를 기반으로 하는 시민단체와는 달리 주민자치단체(초나이카이町內會)처럼 지역사회에 기반을 둔 조직이 활발히 활동하고 있다는 점이다(Pekkanen, 2006). 일본의 밝은선거추진협회明るい選擧推進協会가 2013년에 실시한 유권자 의식조사에 따르면, 일본인의 지연 중심 자치회 가입률은 1990년대 중반까지 65%대를 유지하고 있었으나, 2000년에는 50%, 2007년에는 40.4%까지 떨어졌다. 지연 조직을 포함한 자발적 결사체에 참여하지 않는 비율은 1990년 18.3%, 1996년 20%에서 2000년 31.9%, 2007년 36.4%로 1990년대 후반 이후 급격하게 증가하는 추세다.

일본은 경제 성장이 둔화되고 버블경제가 붕괴된 1990년대 중반에 저출산과 고령화가 본격적으로 진행되면서 경제 변화와 인구구조의 변화를 동시에 경험했고, 여기에 신자유주의의 흐름이 가세하면서 한번 감소세로 돌아선 공공성 지표들은 쉽게 제자리로 돌아오지 못했다. '잃어버린 20년'으로 대표되는 일본의 장기 경기침체기는 공공성의 경제적 차원을 나타내는 공익성과 공정성에도 영향을 주었다. 그 대표적인 예를 국가 주도로 이루어진 공공사업에서 볼 수 있다.

1980년대까지 일본의 산업은 제조업에 기반을 두고 있었다. 그중에서도 항만을 통해 수출하는 중공업이 수출 경쟁력을 가지고 있었기 때문에 일본 각지에 항만과 도로를 건설하는 공공사업은 국가 전체의 산업 경쟁력을 높임과 동시에 균형 발전을 이루는 '공공적' 역할을 감당하는 것으로 인식되고 있었다. 그러나 1980년대 말부터 시작된 버블 시기에 제조업 주력 분야가 중공업에서 자동차, 전기, 조립 산업으로 이전되었다. 이런 산업이 집중되어 있던 도쿄, 오사카, 나고야 같은 몇몇 도심을 제외한 지방 산업은 쇠퇴하기 시작했으며, 도심 지역의 부동산 버블을 주축으로 한 버블경제가 지속되는 동안 도시와 지방 간의 격차는 더욱 심화되었다.

버블경제가 붕괴되기 전까지 규모가 축소되어온 일본의 공공사업은 몇 가지 사건을 계기로 그 규모가 증가하게 된다. 먼저 1989년부터 1990년까지 다섯 차례에 걸쳐 실시된 미일구조협의를 들 수 있다. 이 협의에서 미국은 최종 보고에서 일본이 수출 산업에 재원을 투자하는 것보다 공공 분야에 투자하는 것이 바람직하다는 의견을 내놓았다. 이에 대해 일본은 향후 10년간 430억 엔을 공공사업에 투자하겠다는 '공공투자기본계획'을 수립했고, 그 내용이 1991년 예산부터 반영되었다.

다음으로 꼽을 수 있는 것은 버블경제가 붕괴된 이후 악화된 경기를 살리기 위해 1992년부터 2000년까지 여덟 차례의 공공사업 관련 경제대책이 실시되면서 공공사업의 규모가 증가하게 되었다는 점이다. 1990년대에 시행된 대책은 1992년 공공사업과 중소기업 대책을 골자로 하는 10조 엔 규모의 '종합 경제대책'을 시작으로 적게는 6조 엔, 많게는 16조 엔 이상의 재원을 공공사업에 투자하도록 했다.

이와 같은 공공사업 규모의 증가는 **그림 4-2**에서도 확인할 수가 있는데, 1980년대를 거쳐 감소하던 공공사업 규모는 버블이 붕괴된 1992년에 9조 9,000억 엔으로 증가했고, 아시아 금융위기가 있던 1998년에는 14조 9,000억 엔으로 크게 증가했다. 같은 시기의 수정예산(보정예산補正予算) 또한 적게는 1조 엔에서 많게는 5조 엔 이상으로, 1990년대에 본예

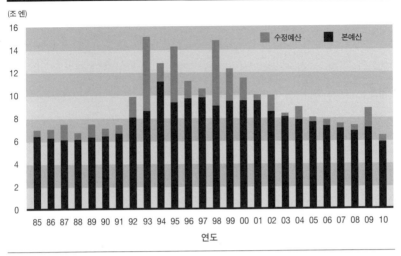

그림 4-2 일본 공공사업 관련 예산 추이

(조 엔)

凡例: 수정예산 / 본예산

연도: 85 86 87 88 89 90 91 92 93 94 95 96 97 98 99 00 01 02 03 04 05 06 07 08 09 10

자료: 일본 재무성 주요 경비별 분류에 따른 일반회계세출 당초예산 및 보정예산 데이터를 바탕으로 분석.

산(당초예산當初予算)보다 많은 예산이 공공사업에 투입되고 있었다는 것을 확인할 수 있다.

　그러나 도시와 지방 사이의 격차를 줄이고 경기를 회복시키기 위한 자극책으로 시행된 공공사업은, 지방의 인구 고령화가 진행되고 경제성 장률이 제로에 가까워진 1990년대 이후 본래 공공사업이 추구하던 공공 성을 충분히 달성하기 어려운 상황에 직면하게 되었다. 중공업을 중심으 로 한 지방 산업이 활기를 띠었던 고도 성장기에는 공공사업으로 건설한 항만이나 교통 인프라가 지역 산업 기반으로서의 역할을 충실히 감당할 수 있었지만, 중공업을 비롯한 지방 산업이 쇠퇴하는 시기에 건설된 산 업 기반 시설은 건축업을 중심으로 한 단기적 일자리만 제공할 뿐 지역 의 자립적 역량을 되살리는 역할은 감당하지 못했기 때문이다.

　실제로 1990년대에 실시된 공공사업 투자액의 25% 이상이 유료 도로, 주차장, 가로 등을 포함한 도로 관련 분야에 집중적으로 투자되었다. 이와 같은 수치는 1960년대의 고도 성장기와 비슷하고 경제 성장이 안정되었던 1970년대보다 훨씬 많은 액수였다. 액수만 비교해보더라도 1990년대의 공공사업은 사업 시행 당시에 내걸었던 도시와 지방 사이의 격차 완화나 지방의 경기 활성화 같은 목적보다는, 대규모 건축 사업을 통한 일시적 일자리 마련으로 단기적이고 가시적인 효과를 내는 데 중점을 두고 있었다는 것을 알 수 있다. 이 책을 집필하는 과정에서 실시한 현지 인터뷰에서 히토쓰바시—橋 대학의 마치무라 다카시町村敬志 교수는 1990년대의 공공사업에 대해 다음과 같이 묘사했다. 인터뷰는 2014년 6월 30일에 이루어졌다.

실제로 통계 데이터를 보면 역시 버블이 사라진 이후 현저하게 공공사업이 경기 자극책으로 증가해갑니다. …… 지역에 도움이 되는가 아닌가의 문제가 아니라, 돈을 투하해서 거기서 새로운 일자리를 얻을 수 있는가 아닌가가 중요했습니다. 그 시설을 사용할지 안 할지는 중요한 것이 아니었습니다. 그것이 1990년대 중반부터 후반까지의 공공사업의 현실이었고 실제였습니다.

공익성의 의미와 범위가 공공사업을 통한 일시적 일자리 창출이라는 방향으로 좁아지는 동안, 임금 격차나 소득 분배를 통해 가늠할 수 있는 공정성 지표의 수준도 변화를 거듭했다. 비농림 고용자를 대상으로 하는 일본의 고용상태 조사에서 파트타임, 아르바이트, 파견사원, 계약사원, 촉탁 등 비정규 상태로 일하고 있는 남녀 노동자 비율은 1985년 16.4%에서 1995년 20.9%로 증가했다. 파견 기간 제한 완화와 파견 대상 사무 확대 등이 포함된 '노동자파견법'이 실시되기 시작한 2004년에는 31.6%로, 1990년대 이후의 증가세가 두드러진다.

비정규직 비율의 증가는 임금 격차의 확대를 의미하기 때문에 그 자체로 공공성 수준을 크게 위협하는 요소라고 할 수 있다. 더욱이 일본에서 남성 비정규직 근로자의 비율이 증가한다는 것은 사회안전망이 약화된다는 것을 의미하고 있었다. 왜냐하면 일본에서는 기계 자동화나 세계 경제구조의 변화로 인한 잉여 노동력 문제를 여성의 결혼 퇴직이나 출산 퇴직을 통해 해결하고 가장인 남성의 종신 고용과 기업형 복지를 통해 가정의 수입 안정과 복지를 보장해왔기 때문이다(오구마 에이지, 2014).

오랜 경제 성장과 경제적 윤택함 속에서 배양되어왔던 일본 시민사회의 역량이 1990년대 중반 이후 큰 변화를 겪으면서 일본은 공공성이 '낮아지고' 있는 나라에서 공공성이 '낮은' 나라로 점차 그 자리를 옮겨갔다. 이 맥락에서 2011년 3월 11일에 일어난 동일본 대지진과 그로 인한 후쿠시마 원전 사고는 공공성 수준이 어느 정도 확보되었던 시기의 일본 사회가 경험한 다른 여러 재난과 질적으로 다른 것이었다고 할 수 있다.

공공성으로 풀어본 후쿠시마 원전 사고

정보베일에 싸인 후쿠시마 원전 사고

원자력발전소 17곳, 원자로 54기, 최대 전력 4만 8,960메가와트. 일본에서 사용되는 전력의 31.3%(2011년 2월 기준)를 담당하던 원자력발전소는 2011년 3월 11일 후쿠시마 원전 사고로 제1원자력발전소의 원자로 6기 가운데 1~3호기가 냉각 기능을 상실했고, 정기 점검 중이던 4~6호기 가운데 4호기에서 수소 폭발이 일어나 더 이상 가동이 불가능하게 되었다. 2030년까지 원자력발전의 전력 공급량을 70%까지 늘려가겠다는 에너지 기본계획 방침을 정한 지 1년 만에 일어난 사고였다.

국가적 재난을 당한 나라들이 흔히 그렇듯이, 일본에서도 후쿠시마 원전 사고 이후 TV와 라디오에서는 정규 방송 대신 원전 사고 소식을 전하는 뉴스가 연일 계속되었다. 일본에서 가장 신뢰를 받고 있다는 NHK에서도 재난 관련 방송이 이어졌다. 그런데 한 가지 이상한 점이 있었다. 사고의 내막과 사고의 원인에 대한 뉴스보다는 "그렇게 큰일이 아니다", "심각하지 않다"는 식의 '시청자 달래기'식 보도와 "힘을 합쳐 이겨냅시다", "우리는 하나입니다"라는 '국민 연대감 조성 프로젝트'가 재난 방송의 대부분을 차지하고 있었다는 점이다. 현재 후쿠시마 원자력발전소의 상황은 어떠한가, 새롭게 발생하고 있는 문제는 없는가 등 시청자들이 알아야 할 중요한 정보는 배제된 채 주변적 정보들만 가득한 상황, 그야말로 정보라는 이름의 베일에 싸인 것과 같은 상황이었다.

정보베일의 상황은 후쿠시마 원전 사고의 심각성을 판단하는 과정에서도 여실히 드러났다. 후쿠시마 원전 사고 직후 당시 경제산업성 자원에너지청의 특별 기관이었던 원자력 안전·보안원은 후쿠시마 원전 사고가 국제원자력사고 평가척도International Nuclear Event Scale: INES •의 레벨

• 국제원자력사고 평가척도는 국제원자력기구(IAEA)와 경제협력개발기구(OECD) 원자력기관이 기술전문가와 미디어, 대중 사이에 사고에 대한 이해와 이에 대한 의견 교환을 원활히 하기 위해 책정한 척도다. 인구와 환경, 방사능의 관리 및 통제, 피해의 동심원적 확산(defense in depth)이라는 세 가지 요소를 고려하여 1단계에서 7단계까지 구분되어 있다. 그중 레벨 1에서 3까지는 사건(incident)으로, 레벨 4부터 7까지는 사고(accident)로 분류된다. 레벨 1에서 3까지는 아노미, 사건, 중대한 사건이 포함되며, 레벨 4에서 7까지는 시설 내부의 위험을 수반한 사고, 시설 외부의 위험을 수반한 사고, 대형사고, 심각한 사고가 포함된다.

4에 해당한다고 잠정 평가했으나, 3월 18일에는 미국 스리마일 아일랜드 원전 사고 수준에 해당하는 레벨 5로, 그로부터 한 달이 채 지나지 않은 4월 12일에는 원자력 사고 사상 가장 심각했던 체르노빌 원전 사고와 동일한 레벨 7로 그 단위를 상향 조정했다. 그러나 사고 레벨이 4에서 7로 조정되는 와중에도 언론은 사고의 심각성을 과소평가하고 안전에는 큰 문제가 없다는 원자력 분야 전문가들의 의견을 보도했다. 이 때문에 원자력에너지나 사고로 인해 발생한 방사능 피해에 관한 전문적 지식과 정보가 부족했던 시청자들은 미디어가 전해주는 정보를 수동적으로 받아들일 수밖에 없었다.

마사무라 도시유키正村俊之가 지적하는 것처럼, 실제로는 후쿠시마 원전 사고의 레벨이 7로 상향 조정되기 약 3주 전인 3월 24일에 이미 방사성 요오드 131과 세슘 137의 방출량이 각각 체르노빌의 73%, 60%에 달한다는 조사 결과가 영국의 과학잡지 ≪뉴사이언티스트New Scientist≫에 실리는 등 국내에서는 보도되지 않는 내용이 해외 언론에서 다수 소개되고 있었다(正村俊之, 2013).

'언론에서 괜찮다고 하니 괜찮은 거다'라고 믿고 있던 사람들이 미디어에 대한 신뢰를 잃어버리게 된 또 하나의 계기가 바로 스피디 사건이다. 스피디System for Prediction of Environmental Emergency Dose Information: SPEEDI는 일본 정부가 세금 100억 엔 이상을 들여 개발한 방사능 영향 예측 네트워크 시스템이다. 후쿠시마 원전 사고로 방출된 방사능 경로를 예측한 데이터가 문부과학성의 웹사이트에 공개된 것은 원전 사고가 일어난 지 한 달 반이 지난 4월 26일이었다. 그러나 실제로는 문부과학성 및 원자력 안전·보안원이 사고 직후부터 스피디를 통해 수천 번의 확산 예측을 실시해왔다는 것이 뒤늦게 밝혀졌다.

이 예측도를 보면 초기 방사능 물질은 뉴스에서 보도되고 있던 방사선 형태가 아니라 북쪽을 향해 뻗어나가고 있었다. 많은 사람들이 뉴스에서 보도되는 방사선 형태의 예측도를 믿고 최대한 멀리 피난을 갔는데, 그중 북쪽으로 이동한 사람들은 공교롭게도 방사능의 이동 경로를 따라 이동한 셈이 되는 것이다.

당시 NHK에서 뉴스를 진행했던 호리 준堀潤 전 아나운서는, 2014년 7월 3일 인터뷰에서 다음과 같이 언급하면서 사고에 대한 정보가 제대로 공개되지 않았던 점을 지적했다.

> 방사능 물질의 방향이 바람 방향에 따라 달라진다든가, 방사선량의 변화에 대해서는 당시 아무도 몰랐기 때문에 만약에 스피디 같은 것이 사전에 있었다는 것을 알고 있었다면 주민들이 스스로 '지금 바람의 방향은 이곳이다'라는 등의 판단이 가능했을 것입니다. 하지만 문부과학성은 동일본 대지진 때문에 확실한 측정이 불가능하다는 이유로 공표하지 않을 것을 결정하고 매스컴에서도 3월 11일부터 스피디 예측치를 공개하라고 문부과학성에 요구하기는 했지만 정확하지 않기 때문에 공표할 수 없다는 대답을 들었습니다.

당시 가장 민감한 이슈로 부상한 방사능 문제는 '정보' 자체가 결정적인 의미를 가지고 있었는데, 이는 방사능 물질 자체가 눈에 보이지 않고 피해 정도를 가늠할 수 없는 성질을 가지기 때문이다(淸水修二, 2011). 정보의 신빙성이 그 어느 때보다 요구되던 시기에 정보 자체가 공개되지 않았던 사실과 잘못된 정보가 흘러나와 사람들의 안전을 위협했다는 이야기가 인터넷으로 퍼져나가면서 사람들은 지금 뉴스에서 방송되는 내용은 과연 맞는 것일까, 또 다른 숨겨진 정보가 있는 것은 아닐까, 정말 괜찮은 것일까 하는 의구심을 가지고 스스로 정보를 찾아보기 시작했다. 나와 내 가족을 지키고 싶다는 소박한 바람에서 시작된 활동이었다.

베일 뒤에 가려진 마지막 기득권층, 도쿄전력

일본의 원자력에너지 시스템은 도쿄전력을 포함한 9개의 전력회사가 지역을 독점하는 형태를 띠고 있다. 1966년부터 가동되기 시작한 일본 원자력발전소는 1970년대에 있었던 두 번의 오일쇼크로 인한 세계정세의 급격한 변화와 내수시장의 경기 변동에도 불구하고 20년 넘게 한 해 평균 2기씩 그 수를 늘려가며 '직선적' 증가 추세를 이어왔다. 이처럼 원자력발전소 건설과 에너지 사용량이 장기간에 걸쳐 '직선적으로' 성장할 수 있었던 것은 일본의 원자력개발 체제가 가진 특징 중 하나인 '서브거번먼트 모델subgovernment model'의 영향을 크게 받았기 때문이다.

서브거번먼트 모델이란 어떤 특정 공공정책 분야에서 정치인, 관료, 업계 전문가로 구성된 일정 집단이 고도의 자율성을 가지고 국가 정책의 결정권을 사실상 독점하는 상황을 표현하는 말이다. 일본의 원자력정책은 전력·통신 분야와 원자력 과학기술 분야의 두 그룹을 중심으로 서브거번먼트가 운영되어왔다(吉岡齊, 1999).

1956년에 결성된 일본의 원자력위원회는 앞에서 언급한 두 그룹의 합의에 기반을 두고 원자력 개발이용의 방침을 국책으로 시행하는 데 중심적 역할을 담당해왔으며, 법률상으로 일본 원자력정책의 최고 의사결정 기관으로서 결정권을 행사해왔다. 일본 원자력위원회는 1961년에 제정하여 그 후 수차례에 걸쳐 개정한 '원자력 개발이용 장기계획'에 근거하여 일본 원자력발전의 사업 방향을 정해왔다. 더욱이 이들 사업의 대부분이 '국가 정책'의 성격을 가지고 있었기 때문에 원자력발전소 건설은 지방의 재정 확충이나 도시와 지방 사이의 격차 감소 등 '공공적' 목적을 위해 시행되는 공공사업의 한 부류로 인식되는 경우가 많았다.

그러나 지역주민의 적극적·소극적 '동의'를 얻어 일본 전역에 원자력 발전소가 꾸준히 지어질 수 있었던 것은 '공공적' 목적을 위한 사업이라는 사업의 성격 이외에도 원자력에너지의 안전성에 대한 국민들의 강한 믿음, 즉 '안전신화'가 가진 힘이 컸기 때문이었다. 이와 같은 안전신화는 원자력에너지 관련 예산이 편성되기 시작한 1954년부터 원자력에너지의 위험성에 대한 보도 통제, 초등학교부터 고등학교 교육과정에 포함된 원자력의 안전성에 대한 교육, 유명 연예인의 인지도를 활용한 원자력 캠페인 실시 등 크게 세 가지 방식을 통해 꾸준히 구축되어왔다.

일본에서는 안전신화를 만들어 유지해온 이익공유형 폐쇄 집단을 '원자력마을'이라 부르는데, 원자력마을은 원자력위원회를 중심으로 1950년대부터 정계·학계·산업계에 막대한 영향을 끼쳐왔다. 이들은 1990년대 이후 버블경제가 붕괴되고 세계화 흐름이 가속화되면서 일본의 각 산업이 생존을 위해 구조조정이나 가격 경쟁을 위한 개혁 방안을 내놓을 때에도 여전히 독점을 행사한 일본의 '마지막 기득권층'이었다.

후쿠시마 원전 사고의 진상을 밝히고자 시민단체와 각 분야의 전문가들이 모여 결성한 후쿠시마원전사고 독립검증위원회가 발간한 조사 및 검증 보고서는 원자력마을을 '중앙의 원자력마을'과 '지방의 원자력마을'로 나누어 후쿠시마 원전 사고와 원자력마을의 관계를 설명하고 있다.

'중앙의 원자력마을'은 원자력 행정에 관련된 경제산업성과 에너지청, 문부과학성, 전력회사, 원자력 산업, 재계, 정계, 매스미디어, 학술계, 전력 관련 노동계를 포괄한 거대 원자력 유지 체제를 가리킨다. 이 보고서에서는 '중앙의 원자력마을'이 일본의 에너지정책과 원자력정책을 독점적으로 정하고, 전문성이 큰 분야라는 이유로 시민단체 참여를 제한하거나 사업 내용을 투명하게 공개하지 않은 것을 문제점으로 지적한다.

한편, '지방의 원자력마을'은 원자력발전소가 건설되는 지역의 노동자들이 사용하는 민박 시설이나 음식점 등 원전노동자 관련 산업의 이해당사자들로 구성되어 있는데, 이들 역시 오랫동안 원전 유치 및 원자로 추가 건설의 지지층 역할을 담당하면서 원자력발전소 건설로 인한 지방교부금의 혜택을 누려온 것으로 밝혀졌다(福島原發事故 獨立檢證委員會, 2012).

후쿠시마 원전 사고는 '중앙의 원자력마을'과 '지방의 원자력마을'의 이해가 결탁되어 원전의 위험성에 대한 정보가 철저히 차단된 채 원전건설 사업이 국책, 그중에서도 공공성을 띠는 공공사업의 형태로 추진되어 오던 와중에 일어났다. 후쿠시마 원전 사고 직후에 나타난 원자력기술 전문가들의 발언 내용, 사고의 심각성을 제대로 전달하지 못한 보도가 지속된 것, 그리고 방사능 오염의 확산에 대한 데이터가 있었음에도 공표하지 않았던 것, 이 모두가 '원자력마을'이라는 이익공유형 폐쇄 집단의 통제와 무관하지 않을 것이다.

그렇다면 후쿠시마 원전 사고에 직면하여 일본 국민들은 일본 정부에 대해, 도쿄전력을 중심으로 한 원자력마을에 대해, 그리고 정보를 제대로 전달하지 않은 매스미디어에 대해 어떻게 대응해나갔을까? 이어서 일본 사회의 공공성 수준 변화와 원전 관련 단체의 비밀주의가 원전 사고의 극복 과정에 미친 영향을 살펴보자.

다시 깨어난 '운동 DNA'

후쿠시마 원전 사고에 대한 정보가 제대로 전달되지 않았다는 사실이 밝혀지고 방사능 오염 문제가 일상의 먹거리 문제로까지 확산되면서, 미디어에서 제공되는 정보를 수동적으로 받아들여 왔던 많은 시민들이 미디어에 대해서 불신을 갖게 되었다. 한 예로, 2012년에 실시된 '제5회 미디어에 관한 전국여론조사'에 따르면, 후쿠시마 원전 사고가 일어난 후 미디어 신뢰도는 NHK가 74.3%에서 70.1%로, 신문이 72%에서 68.9%로, 민영 방송이 63.8%에서 60.3%로 떨어졌다(新聞通信調査會, 2012). 조사가 시작된 2008년 이후 거의 변화가 없던 수치가 비교적 큰 폭으로 떨어진 것만 보아도 후쿠시마 원전 사고가 일본 시민의 미디어 신뢰도에 미친 영향을 가늠할 수 있다. 일본의 공개성 문제는 국내 조사기관뿐만 아니라 국제 조사에서도 드러났는데, 국경 없는 기자회Reporters Without Borders가 내놓은 보도 자유도 순위에서 일본은 2010년 11위, 2011년과 2012년 22위, 2013년 53위, 2014년 59위로 매년 큰 폭으로 하락했다.

사고 원인이 단순한 자연재해가 아닌 원자력마을과 같은 일본 사회의 오래된 구조적 문제에 있다는 것을 알게 된 시민들은 원전 사고 이후 전국 곳곳에서 원전 재가동 반대 운동과 방사능 오염으로부터 건강을 지키기 위한 활동을 펼쳐나갔다. 1990년대 이후 자발적 조직 참가율이 떨어지고 사회 전반의 일반 신뢰도가 낮아지면서 '공공의 문제'에 대한 소통 역량이 줄어든 일본 사회에서, 재난을 통해 활력을 얻은 시민사회의 활동은 미디어와 학계에서도 주목받는 사회 현상이 되었다(津田大介, 2012; 野間易通, 2012; 伊藤昌亮, 2012; 平林祐子, 2012).

후쿠시마 원전 사고 후 전국에서 활동하는 탈원전운동 단체에 대해 실시된 조사에서도, 후쿠시마 원전 사고 이후 새롭게 활동을 시작한 단체의 지도자나 활동가 가운데는 국가에서 정한 방사능 안전수치에 대한 불신과 정보 은폐를 활동의 계기로 꼽는 경우가 많았다. 공개성 위기가 오히려 시민활동의 동력으로 작용했다는 것을 짐작할 수 있다.

일본 사회에 오랫동안 잠들어 있던 '운동 DNA'를 다시 살아나게 한 또 다른 계기는 원자력발전소 재가동을 둘러싼 정부의 일방적인 태도였다. 후쿠시마 원전 사고가 일어난 지 몇 달 후, 당시 일본의 간 나오토菅直人 총리는 원전 사고 이전에 세웠던 에너지 기본계획의 백지화를 지시했다. 그리고 전국에 분포된 54기의 원자로에 대한 안전검사가 실시되었다. 54기의 원자로가 안전검사로 완전히 가동을 멈춘 이후 일본 시민사회에서는 원자력에 의존하지 않는 미래를 만들어가자는 논의가 활발해졌고, 원전의 안전성이 충분히 보장되지 않은 상태에서 원자력발전소를 재가동하는 것에 대한 반대가 거세졌다. 그러나 간사이전력에서는 원전 안전검사의 일종인 스트레스 테스트 1차를 통과한 오오이大飯 원자력발전소를 재가동하겠다는 의지를 밝혔고, 원자력안전위원회와 새로운 내각의 노다 요시히코野田佳彦 총리가 이를 승인하면서 재가동을 둘러싼 지역사회와 정부, 시민단체와 정부 간의 대립은 극에 달했다.

원전 사고가 발생한 지 1년 남짓 지난 2012년 6월, 원전 사고의 충격과 방사능에 대한 공포가 채 가시지 않은 시점에 오오이 원전의 재가동 소식이 전해지면서 그 소식에 분노를 감추지 못한 15만 명 이상의 사람들이 총리 관저 앞으로 모여들었다. 인터넷이나 SNS를 통해 집회 공지를 보고 모여든 사람들 가운데는 자식을 둔 부모, 넥타이를 맨 회사원, 그리고 어린 학생과 노인도 있었다. 일본에서는 지나간 시대의 유산쯤으로 여겨졌던 시민 집회가 원자력발전소의 재가동이라는 이슈로 다시 한번 살아난 것이다. 오오이 원전 재가동 사건을 정점으로 매주 금요일 저

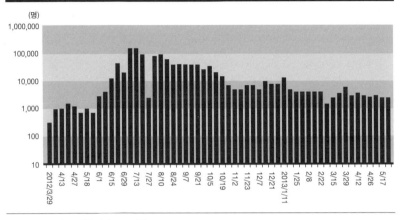

그림 4-3 총리 관저 앞 금요 집회 참가자 추이

자료: 小熊英二(2013)를 바탕으로 작성.

녁 총리 관저 앞의 거리는 집회 참가자들로 가득 메워졌다(**그림 4-3**).

원전 재가동 문제로 본격화된 시민운동은 이제까지와는 다른 새로운 힘을 보여주었다. 총리 관저 앞 집회 참가자 수가 정점에 달했던 시기에 집회를 주도한 '수도권 반원전연합'의 대표자 11명과 당시 노다 총리가 재가동 문제를 둘러싸고 면담을 했는데, 면담 상황이 그대로 일본 내 동영상 사이트에서 생중계된 것이다. 당시 시민 대표들과 노다 총리의 면담을 중계했던 게이오 대학의 오구마 에이지小熊英二 교수는 이 책 필진과의 인터뷰에서 "관저 앞에 사람들이 모였다는 것만으로 총리와 만날 수 있다는 것은 이전에는 생각할 수도 없었던 일이다"라고 당시 상황을 회상했다.

오오이 원자력발전소의 재가동이 무산된 2013년 9월 이후, 일본은 처음으로 원자력발전소 가동률 제로의 상태에서 겨울을 맞이하고 2014년을 보냈다. 원전 사고 이후 이대로는 안 되겠다는 생각과 의지를 행동으로 옮긴 시민들이 늘어나고, 이들의 목소리가 힘을 얻게 된 것, 그리고 원전 가동률 제로라는 가시적 성과까지 거둔 것은 원전 사고라는 악재 속에서 발견해낸 일본 시민사회의 가능성일 것이다.

시민성에 기댄 문제풀이의 한계

일본 사회를 역동적인 방향으로 변화시켜갔던 흐름들은 원전 사고 후 시간이 지나면 지날수록 약해져 갔다. 시민 사회에서 시작된 변화가 사회 전체로 확산되지 못한 것인데, 그중 가장 큰 문제는 방사능 오염 문제나 원전 재가동 문제가 운동의 새로운 이슈로 부상했음에도 안전 문제가 실제적 정치 이슈로 충분히 영향력을 발휘하지 못했다는 점이다.

후쿠시마 원전 사고가 일어난 지 1년여가 지난 시기에 치러진 중의원 선거에서 민주당은 54년 만에 정권 교체를 이루어냈다. 그러나 민주당 정권은 3년 남짓한 집권으로 곧 막을 내리고 다시 자민당으로 정권 교체가 이루어졌다. 이 시기는 후쿠시마 원전 사고 후 복구가 한창 진행되고, '겨우' 한 곳에 불과한 오오이 원자력발전소의 재가동을 둘러싸고 15만 명 이상의 시민이 모여 반대 시위를 하고 있을 때였다. 원자력발전소 재가동 문제에 이렇게 민감했던 시기에 일본 국민이 자민당을 선택했다는 것은 언뜻 잘 이해가 되지 않는다. 이렇게 상충되는 방향의 두 가지 염원을 어떻게 해석할 수 있을까?

이와 같은 의문을 풀기 위해서는 몇 가지 문제들을 짚어보아야 한다. 여기서는 먼저 2012년에 치러진 중의원 의원 총선거 전국의식조사 결과를 살펴보자.

구분	20~30대		40~50대		60대 이상	
	2009년 선거	2012년 선거	2009년 선거	2012년 선거	2009년 선거	2012년 선거
1위	경기고용 62.0%	경기대책 55.7%	경기고용 71.5%	경기대책 70.5%	연금문제 70.6%	경기대책 59.5%
2위	저출산 54.0%	소비세 39.8%	연금문제 65.4%	소비세 39.9%	의료부양 69.4%	연금문제 57.9%
3위	연금문제 46.7%	자녀교육 38.1%	의료부양 55.5%	연금문제 38.9%	경기고용 59.3%	의료부양 56.9%
4위	의료부양 46.0%	재해복구 31.3%	소비세 41.2%	재해복구 37.5%	물가 31.9%	소비세 37.6%
5위	소비세 39.0%	고용대책 28.5%	교육문제 34.8%	고용대책 35.1%	소비세 31.6%	**원전문제 37.4%**
6위	교육문제 37.0%	의료부양 25.6%	재정재건 30.4%	의료부양 33.4%	환경문제 28.1%	재해복구 36.8%
7위	재정재건 23.7%	연금문제 25.2%	저출산 29.6%	**원전문제 31.5%**	교육문제 25.8%	외교방위 32.9%
8위	정권문제 23.3%	**원전문제 25.2%**	소득격차 29.6%	자녀교육 27.9%	저출산 25.4%	고용대책 26.1%
9위	소득격차 22.3%	외교방위 20.7%	환경문제 25.3%	외교방위 25.8%	정권문제 22.6%	TPP 참가 20.0%

주: 2009년의 '경기고용' 항목은 2012년 '경기대책'과 '고용대책'으로 분리됨.
자료: 제46회 중의원 의원 총선거의 실태 보고 자료를 바탕으로 작성함.

2012년의 중의원 선거에서 유권자들이 선거를 하면서 고려했던 사항을 연령별로 정리한 **표 4-1**을 보자. '원전 및 에너지' 관련 이슈를 고려 사항으로 꼽은 연령별 유권자의 비율은 20~30대에서 25.2%, 40~50대에서 31.5%, 60대 이상이 37.4%이다. 이를 순위로 매겨보면 5위에서 8위에 머물러 있다. 한편 모든 연령대의 유권자가 가장 중요한 고려 사항으로 고른 것은 '경기대책'으로, 40~50대가 70.5%로 가장 많았고 60대 이상이 59.5%였다. 20~30대도 55.7%로 다른 이슈에 비해 월등히 높게 나타나고 있다.

‘경기대책’과 밀접히 맞물려 있는 ‘고용대책’에 대한 고려는 40~50대가 35.1%, 20~30대가 28.5%, 60대 이상이 26.1%를 나타내고 있다. 2009년의 중의원 선거에서 가장 많이 고려했던 사항이 경기 및 고용 (20~30대 62%, 40~50대 71.5%), 연금 문제(70.6%)였던 것과 비교하면 후쿠시마 원전 사고 이후 치러진 중의원 선거에서 경제 문제의 비중이 높아진 것과 연령별 투표 고려 사항이 경기 관련 이슈로 일원화되었다는 것이 눈에 띄는 변화라고 할 수 있다.

　이처럼 후쿠시마 원전 사고 이후 유권자의 연령대와 상관없이 경기 불황에 대한 불안이 확산된 것은, 후쿠시마 원전 사고가 일어나기 전에 일본 사회가 놓여 있던 공정성의 위기 상황과 밀접하게 관련되어 있다.

　앞에서 언급한 것처럼 일본은 버블경제 붕괴 이후 도시와 지방 사이의 격차를 줄이기 위해 국가 주도로 공공사업을 실시했다. 그러나 결과적으로 그것이 지방의 역량을 약화시켜 공공사업에 의존하는 지역경제 사이클이 만들어진 상태였다. 여기에 1990년대부터 가속화된 세계화 바람으로, 그동안 국가 성장을 이끌어왔던 제조업 공장이 대부분 해외로 이전을 시작했다. 1997년 이후에는 아시아 경제 위기의 여파가 더해지면서, 고도 성장기에 구축해온 ‘일본형 공업화 사회’(오구마 에이지, 2014)의 고용 형태를 좀 더 ‘유연한’ 형태로 바꿔나가기 시작했다. 예를 들면, 일본에서는 1985년에 성립된 ‘노동자파견법’으로 극히 제한된 직종에서 파견노동이 시행되기 시작했다. 그러던 것이 법률 개정을 통해 1996년에는 그 직종이 26개의 업종으로 확장되었고, 1999년부터는 원칙적으로 전 업종에서 비정규직 노동자를 쉽게 고용할 수 있게 되었다. 게다가 2003년부터는 제조업 분야에서도 파견노동이 가능해져 고용의 불안정화가 급속하게 확산되고 있었다.

이와 같은 공정성 위기의 장기화는 후쿠시마 원전 사고와 같은 재난의 극복 과정에도 영향을 끼치게 되었다. 그중 대표적인 문제가 안전을 비용으로 생각하고, 안전이 경제의 발목을 잡는다는 안전-경제 대립론의 등장이다. 앞서 살펴본 2012년 중의원 선거 결과는 안전과 경제에 대한 유권자 의식을 고스란히 드러내고 있다. 후쿠시마 원전 사고 이후 지금까지 시행되고 있는 일본의 경제정책인 이른바 '아베노믹스' 역시 경제 불황에 대한 유권자의 불안을 극단적 형태로 반영한 것이라 할 수 있다. 일본의 전 경제산업성 관료였던 코가 시게아키古賀茂明 씨는 2014년 6월 26일에 이루어진 인터뷰에서 '아베노믹스'와 후쿠시마 원전 사고의 문제에 대해 다음과 같이 언급했다.

지금 일본이 경제적으로 순항하고 있는 것이 아니기 때문에 뭐라고 해도 일단 경제를 살리는 것이 먼저라고, …… '아베노믹스'라는 것으로 경제가 좋아진다고, 디플레이션에서 벗어날 수 있다고, 수출이 증가하고 기업 이익이 증가하고 고용이 늘어나고 임금도 올라간다고 주장했습니다. 그때 원전 문제가 나오면 일단 경제 문제가 중요하다고 하면서 …… 원전을 재가동하는 것이 전기요금을 낮추는 길이고, 그렇게 해야 기업도 도움을 받기 때문에 국가가 풍요해진다고 하면서 사람들이 할 수 없이 재가동을 받아들이도록 했습니다. 만약 일본 경제가 매우 잘 굴러가서 전기요금이 조금 더 오르는 것쯤은 충분히 받아들일 수 있는 여유가 있다면 '원자력마을'이 정치계를 움직여서 원전을 재가동시킨다고 해도 시민들이 반발할 힘이 있기 때문에 정치인들도 그렇게 간단히 재가동할 수 없을 것입니다.

경제 침체의 장기화는, 후쿠시마 원전 사고 이후 불거진 방사능 오염이나 원전 재가동의 문제를 경제 회복의 장애 요소로 취급하는 데 중요한 원인이 되었다. 원전 사고를 경제 성장으로 극복하자는 논의는 대담한 금융정책과 기동機動적인 재정정책, 민간 투자를 환기시키는 성장전략이라는 세 가지 요소를 중심으로 하는 '아베노믹스' 정책에 힘을 실어주었다.

아베 신조安倍晋三 내각은 2013년 6월 원전 재가동과 관련하여, 원전 안전장치 설치가 완비되지 않아도 안전검사 이후 5년 이내에 안전장치를 마련하면 재가동이 가능하도록 하는 새 원전 규제기준을 발표했다. 2014년 4월에는 원자력에너지를 일본의 중요한 기본 에너지원으로 지정하고, 원전 재가동과 새로운 원자로 건설을 추진하기 위한 에너지 기본계획을 각의에서 결정했다.

아베 내각은 그동안 금융정책과 재정정책을 통해 엔화 약세 유도정책을 실시해왔음에도 무역 수지가 개선되지 않은 이유를, 후쿠시마 원전 사고 이후 원전 가동이 중지되면서 광물성 연료 수입이 증가한 것에서 찾고 있다(清水順子·佐藤淸隆, 2014). 화력 발전에 필요한 연료 수입이 증가하고 엔화 약세가 정책적으로 시행되는 가운데 연료 수입액 또한 증가했다는 논리다. 이와 같은 논리를 바탕으로 아베 내각은 '아베노믹스'의 마지막 정책인 경제성장 전략을 구체화시키기 위해 원전 재가동을 추진하고 있다. 또한 에너지 기본계획에서도 원전 규모에 대해 "확보해나갈 규모를 정한다"라고 명시하는 등 원자로 추가 건설에 대해서도 적극적인 입장을 나타내고 있다.

원전 재가동이 경제 회복과 경제 성장으로 가는 길이라고 주장하는 '안전-경제 대립론'은 후쿠시마 원전 사고 이후 일어난 시민사회의 반성과 그 반성을 통해 등장한 '원전제로정책' 노선을 원점으로 돌리는 결과를 낳았다. 이와 같은 정책을 뒷받침한 것은 경기대책을 무엇보다 중요하게 생각하는 유권자들의 '선택'이었다. 그러나 이와 같은 선택이 '일본형 공업화사회'의 기능 부전에 따른 공공성 위기에서 이루어졌다는 것을 간과해서는 안 된다.

안전 공감이 정치화되지 못하는 사회

이 글을 열었던 질문으로 다시 돌아가 보자. 한 국가의 공공성 수준은 재난에 대한 대응 방식과 관련이 있는가? 적어도 공공성 수준에서 한국과 비슷한 위치를 차지하고 있는 일본의 예를 놓고 본다면 우리는 '그렇다'라고 대답해야 할 것이다. 재난 발생 초기의 정보 은폐와 감춰진 정보 뒤에 숨겨진 뿌리 깊은 '관피아' 문제, 문제를 풀어보고자 거리로 나선 시민들의 모습, 재난을 경제 발전의 걸림돌로 묘사해가는 방식까지, 일본의 후쿠시마 원전 사고 이후 처리 과정은 놀라울 만큼 한국의 세월호 참사와 닮아 있다.

세월호 참사 이후에 정치권과 언론 그리고 시민들 사이에서 터져 나왔던 '이대로는 안 된다'라는 강한 자각과 반성, 그리고 변화를 위한 노력은 분명 진정성을 담고 있는 것들이었다. 그러나 세월호 참사의 문제는 자각과 반성이라는 감정적 수준에서 해결되기에는 너무나 깊고 복잡한 문제를 안고 있었다. 본질적인 변화의 필요성은 누구나 공감하고 있다. 다시는 이런 참사가 되풀이되어서는 안 된다는 것을 누구보다도 잘 알고 있으면서도, 우리 사회는 문제를 어떻게 풀어갈 것인가에 대해서는 시간을 들어 진지하게 고민하지 못하고 있으며, 고민 자체가 큰 비용이라는 생각에 사로잡혀 있다. 안전에 대한 고민을 경제적인 측면에서만 계산하는 방식이 한국 사회가 가지고 있는 공공성의 수준과 무관하지 않다는 것은 말할 필요도 없을 것이다.

세월호 참사의 원인을 밝혀내는 것도 중요하지만 이런 일이 다시 되풀이되지 않게 하는 것은 더 중요한 과제라고 할 수 있다. 그리고 재난이 되풀이되지 않게 하는 것은 한 국가의 공공성을 높여가는 길과 그렇게 멀리 떨어져 있지 않다. 앞으로 이어지는 미국, 독일, 네덜란드의 사례는 재난을 처리하고, 재난을 잊지 않고, 다가올 재난까지도 대비해가는 나라들이 걸어갔던 길에 대한 분석이다. 다음 장에서는 한국과 일본의 공공성 수준과 그렇게 멀리 떨어져 있지 않은 나라 미국의 예를 살펴보면서 재난의 극복을 정치화하는 방식을 배워볼 것이다.

5장

허리케인 카트리나,
누가 자연재해라 말하는가

이것은 미국이 아니다 / 이것이 미국이다

2005년 8월 말 허리케인 카트리나가 뉴올리언스를 비롯해 걸프 연안을 강타했다. 역사상 최악의 재난 앞에서 미국인들은 엄청난 충격에 빠져들었다. 허리케인은 전쟁이 휩쓸고 간 것 같은 폐허의 현장을 적나라하게 드러냈다. 제방이 무너지면서 뉴올리언스의 80%가 침수되었고, 도시가 물에 잠기면서 귀중한 생명과 재산의 손실도 엄청났다. 카트리나는 역대 최대 규모의 피해를 남겼다. 1,330명이 사망하고, 약 150만 명의 이재민이 발생했다. 파괴된 주택은 30만 채가 넘었고, 경제적 손실은 1,250억 달러에 달했다(White House, 2006: 7; FEMA, 2006: 5). 재난 대응은 총체적 부실로 얼룩졌다. 수많은 사람이 제때 구조되지 못했고, 피난처는 수용 능력을 넘어서면서 제구실을 못했다. 도로가 유실되고 전기와 상하수도 시설이 마비되는 등 도시 기반시설이 속절없이 무너졌다. 통신은 두절되었으며, 의약품과 구호품도 제때 전달되지 못했다. 특히 사회경제적 자원이 부족한 흑인과 빈곤층에게 피해가 집중되었다. 허리케인은 자연재해로 시작되었지만, 그것은 단지 하나의 자연재해에 그치지 않았다. 카트리나 재난의 발생, 대응, 복구의 과정은 재난관리 시스템을 비롯해 미국 사회의 구조적 문제들을 고스란히 드러냈다.

미국의 경제학자 폴 크루그먼Paul Krugman은 "미국의 자신감이 무너졌다"라고 평가했으며, 폴리 토인비Polly Toynbee는 "완벽하게 강한 미국으로 보였던 것이 환상이었음을 깨닫는 순간"이었다고 지적했다. '아메리칸 드림'은 산산조각 나고, 그 자리에 '미국의 끔찍한 악몽'이 펼쳐졌다. 개발도상국에서나 봄직한 재난이 눈앞에 현실로 나타나면서 '이것이 미국인가'라는 의문이 제기되었다. 하지만 미국 사회가 안고 있는 문제를 적나라하게 드러냈다는 점에서 그 참상은 동시에 '미국의 모습' 그대로이기도 했다.

이런 점에서 카트리나는 '사회적 자연재난unnatural disaster'의 성격을 띤다(Logan, 2009; Levitt and Whitaker, 2009). 재난은 보통 재난의 종류에 따라 자연 재난, 인적 재난, 사회적 재난으로 분류되어왔지만, 현실에서는 재난의 원인이 어느 하나에서만 비롯되지 않는다. 홍수, 태풍, 지진, 해일 등 자연재해는 자연의 변덕에 따라 임의적으로 발생하는 것이 아니라, 각 사회가 지닌 역량의 차이에 따라 재난 발생과 회복 정도에서 극명한 차이를 나타낸다. 따라서 재난은 내부에서 키워진 사회적 위험이 표출된 결과라고 볼 수 있다(김은성 외, 2009: 45; 정지범, 2012: 16~17). 특히 한 사회의 공공성 수준은 자연적·사회적 위험의 발생 및 대처 방식의 차이를 낳는다. 이런 점에서 이 글은 자연재해가 사회적 재난으로 전화轉化되는 기제로 공공성의 위기에 주목하고자 한다.

우선 재난관리에서 중요한 것은 사회 구성원이 함께 참여하고 공동으로 문제를 해결해가는 체계를 어떻게 만들 수 있느냐 하는 것이다. 현대 사회의 재난은 매우 복잡하고 대규모이며 불확실하다는 특성이 있다. 기존의 정부 역량만으로는 재난관리와 같이 복잡하고 '다루기 힘든 문제'를 효과적으로 해결하기 어렵다. 따라서 정부의 핵심 역할은 과거처럼 명령하고 통제하는 것이 아니라, 공공기관 및 사회 각 부문이 가진 자원을 동원하고 연결하는 과정을 통해 어떻게 공공의 가치를 극대화할 수 있느냐에 맞춰진다(배재현·이명석, 2010: 193). 민주적 참여와 합의 형성 과정이 제대로 작동하지 못하거나 각 부문 간 조정과 협력이 제대로 이루어지지 못한다면, 재난관리에서 정부 시스템의 실패가 발생할 가능성이 크다.

다음으로 재난의 발생과 피해 정도는 재난의 예방과 대비, 복구와 재건 과정에서 재정적·사회적 자원을 어느 정도로 투입하고 어느 곳에 집중할 것인가의 문제와도 연관된다. 특정 지역과 집단의 피해가 막대한 이유는, 정책이 체계적으로 선택되고 배제되는 과정을 통해 재난관리에 투입되는 자원 배분이 불균등하게 이루어졌다는 데 있다. 따라서 한 사회가 불평등에 취약할수록 위험의 불평등도 커질 가능성이 크다. 특히 공공적 접근의 약화는 이 경향을 가속화할 것이다.

흥미로운 것은 공공성 수준이 모든 영역에서 일관되게 나타나지 않는다는 점이다. 미국의 경우 정치사회적 측면에서 민주주의와 관련된 공공성 수준은 비교적 높은 반면, 경제사회적 측면에서 자원 배분을 둘러싼 공익성과 형평성 수준은 매우 낮은 모순적 양상을 보인다(구혜란, 2015). 따라서 공공성의 취약성이 재난관리의 실패를 낳는 요인이 된다고 할 때, 공공성의 복합적 측면을 고려해야 한다. 이런 점에서 '정부의 실패'와 '사회의 실패'라는 두 측면을 함께 보아야 한다. 카트리나 재난에서 왜 재난관리 시스템이 제대로 작동하지 않았는지, 왜 흑인과 가난한 이들이 희생자가 되었는지에 대해 종합적인 검토가 필요하다.

제방과 함께 무너진 재난관리 시스템

2005년 12월, 미 의회 청문회장에는 뉴올리언스 주민 패트리카 톰슨 Patrica Thompson의 생생한 증언이 울려 퍼졌다.

> 우리들은 버려졌어요. 시 공무원들은 우리를 보호하기 위한 어떤 조
> 치도 취하지 않았지요. 버스와 헬리콥터와 연방재난관리청 Federal Emer-
> gency Management Agency: FEMA 트럭을 보기는 했지만, 우리를 돕기 위해
> 멈춘 건 아무것도 없었어요. 시체 옆에서, 배설물이 나뒹구는 거리에서
> 잠을 청해야 했죠. 시 전역이 온통 쓰레기장이었어요. 끔찍한 공포와 두
> 려움이 우리에게 엄습해왔습니다(Select Bipartisan Committee, 2006: 6).

이 진술 내용은 카트리나에 대한 정부 대응이 얼마나 허술하고 무능했는지 분명하게 알 수 있게 한다.

재난관리 시스템은 왜 제대로 작동하지 못했나

카트리나 대응의 총체적 부실은 무엇보다 정부의 실패에서 비롯되었다. 그 원인은 9·11 테러 이후 국가 위기관리 방향의 전환과 이에 따른 연방 재난관리청의 조직적·구조적 변화 때문이라고 할 수 있다.* 미국의 재

---

* 아담스키(T. Adamski) 등은 1988년에서 2005년까지 발생한 22개 허리케인 관련 데이터에

난관리 체계는 연방제와 자치주의 전통 속에서 재난 책임이 기본적으로 주정부와 지방정부의 몫이라는 인식이 강하게 작용했다. 이에 따라 주정부와 지방정부가 현장 대응, 연방정부가 지원 중심의 역할을 분담해 수행하는 분권적 체제를 채택해왔다. 주목할 것은 9·11 테러 이후 재난관리 시스템의 변화다. 부시 정부는 위기관리 기능을 모두 국토안보부DHS로 집중시키면서, 테러 공격과 국가 위기에 대비한 여러 조치들을 강제적으로 부과할 수 있는 법적·제도적 권한을 강화했다. 사회 각 부문에 대한 통제와 명령 권한을 확대하고 군사주의와 비밀주의를 강화함으로써 시민의 자유와 인권, 민주적 권리를 제한했다는 비판을 받기도 했다(Wright and Rogers, 2010). 반면 자연재해와 같은 재난에 대해서는 주/지방 정부와 분권적 체계를 유지하는 가운데 연방정부의 역할을 점차 축소하는 방안들이 시행되었다. 이러한 모순적 결합은 '작은 정부, 강한 국가'라는 신자유주의 이념의 모순을 반영하는 것으로 볼 수 있다.

첫째, 9·11 테러 이후 위기관리 시스템의 초점이 '자연재해'에서 '대테러 대응'으로 이동했다는 점을 지적할 수 있다. 이에 따라 FEMA는 재난관리와 테러 대응이라는 두 가지 상이한 목적과 역할 사이에 놓이면서 임무가 불분명해졌다. 테러 대응에는 많은 예산과 자원이 확충된 반면, 재난관리 기능은 축소되고 약화되었다. 예를 들면, 테러 대응에는 매년 200억 달러가 사용되는 데 비해 자연재해 대비와 경감을 위해서는 1억 8,000만 달러가 쓰이는 것으로 나타났다(Adamski et al., 2006). 부시 정부는 '작은 정부'와 재정 감축 기조를 주장하는 가운데, 재난안전 조직이 과

대한 분석을 통해, 2003년 FEMA가 국토안보부로 편입되는 재조직화가 진행되면서 이전에 비해 허리케인 대응에 효과적이지 못했다고 평가한다(Adamski et al., 2006). 이러한 진단은 국내 학자에게서도 공통적으로 발견된다(배재현·이명석, 2010; 정지범, 2012).

대하고 비효율적이라는 인식을 보이면서 연방정부의 개입과 역할을 축소하는 양상을 보였다. 의회조사국CRS은 보고서에서 "국토안보부에 FEMA를 편입한 것이 재난관리 역량을 떨어뜨렸으며, 재난관리 기능과 예산 축소, 불분명한 책임 소재 등이 카트리나 사태에 제대로 대처하지 못한 원인"이라고 지적하고 있다(CRS, 2007: 4~5).

둘째, FEMA가 국토안보부 산하 기관으로 편입되면서 재난 대응에 관한 FEMA의 조직적 자율성과 독자적 보고 체계가 약화되고, 이로 말미암아 신속한 재난 대응이 저해되는 관료제적 조직 구조의 문제가 나타난 점을 들 수 있다. 주요 의사결정이 국토안보부 조직 체계를 거쳐 이루어짐에 따라 FEMA 청장은 대통령에게 직접 보고하지 못했고, 보고 체계의 복잡한 절차와 위계적 구조가 만들어지면서 정보 혼선과 조직 내 갈등이 빚어졌다(Select Bipartisan Committee, 2006; Adamski et al., 2006). 재난관리 자원과 인력 요청도 국토안보부 내 의사결정 과정을 거쳐서 나가는 체계로 변화하게 됨에 따라 연방정부와 지방정부, 공공기관 간 조정을 하는 데 시간과 노력을 더 투입해야 했다. 이로 인해 신속한 재난 대응이 지체되는가 하면, 재난에 관한 전문적 식견과 의견이 제대로 전달되거나 공유되지 못하는 현상이 나타났다.

셋째, 연방정부와 주정부 및 지방정부 간에 협력 체계가 마비되면서 재난관리 시스템이 제대로 작동하지 않은 점을 지적할 수 있다. 재난관리 거버넌스에서 조정·협력의 허브 역할을 하는 FEMA의 쇠퇴는 카트리나 대응 실패의 결정적 요인으로 작용했다. FEMA의 조직, 권한, 예산, 인력 등이 축소되고, 특히 주정부 및 지방정부와 긴밀한 관계를 유지하는 기반이 되었던 지방 교부금과 프로그램, 인력 등이 대폭 줄어들면서 거버넌스 조정자로서의 역할 수행에 문제가 나타났다. 결국 FEMA는 국토안보부에 소속되면서 독립성을 잃었을 뿐만 아니라, 자체적인 자원 동원 능력을 갖추지 못했고, 관련 부처나 민간 조직들과의 네트워크 활동 및 동원도 적절하게 수행하지 못한 것이다(Cigler, 2007: 68~70).

이에 따라 지방정부-주정부-연방정부로 이어지는 분권적 시스템은 유기적인 연결과 협력의 체계가 아니라, 정부 간 권한 및 역할 범위를 둘러싼 갈등이 표출되면서 재난에 대해 제각각 따로 대응하는 체계가 되고 말았다. 대형 재난이 발생하면 처음부터 주정부와 연방정부가 협력하여 대응해야 함에도, 카트리나가 발생했을 때 주정부의 지원 요청이 있을 때까지 연방정부는 관망하는 자세를 취했으며, 초기 대응에서 연방정부의 구체적인 활동은 거의 이루어지지 않았다.

주정부와 지방정부의 현장대응 실패 문제도 컸다. 지역의 재난 대응 자원과 인력은 부족했고 리더십도 큰 문제였다. 연방정부와의 협력 체계 부재와 갈등 속에서 루이지애나 주지사 캐슬린 블랭코Kathleen B. Blanco는 비상사태 선포를 서둘러 요청하지 않았고, 추가 물자도 요청하지 않았으며, 백악관의 군 투입 제안을 거절했다. 뉴올리언스의 레이 내긴Ray Nagin 시장은 허리케인 상륙 20시간 전에야 강제대피령을 발동하는 늑장 대응 문제를 비롯해, 이재민 대피소와 구호품 준비 부족, 상황 보고와 현장지휘 혼선 등 부실 대응 문제를 드러냈다. 특히 FEMA 조직 개편 이후 지방정부에서는 누구에게 보고하고 지원을 요청하며 정보를 공유할 것인지 혼란을 겪었다. 이에 따라 협력적 대응이 필요한 다양한 정부조직들 간 역할과 임무에 혼선이 있었고, 이로 인한 갈등은 카트리나에 대한 부실한 대응을 가중시킨 요인으로 작용했다.

자발적 시민 참여와 준비되지 않은 협력 체계

정부의 부실 대응과는 달리 카트리나 구호 과정에서 시민들의 자원봉사 활동은 단연 돋보였다. 미국 시민들의 가치 지향은 개인주의 가치를 중시하면서도 동시에 공공선에 대한 기여를 중시하고 다른 집단에 대한 높은 관용성을 보여준다.* 이는 다양한 정체성과 다원적 가치를 지닌 개인들의 선택에 기반을 두면서도 동시에 공공의 문제에 대한 활발한 시민 참여와 공동체에 대한 폭넓은 연대를 가능하게 하는 힘이 된다.

카트리나 재해 현장에서는 적십자사를 비롯한 비정부기구NGO와 시민들의 자발적 구호활동이 활발하게 전개되었다. 음식, 의료, 임시숙소 제공 등에서 활약이 돋보였으나, 문제는 정부와의 협력 체계가 없었다는 점이다. 시민 활동은 FEMA를 비롯한 정부 기관과 유기적 공조 없이 개별적·분산적으로 전개되었다. 정부는 NGO 활동을 체계적으로 배치하고 관리할 시스템을 갖추지 못했던 것이다(Angela et al., 2007: 164~165). 정보 공유와 커뮤니케이션도 원활하지 못하여 NGO나 자원봉사자가 고립된 상태에서 활동하는 경우도 비일비재했다. 기업의 구호활동도 활발했지만, 정부와 연계 없이 독자적으로 이루어진 것이 대부분이었다. 월마트의 경우는 상황실 운영, 본사-지역-매장 관리자로 연결되는 신속한 커뮤니케이션 체계 구축, 구호품과 물류의 신속한 집결과 전달 등으로 기업의 구호활동을 대표하는 사례로 꼽힌다(Horwitz, 2009). 하지만 정부는 기업과 시민사회의 다양한 자원과 수단을 제대로 활용하지 못하고 다

---

* 서울대학교 사회발전연구소 조사(장덕진 외, 2014)에서 미국인들은 평등보다는경쟁 가치를 중시하며(0.86점), 개인 책임을 강조하지만(0.61점), 동시에 관용을 중시하고(0.73점), 연대의 가치를 높이 평가하는(0.76점) 등 매우 복합적이고 모순적인 가치 지향의 특성을 보인다.

양한 구호 노력들을 조정하는 데도 실패하면서 민관 재난협력 체계가 제대로 운영되지 못했다.

결국 9·11 이후 강화된 국토안보부의 관료적 운영, 테러 대비에 맞춰진 재난관리 시스템, 재난 대응의 정부조직 간 역할 갈등과 혼선, 시민사회와의 체계적 협력 부재 등 재난관리에서 전반적인 국가 능력의 약화가 나타났다. 그중에서도 FEMA의 재난대응 역량 약화와 조정의 실패는 효과적인 재난 대응을 어렵게 만든 주요 요인으로 작용했다. 정부 기관들이 저마다 제각각 움직이는 과정에서 갈등이 더욱 불거지게 되었던 것이다. 결국 미국의 재난관리 시스템에서 핵심 관건은 일사불란한 명령과 통제가 잘 이루어지는가의 문제가 아니라, 연방정부와 주/지방정부, 그리고 공공과 민간 부문의 협력적 거버넌스가 실질적으로 잘 작동할 수 있도록 조정과 협력을 얼마나 효과적으로 이끌어낼 수 있는가의 문제였다. 카트리나는 이러한 협력 거버넌스가 구현되지 못해 효과적인 재난관리에 실패한 대표적 사례라고 볼 수 있다.

무엇이 바뀌었나: 카트리나의 학습효과

미국의 민주주의와 재난의 학습

그렇다면 카트리나 이후 재난관리 시스템은 어떻게 달라졌을까? 그리고 그 변화를 추동한 힘은 무엇이었을까? 재난관리 시스템이 왜 제대로 작동하지 않았는지에 대한 문제점 진단과 개선 방향의 모색은 정부 혼자만의 판단과 결정으로 이루어지지 않는다. 사회 구성원의 참여와 협의에 기반을 둔 민주적 의사결정이 이루어질 때 문제가 감춰지지 않고 제도적 차원의 해결 방안이 모색될 수 있다. 이렇게 특정 개인이나 한 기관의 책임으로 떠넘기지 않고 공론화 과정을 통해 위험을 객관화하고 투명하게 드러낼 때, 재난관리 시스템의 실패를 극복하고 새롭게 구축할 수 있는 가능성이 싹트게 된다.

카트리나 이후 의회를 중심으로 광범위한 진상 조사가 이루어졌다. 상하 양원, 의회조사국, 백악관, 국토안보부 등에서 1~2년 동안 각종 조사 결과와 보고서가 발간되었을 뿐만 아니라, 재난관리 대책에 대해 여러 수준에서 장기간 활발하게 공론화가 전개되었다. 부시 행정부는 재난이 발생한 직후인 2005년 10월 재난대응 체계 강화 방안을 발 빠르게 내놓았으나, 의회는 행정부의 조치가 미흡하다고 보고 독자적으로 대책 마련에 나섰다. 2005년 9월 15일 재난이 발생한 지 2주일 만에 하원은 공화, 민주 양당 의원이 참여하는 조사위원회(허리케인 카트리나 대비 및 대응 진상조사 초당파위원회) 출범을 결의했다. 위원회는 5개월 동안 광범위한 진상 조사를 진행했다. 이러한 활동에 기반을 두고 2006년 2월 「이니셔티브 실패A Failure of Initiative」라는 보고서가 작성되었다. 이 과정에서 22회의 청문회, 83만 8,000쪽의 자료 검토, 325명의 증인 인터뷰가 진행되었다. 이러한 광범위한 조사 결과를 토대로 2006년 10월 '포스트카트리나 재난관리개혁법the Post-Katrina Emergency Management Reform Act'이 제정되고, 이를 계기로 재난관리 시스템은 새로운 변화의 전기를 맞게 된다.

재난관리 시스템의 재구축을 가능케 한 것은 결국 미국 민주주의의 힘이라고 볼 수 있다. 새로운 변화를 이끈 원동력은 민주적 절차가 확립된 의사결정 과정과 시민 참여 문화에서 찾을 수 있다. 미국의 정치체제는 민주주의 제도화 수준이 높고, 다양한 이익집단들의 이해관계를 반영하는 정책 수립과 입법 과정이 특징적이다. 투명한 정보 공개, 언론 자유

등 개방성과 투명성 수준도 높다.* 이 점은 공개적인 공론 형성과 문제 진단을 이끌어 재난 대응의 책임성을 강화하는 기반이 된다. 미국 사회는 문제를 숨기거나 '희생양 찾기'를 통해 문제를 외면하지 않았고, 공개적인 논의 과정을 통해 재난관리 시스템의 문제점과 개선 방향에 대한 사회적 공감대를 형성할 수 있었다. 카트리나 재난에 대한 '사후 학습'이 제대로 이루어진 것이다. 이 과정을 거쳐 공공 문제를 해결하기 위한 연방정부와 지방정부, 시민사회 간 협력 체계가 좀 더 강화될 수 있었다.

재난관리 시스템을 개혁하다

카트리나 이후 재난관리 시스템에는 많은 변화가 일어났다. 우선 FEMA의 권한 강화에 대한 합의가 이루어졌다. 청장의 위상이 강화돼 부장관급으로 격상되고, 국무회의에 참석할 수 있게 되었다. 대통령에 대한 직접 보고나 재난정책의 의회 건의 등 권한이 강화되고, 국토안보부와의 관계에서도 독립적 의사결정 기구로 원상 복구되면서 조직 위상과 자율성이 높아졌다(CRS, 2007: 5~6). 또한 재난 대비 기능의 이전, 국가재난통합센터NIC 신설, 긴급재난대응팀 신설 등 종합적 재난관리 조직으로서의 위상을 갖출 수 있게 되었다.

중요한 것은 연방정부와 주/지방정부 간 갈등 및 거버넌스 실패 문제가 해결의 실마리를 찾았다는 점에 있다. 우선 대형 재난 발생 시 연방정

---

* 서울대학교 사회발전연구소 조사(장덕진 외, 2014)에서 미국의 민주주의 제도화 점수와 이익집단의 정책 입안 역량 점수는 10점 기준으로 8~8.7점으로 높은 편이며, 의회 및 시민의 정부 감시와 견제 수준을 보여주는 입법 자원 점수는 9.3점으로 매우 높게 나타난다. 또한 언론자유 및 정부 정보의 접근성 점수도 각각 9점으로 높게 나타나 투명성과 공개성 수준도 높음을 알 수 있다.

부의 사전적·즉각적 개입이 가능하도록 개선되었다(Starks, 2012). 주정부나 지방정부의 요청 없이도 연방정부의 독자적 판단에 따라 재난관리 지원 활동이 가능하도록 연방정부의 개입 절차가 간소화되고 승인 요건도 완화되었다. 나아가 '국가재난대응체계NRF'가 새롭게 마련됨에 따라 연방정부와 지방정부, 공공기관, NGO 및 민간 부문 등 각 기관의 역할 범위를 명확히 규정함으로써 갈등의 여지를 줄이는 등 협력 체계의 재정비가 이루어졌다. 특히 카트리나 이후 국가재난대응체계에 계획 단계부터 민간의 참여 범위를 명시적으로 규정함으로써, 정부가 NGO의 다양한 지원 활동을 체계적으로 배치하고 조정할 시스템을 갖출 수 있게 되었다.

지방정부의 재난 대응 역량이 강화된 것도 성과 중 하나로 평가할 수 있다. 카트리나 이후 뉴올리언스 시정부는 '통합뉴올리언스지구계획 Unified New Orleans Neighborhood Plan'을 수립했다. 이 과정에서 민주적 거버넌스를 통한 체계적 재난관리 계획의 수립과 지역사회 재건을 꾀했다는 점이 주목할 만하다(Williamson, 2007).

지역사회의 복구와 회복 과정에서는 시민 참여가 돋보였다. 정부 지원만으로는 불충분했다. 미국 사회의 NGO 기반 및 자원봉사 활동이 가지고 있는 강점이 여기서도 발휘되었다. 특히 주목할 것은 카트리나 이후 수많은 새로운 지역주민 조직과 이들을 네트워크로 연계하는 연합 조직들umbrella groups이 생겨났다는 점이다. 지역 NGO 및 주민 조직의 성장과 역할 증대는 지방정부의 반응성을 향상시키고 정책의 공공성 강화에 영향을 미치는 요인으로 작용했다. 주민들은 스스로 주민 회합을 주관하고 참여했으며, 주정부와 시정부가 주관하는 수많은 회의에도 참석하여 미래 계획을 위한 목소리를 내고 충분한 의사결정 능력도 보여주었다

(Weil, 2010). 국가적 수준에서는 의회 주도로 재난관리 정책에 대한 논의 구조가 형성된 반면, 지방정부 수준에서는 지역주민의 직접 참여가 활발하게 이루어지면서 지역사회 공공정책의 수립과 지역 활성화 방안을 함께 논의하는 협력 거버넌스 체계가 비교적 잘 작동했다고 볼 수 있다.

카트리나는 훌륭한 반면교사가 되었다. 정부는 이후 재난 대처에서 달라진 모습을 보였다. 대표적 예로 2011년 8월 미 북동부 해안을 강타한 허리케인 아일린과 2012년 10월 발생한 허리케인 샌디의 경우를 볼 수 있다. 주정부와 연방정부의 신속한 의사결정과 대응이 이루어졌고 시민사회와의 협력적 구호 활동이 전개되었다. 이처럼 철저한 대비와 한발 빠른 대응 덕분에 허리케인의 위력에 비해 피해는 크지 않았다는 평가를 받았다(Starks, 2012).

재난은 불평등하다

울리히 벡은 오늘날 위험사회의 특징으로 '위험의 민주화'를 말한 바 있다. 복잡성과 불확실성이 증대하는 위험사회에서 위험은 특정 계층과 집단, 지역의 문제를 넘어선다. 인류 전체가 공동의 위험을 안게 된다는 것이다. 하지만 구체적 현실이 보여주는 바는 재난이 결코 균등하게 전개되지 않는다는 점이다. 자연재해의 발생 빈도와 피해 규모는 지구촌 각 지역 간에 불균등하게 나타난다. 개발도상국의 경우 자연재해 피해가 더 크고 심각하게 일어난다는 것은 널리 알려진 사실이다. 한 국가 내에서도 피해가 집중되고 재난이 빈발하는 지역이 따로 있다. 카트리나 당시, 문제는 '왜 뉴올리언스인가'라는 것이었다. 허리케인이 휩쓸고 간 지역은 5개 주에 이르렀으나, 유독 뉴올리언스만 도시 전체가 거의 침수되었고 피해도 엄청나게 컸다. 그중에서도 흑인과 빈곤층에게 피해가 집중되었다. 그 이유를 설명하기 위해서는 우선 미국 사회의 불평등 구조를 살펴보고, 그 배경으로 공공정책의 성격이 어떻게 작용하는지를 분석할 필요가 있다.

오래된 문제, 예정된 비극

미국은 전통적으로 개인의 권리와 자유를 우선시하는 자유주의 사회의 특징을 지닌다. 경제적으로도 개인의 선택과 효용성을 존중하는 자유시장경제를 선호하며, 국가의 개입에 대해 상대적으로 거부감이 강한 편이다. 이러한 자유주의 전통 속에서 의료, 복지, 교육, 연금 등 공공 서비스의 제공에 대한 국가의 역할은 그다지 크지 않은 반면, 시장 기능은 상대적으로 강조된다. 이에 따라 공공 부문 지출은 전반적으로 다른 국가에 비해 낮은 수준을 나타낸다. 총사회지출 중 공적 지출 비중은 64.5%로 OECD 주요국에 비해 매우 낮다. 이에 비해 기업복지 비중이 큰 편인데, 최근에는 기업복지도 점차 후퇴하는 추세가 나타나고 있다. 국가복지와 기업복지가 동시에 후퇴하면서 개인과 가족에게 사회적 위험이 전가되는 경향이 가속화되고 있다.

복지, 의료, 교육 등과 마찬가지로 위험관리 및 안전과 같은 공공 서비스 제공에서도 국가의 역할이 크지 않은 것으로 나타난다. 물론 이것이 공공성 수준을 직접적으로 결정하는 것은 아니다. 그러나 공공 문제에 대해 공동으로 문제를 풀어가는 사회적 책임의 구조가 아닌 개인 책임을 강조하는 경향이 높다는 점에서 공익성 수준은 전반적으로 낮다고 볼 수 있다. 시장기반 공공서비스 방식은 자원 배분의 효율성을 높이는 데 기여할 수도 있지만, 비용을 지불할 능력이 없는 개인 및 집단의 기회가 차단된다는 점에서 사회경제적 불평등을 심화시킬 가능성이 크다.

　미국 사회의 불평등 구조는 역사적으로 뿌리가 깊고 오래된 문제다. 특히 빈곤 문제와 인종 간 사회경제적 격차 문제는 단순히 개인적 차원의 문제가 아니라 제도적 문제로 이해될 필요가 있다. 미국의 소득 불평등 수준은 OECD 주요국과 비교해 매우 높으며, 최근에는 격차가 확대되는 추세다. 미국의 지니계수는 2012년 0.389점으로 OECD 평균을 상회하며, OECD 34개국 중 31위로 심각한 소득 불평등을 보인다(OECD, 2014). 빈곤선 이하의 소득으로 살아가는 인구 비율은 2013년 현재 14.5%로, OECD 주요국 중 가장 높은 국가군에 속한다. 빈곤 인구는 4,530만 명에 달한다. 흑인과 백인 간 인종 불평등도 뿌리 깊은 고질적 문제다. 흑인과 백인 간 소득 격차를 보자. 백인의 중위가계소득은 5만 8,270달러인 데 비해, 흑인의 경우 3만 4,598달러에 불과하다. 흑인 빈곤율은 27.2%로 백인의 9.6%에 비해 약 3배가 높다(U.S. Census Bureau, 2014). 결국 빈곤층 규모 및 소득 격차, 인종 간 사회경제적 불평등 수준이 높다는 사실을 볼 때, 미국 사회의 형평성 수준이 매우 낮다는 것을 알 수 있다. 특히 빈곤 문제 등에 대해 사회적 책임보다 개인 책임을 강조하는 미국 사회의 이념적 전통과 사회적 분위기는 빈곤과 불평등 문제가 지속되는 요인이 되고 있다.

왜 흑인과 가난한 이들이 희생자가 되었나

카트리나를 얘기할 때 인종과 빈곤이라는 미국 사회의 구조적 문제를 빼놓을 수 없다. 미국은 사회적으로 취약한 계층, 인종, 지역에 재난 피해가 집중되는 위험의 불평등 문제에 직면했다. 특히 피해가 극심했던 뉴

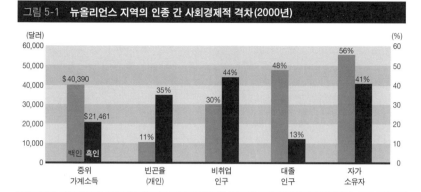

그림 5-1   뉴올리언스 지역의 인종 간 사회경제적 격차(2000년)

자료: Brookings Institution(2005: 6~8)에서 재구성.

올리언스 지역의 사회경제적 취약성에 주목할 필요가 있다. 뉴올리언스
는 빈곤 집중도가 높은 지역이자 인종적 분리가 매우 큰 지역이다. 미국
전체 평균에 비해 소득이 매우 낮고 실업률도 높은 편이다. 카트리나가
발생하기 이전인 2000년의 지표를 보면, 빈곤율은 28%로 미국 전체 평
균인 12%와 비교해 두 배 이상 높다(U.S. Census Bureau, 2000). 특히 뉴
올리언스의 흑인 비율은 68%로, 미국 전체인 13%에 견주어보면 흑인
비율이 매우 높은 지역적 특성을 지닌다. 흑인과 백인 간 사회경제적 격
차도 큰 것으로 나타난다. **그림 5-1**을 보면 흑인의 소득은 백인의 절반
정도에 그치며, 흑인의 빈곤율은 35%로 백인보다 세 배 이상 높은 것을
알 수 있다. 흑인 대졸자는 백인의 4분의 1에 불과해 인종 간 교육 격차
도 큰 것으로 나타났다.

한편 뉴올리언스 내에서 인종과 계층에 따라 거주 지역의 공간적 분
리가 나타난 것도 위험의 불평등을 야기한 주요인 중 하나였다. 흑인과
백인의 거주 지역은 뚜렷하게 구분되었다. 가든 디스트릭트 Garden District,
레이크뷰 Lakeview, 오듀본 Audubon 등은 백인 거주자가 85% 이상을 차지

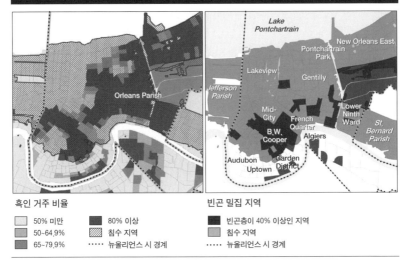

그림 5-2 인종·계층의 공간적 분리와 침수 피해 지역 분포

흑인 거주 비율
☐ 50% 미만
☐ 50~64.9%
☐ 65~79.9%
■ 80% 이상
▨ 침수 지역
⋯⋯ 뉴올리언스 시 경계

빈곤 밀집 지역
■ 빈곤층이 40% 이상인 지역
☐ 침수 지역
⋯⋯ 뉴올리언스 시 경계

자료: Brookings Institution(2005: 18~19).

한 반면, B.W. 쿠퍼B.W. Cooper, 로워 나인스 워드Lower Ninth Ward, 폰차트
레인 파크Pontchartrain Park 등은 흑인과 소수 인종의 비율이 거의 100%에
가까웠다. 흑인과 백인은 말 그대로 다른 세계에 살고 있었다. 소득계층
별로도 지역적 분리가 뚜렷했다. B.W. 쿠퍼, 로워 나인스 워드, 세븐스
워드Seventh Ward, 거트 타운Gert Town 등은 대표적인 빈곤 지역이자 흑인
거주 지역이기도 했다. 빈곤 밀집 지역에 사는 흑인은 43%에 달하는 반
면 백인은 11%에 지나지 않았다(Logan, 2006).

   카트리나로 인한 뉴올리언스 지역의 피해는 매우 불균등하게 나타났
다. 흑인과 빈곤층은 대부분 침수 위험이 큰 저지대에 거주하고 있었기
때문에 제방 붕괴로 인한 피해가 매우 컸다(이현송, 2006). **그림 5-2**를 보
면, 침수 피해가 적은 고지대와 침수 피해가 많은 저지대 지역이 확연히
구분됨을 볼 수 있다. 완전히 일치하지는 않지만 백인 중상류층이 거주

하는 고지대는 대체로 피해가 거의 없는 반면, 흑인과 저소득층이 거주하는 저지대는 피해가 컸음을 알 수 있다. 뉴올리언스에서는 피해 지역 거주자의 75%가 흑인이고, 29.2%가 빈곤층이며, 52.8%가 임대 거주자로 나타났다(Logan, 2006: 7). 뉴올리언스 침수 지역의 평균 소득은 3만 8,263달러로, 비침수 지역의 평균 소득 5만 5,300달러에 비해 매우 낮아 저소득 지역에 침수 피해가 집중되었음을 알 수 있다.

특히 흑인과 빈곤층의 피해가 컸던 것은, 이들에게 다른 지역으로 떠나서 살기 위한 인적·물적 자원이 부족했기 때문이다. 시정부는 대피 이외에 별다른 대책을 마련하지 못했고, 대중교통 수단의 활용 방안은 미비했다. 특히 대피 수단이 취약한 흑인, 노인, 저소득층에 대한 대비가 충분하지 않았다. 뉴올리언스 가구의 30%가 자가용 차량을 보유하고 있지 못했고, 그중 3분의 2는 흑인이었다. 백인의 15%가 차가 없었던 데 비해, 흑인은 그 비율이 35%에 달했다. 대중교통 체계가 마비된 상태에서 이들은 다른 지역으로 대피할 수가 없어 집에 남아 있거나 대피소로 갈 수밖에 없었는데, 대피소 수용자의 95%가 흑인과 빈곤층이었다.

카트리나 이후 지역주민 대상의 갤럽 조사에서 흑인 중 53%는 모든 것을 잃었다고 답변한 반면, 백인은 19%만이 그렇다고 답했다. 흑인과 빈곤층은 재해 취약 지역에 격리되어 살면서 허리케인 피해가 발생했을 때 '버려진 존재'로 취급되었다. 침수 피해자를 대상으로 ≪워싱턴포스트Washington Post≫와 하버드 대학에서 공동으로 실시한 여론조사 결과를 보면, '정부가 백인 부유층의 요구에 대해서는 신속히 반응하나 흑인 빈곤층의 요구는 거들떠보지 않는다'라고 대답한 비율이 68%에 달했다.

그 이유는 무엇보다도 사회경제적 불평등이 '대의의 불평등inequality of representation'을 야기한다는 점에서 찾을 수 있다(Jacobs and Skocpol,

2005). 즉, 빈곤층이나 흑인 같은 사회적 취약 집단보다는 중산층과 부자, 백인의 선호와 이해관계를 우선적으로 반영하는 이른바 '정책의 체계적 선택'이 이루어진다고 볼 수 있는 것이다. 재난 대비와 복구 과정에서도 이러한 정치적 과정에 따라 공공정책이 체계적으로 선택되고 집단별로 차별화되는 방식이 나타나기 때문에, 재난관리를 둘러싼 자원배분 과정과 사회적 투자는 매우 불균등하게 일어난다.

카트리나 재난을 키운 중요한 요인 중 하나는 충분히 예측 가능한 재난이었음에도 재난대비 계획과 그에 대한 사회적 투자가 제대로 이루어지지 않았다는 점이다. 재난 대비를 위한 사회적 자원의 사용은 정치사회적 우선순위에 따라 결정되는데, 그 수혜자가 사회적 취약 계층일 경우 우선순위에서 뒤처지는 경향이 있다(Christoplos et al., 2001). 특히 재난 대비에 대한 공공적 접근 방식이 약화되면서 취약한 지역의 재난에 대비한 사회적 투자도 더불어 축소되는 경향이 두드러진다. 뉴올리언스 지역의 재난 대비가 제대로 이루어지지 못했던 데는 이런 이유가 작용했던 것이다.

무엇보다 제방의 붕괴 위험이 일찍부터 인지되었지만 우선순위에서 밀려 재난대비 예산이 투입되지 못했고, 이에 따라 제방 보수도 제때 이루어지지 못하면서 큰 침수 피해가 초래되었다(김홍순, 2010: 23). 연방예산 지원은 우선순위와 정치적 고려에 따라 달라지는데, 당시 자연재해 대비 예산이 대폭 줄어들었다. 특히 부시 정부의 이라크 전쟁 수행과 테러 대비에 예산 투입이 늘어나면서 자연재해 예산이 상대적으로 축소된 것도 한몫을 했다. 2001년 이후 허리케인 관련 예산은 1억 4,700만 달러에서 그 절반 수준인 8,200만 달러 수준으로 삭감되었다. 게다가 지역에 대한 연방지원금 지원이 매칭펀드matching fund(공동 자금출자 또는 혼합 기금) 분담 방식으로 이루어지면서 주정부와 지방정부의 재난 예산이 우선순위에서 밀리는 결과를 가져왔다. 예산 삭감에 따라 제방은 결국 보수되지 못했고, 대형 허리케인 앞에서 여지없이 무너지고 말았다.

관광경제에 따른 해안 지대의 무분별한 개발도 문제였다. 개발로 인해 연간 60~100킬로미터 정도의 습지가 소멸되고 있었다. 운하 건설은 습지를 파괴했을 뿐만 아니라 운하가 폭풍 해일의 통로 역할을 함으로써 재난에 더욱 취약하게 만들었다. 더욱이 지방정부가 추진하던 도심 재생 사업으로 인해 원래 고지대에 거주하던 저소득층도 계속해서 저지대로 밀려나면서 흑인과 빈곤층의 재난 피해가 가중되었다.

복원되지 못한 삶: 재난 이후의 재난

취약한 공공정책과 사회적 복원력

위험의 불평등은 재난 복원력에도 영향을 준다. 사회경제적 불평등 조건에서 취약 계층은 위험에 가장 많이 노출될 뿐만 아니라, 회복도 다른 계층에 비해 느리거나 뒤처질 가능성이 크다(Barnshaw and Trainor, 2007). 카트리나 피해를 입은 흑인과 빈곤층은 피해 정도가 더 컸던 만큼 이후 복구와 재건 과정에서도 회복이 장기간 지연되었다. 특히 주거, 복지, 교육 등 공공정책이 위험의 불평등 구조를 완화시키지 못하면서 이들의 삶은 제대로 복원되지 못했다. 부시 정부는 카트리나 복구에 1,205억 달러를 투입했지만, 뉴올리언스는 좀처럼 예전 모습을 되찾지 못했다. 부시 정부의 재건 계획은 주로 기업 조세 감면, 대출 지원 등 기업경쟁력 강화와 최저임금제, 환경 등의 규제 폐지에 초점을 맞추었다. 공공정책의 방향은 재난 피해자를 지원하고 지역주민의 생활을 회복시키는 데 미흡했으며, 기존의 사회경제적 불평등 개선을 위한 적극적 조치는 취해지지 않았다.

먼저 주거지원 정책을 살펴보면, 자가 소유자에게 더 많은 자금이 지원된 반면에 다수 세입자에게는 불리한 정책이 펼쳐졌다. 연방정부는 지역사회 개발보조금 104억 달러를 주정부에 지원했다. 이에 대해 루이지애나 주는 '로드 홈Road Home' 계획을 통해 자가 소유자에게 80억 달러를 지원한 반면, 임대주택 재개발 프로그램에는 15억 달러만을 지원했다 (Logan, 2009: 466). 공공주택 재건축 정책이 추진되는 과정에서, 빈곤층 단지인 공공주택을 철거해 소득혼합 단지로 대체 개발하면서 흑인과 빈곤층이 오히려 쫓겨나는 사태가 발생하기도 했다. 카트리나 이후 임대료가 30~40% 상승하고, 임대주택 공실률도 거의 제로에 가까워 세입자 주민들의 복귀가 어려워지기도 했다. 자가 소유를 촉진하는 정책적 지원이 세입자에게는 오히려 불리하게 작용했던 것이다.

이재민 임시 주거시설인 'FEMA 트레일러'에서도 흑인과 백인 사이 재난 피해의 불균등성을 볼 수 있다. 임시 시설에 거주하는 가구는 2006년 11만 4,000가구에 달했다. 그러나 임시 시설 지역은 흑인과 빈곤층이 거주하는 곳이라는 이미지가 형성되었고, 이에 따라 범죄 발생과 생활환경 악화에 대한 우려가 팽배해지면서 입지 선정 과정에서 지역주민과의 갈등이 빈발했다. 백인과 고소득층 거주지의 경우 주민 반대와 지역 정치인의 로비로 입지 선정이 좌절되었고, 대부분은 흑인 거주지 주변에 밀집되었다. 그 결과 주거환경 개선도 제대로 이루어지지 못했다.

둘째, 교육정책은 공공적 접근 방식이 약화되면서 흑인과 빈곤층에게 새로운 기회를 열어주기보다는, 기존의 사회경제적 불평등을 강화하는

그림 5-3 카트리나 이후 공립학교의 지역적 분포

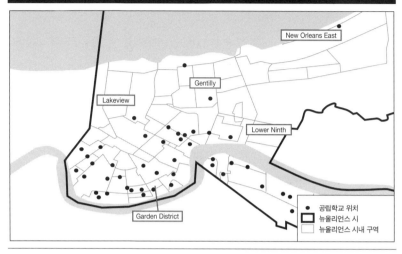

New Orleans East

Gentilly

Lakeview

Lower Ninth

Garden District

● 공립학교 위치
☐ 뉴올리언스 시
  뉴올리언스 시내 구역

자료: Logan(2009: 465).

결과를 낳았다. 공립학교 128개 중 카트리나 이후 54개만이 다시 문을 열었지만 대부분 백인 상류층이 거주하는 고지대에 몰려 있었다. **그림 5-3**은 이러한 교육의 지역적 불균형 상황을 여실히 보여준다.

학교 복구를 위한 연방정부의 자금 지원도 대부분이 차터스쿨Charter School(자율형 공립학교) 전환 촉진에 사용되었다. 카트리나 이후 차터스쿨 신설이 크게 증가한 반면에 공립학교의 경우 교육 예산을 삭감하는 조치를 취해 공교육의 질이 더 악화되었다. 이에 대해 '공교육 민영화'의 새로운 형태라는 비판이 제기되었다(Perez and Cannella, 2011). 교육의 다양성을 명분으로 공교육 기반을 잠식함으로써 계층 간 교육 불평등을 확대하는 결과를 가져온다는 것이다. 교육은 계층 이동의 사다리로 작용해 계층 간 불평등을 완화하는 기제로 활용될 수 있지만, 반대로 계층 간 격차를 오히려 심화시키는 연결 고리로 작용할 수도 있다는 점에서, 공교육 기반의 침식은 재난 복원에 부정적 영향을 미쳤다고 볼 수 있다.

셋째, 교통, 전기, 병원, 학교, 보육 시설 등 공공 서비스의 복구가 지체되고 좋은 일자리가 제공되지 못하면서 지역주민의 생활이 제 궤도를 찾는 데 오랜 시간이 걸렸다. 재난으로 인한 지방정부의 세수 기반 붕괴 및 주민의 재산과 소득 손실 등으로 인해 공공 서비스 복구 역량이 축소되었고, 게다가 공공 사회기반 시설에 대한 연방정부의 지원도 빨리 이루어지지 못하면서 공공 서비스 복구율은 매우 미미했다.

재난 1년 후 2006년 지표를 보면, 재난 이후 버스와 전차 노선은 절반 정도만 정상 운영되었다. 이용자 수는 3분의 1 이상 감소했다. 지방교통국RTA은 무료 수송과 보조 수송수단을 제공했지만, 대중교통 서비스는 크게 개선되지 않았다. 에너지 공급도 미비했다. 가스 서비스는 이전 이용자의 41%, 전기는 60%에게만 제공되었다. 주요 병원은 50%가 폐쇄되어 11개만 운영되었고, 보육 시설은 275개 중 23%만이 복구되었다 (Brookings Institution, 2006: 6~7). 재난 이후 지역사회의 복원은 단순히 경제 활성화가 아니라 '질적 성장'을 요구한다는 점에서, 고용은 주민들의 삶의 복귀를 돕는 데 중요한 비중을 차지한다. 하지만 카트리나 이후 일자리가 크게 감소했을 뿐만 아니라 대부분 저임금, 저숙련 일자리에 머물러 있어 고용 악화 현상이 두드러졌다.

무엇보다 재난복구 과정에서의 주거, 교육, 복지 등 공공 서비스 제공 방식은 미국의 공공정책이 위험의 불평등을 완화하기는커녕 오히려 흑인과 빈곤층에 대한 '배제적 정책'으로 작용하고 있음을 잘 보여준다. 미국의 복지정책은 보편적 복지가 아니라, 소득과 자산 기준에 따른 엄격한 자격 기준을 요구하는 잔여적 복지 체계를 특징으로 한다. 이러한 복지수급 기준은 재난 피해자에 대한 주거 및 복지 프로그램 지원 등에도 동일하게 적용되었다. FEMA는 재난 피해자를 '수급 자격자' 대 '부적격자'로 엄격히 구분하여 지원하는 방식을 취했다(Reid, 2011: 746). 이러한 지원 기준은 재난 피해자의 다양한 조건과 처지를 고려하지 않아 많은 사람들을 배제하는 결과를 낳게 된다.

FEMA의 임대보조금 지원 프로그램 사례를 보자. 재난 피해자에 대한 연방정부의 각종 지원 규정을 명시한 '스태퍼드법Stafford Act'은 "재난 이전 각 주소지에서 오직 한 사람만 임대보조금 지원을 받을 수 있다"라고 지원 기준을 규정하고 있다. 이것은 단일 핵가족 기준에 맞춰진 기준으로, 최근 미국의 가족구조 변화를 반영하지 못한 것이라는 평가를 받았다. 특히 흑인과 저소득층의 경우 한부모가정, 동거, 확대가족, 다세대 비율이 높아 많은 수가 수급 기준에서 배제되는 결과를 가져왔다. FEMA의 지원 프로그램은 백인 중산층 가정의 기준에 맞춰짐으로써 다른 인종과 계층의 다양한 처지를 고려하지 않은 '배제적 정책'의 성격을 띤다(Reid, 2011: 743).

이와 같이 '자격을 갖춘 피해자' 대 '자격 없는 복지사기꾼'처럼 지원 자격을 구별하는 기준의 적용은 '부정 수혜자', '복지의존병'과 같이 흑인과 빈곤층이 공적 지원을 남용하고 있다는 고정관념을 강화했다. 더구나 피해자 지원에 대한 이러한 배제적 정책은, 수급자격 기준에 못 미치지만 도움이 절실히 필요한 취약 계층의 어려움을 가중시켰다. 이는 재난 복구에서 인종과 계층의 불평등 문제가 지속되는 원인이 되는 공공정책의 성격을 잘 보여준 대표적인 사례였다.

카트리나 이후 뉴올리언스의 지역경제는 얼마간 회복되었지만, 취약 계층은 일자리, 주거 문제 등으로 인해 삶의 복원이 제대로 이루어지지 못했다. 뉴올리언스의 인구는 2000년 48만 5,000명이었던 것이 카트리나 1년 후 22만 3,000명으로 절반 이하로 줄어들었다. 최근 2012년에는 인구수가 36만 9,000명으로 증가했지만, 이것은 재난 이전의 76% 수준으로, 현재까지도 완전한 복원이 이루어지지 못했음을 알 수 있다(U.S. Census Bureau, 2000, 2006, 2012). 인종 구성의 변화를 보면, 흑인은 68%에서 60% 수준으로 비율이 감소한 반면, 백인은 29%에서 35% 수준으로 증가했다. 이것을 인종적 다양성의 증가, 나아가 '빈곤의 분산화'로 평가하는 견해도 있지만, 그보다는 거주비용 부담 증가, 일자리 부족 등의 이유로 인해 흑인 빈곤층이 뉴올리언스로 복귀하지 못한 데서 나타나는 현상으로 평가될 수 있다(Johnson, 2011).

재난 복구에서도 불평등은 여전했다. 백인과 중산층의 경우 생활, 집, 기업, 커뮤니티 등이 재건된 반면, 흑인과 빈곤층의 필요는 제대로 충족되지 못했다. 이에 따라 인구 회복에서도 지역적 불균등성이 나타났다. 뉴올리언스 내 지역에 따라 인구 회복률은 큰 차이를 보이는데, 대체로 흑인과 빈곤층 밀집 지역에서 회복률이 현저히 떨어진 것으로 나타났다. 2005년에서 2008년 사이의 인구 회복률을 보면 뉴올리언스 전체가 71.8%의 회복률을 보이는 가운데, 흑인 거주 지역 중 로워 나인스 워드가 11.2%에 불과했고, 세인트버나드 지구St. Bernard Area는 23%, 폰차트레인 파크는 38%에 그쳤다. 반면에 백인 거주 지역인 레이크쇼어/레이크비스타Lakeshore/Lakevista는 88.6%, 시티파크City Park는 91.9%로 인구 회복률이 높게 나타났다(Greater New Orleans Community Data Center, 2008년 자료). 예외적으로 몇몇 백인 거주 지역이 낮은 회복률을 보이는 경우도 있지만, 대체로 흑인 거주 지역에서 인구 회복이 더디게 나타나는 경향이 있음을 확인할 수 있다.

배제된 사람들: 빈곤과 인종 문제가 공론에서 사라진 이유

카트리나 재난에서 발견되는 문제는 단지 재난관리 시스템의 실패뿐만이 아니다. 더 큰 문제는 미국 사회가 공공성이 취약한 사회적 기반 위에 있다는 것이다. 뿌리 깊은 빈곤과 인종 문제는 재난의 발생과 대응이 결코 평등한 과정이 아님을 여실히 드러냈다. 그럼에도 빈곤과 인종 문제는 공적 의제로서 공론화되거나 문제 해결을 위한 노력으로 이어지지 못했다.

9·11 테러의 경우 계층과 인종에 관계없이 하나로 결속된 공동체라는 광범위한 사회적 연대 속에서 지속적 관심이 쏟아졌던 반면에, 카트리나의 경우 재난 발생 직후에 빈곤과 인종 문제에 대해 한때 떠들썩하기는 했으나 복구와 재건 과정의 핵심의제 설정에서 곧 사라졌다. 예를 들면, 부시 대통령의 어머니인 바버라 부시 Barbara P. Bush 는 한 라디오 인터뷰에서 "그들은 어차피 열악한 여건에서 살아가는 사람들이다. 미국 사회 전체가 특별히 호들갑 떨 일은 아니다"라고 말해 논란을 일으켰다.

이렇듯 빈곤과 인종 문제가 지속적으로 공론화되지 못하고 계속 '내재화'되는 이유는 무엇인가? 불평등 해소를 위한 새로운 공공정책이나 사회 시스템 개혁은 왜 제대로 추진되지 못하는가? 이 의문을 풀기 위해서는 인종과 빈곤 문제가 공론에서 사라진 이유를 검토해야 한다.

첫 번째로 인종 문제를 다루는 언론의 문제를 지적할 수 있다. 과장과 왜곡 보도는 카트리나 재난 지역을 흑인과 빈민의 '약탈장'으로 그려냈다. 한 예로 상점에서 식료품을 챙겨 이동하는 사람들의 모습에 대한 묘사를 보자. 백인에 대한 AFP의 사진 설명은 '발견finding'이었다. 반면 흑인에 대한 AP의 사진 설명은 '약탈looting'이었다(박성희·조유미, 2006: 63~64). 이러한 언론의 상징 조작은 흑인과 빈곤층에 대한 고정관념을 강화하면서 재난 피해자에 대한 사회적 공감대와 연대를 협소하게 만드는 원인이 되었다.

두 번째로 사회경제적 불평등이 '대의의 불평등'을 낳는다는 점을 들수 있다. 열악한 상황에 있는 흑인과 가난한 이들의 목소리는 공론장에서 좀처럼 들리지 않으며, 그들의 요구는 제대로 받아들여지지 않는다. 이에 따라 정부의 재난관리 정책도 목소리가 작은 흑인과 빈곤층보다는 중산층과 부자, 백인의 이해관계를 반영하는 방향으로 결정된다. 이렇게 볼 때, 다양한 이익집단들의 이해관계를 제도적으로 반영한다는 미국의 민주주의 제도가 실질적 내용에서는 사회적 배제를 용인한다는 점에서 한계가 있음을 알 수 있다.

세 번째는 '위험의 개인화' 현상이다. 이것은 인종과 빈곤 문제가 제대로 공론화되지 않는 중요한 이유를 설명해준다. 빈곤 문제는 인종과 개인의 문제로 가려지면서 공론화에 한계를 보인다. 빈곤은 '인종별로 격리'되면서 특정 집단의 문제로 치부되었고, 빈곤을 '개인의 실패'로 바라보는 인식 때문에 심각한 공적 문제로서 표출되지 못했다. 특히 공공적 접근의 약화는 위험의 개인화를 부추긴다. 자유주의와 개인주의 전통이 강한 미국 사회의 가치 지향은 위험 문제의 개인책임 전가를 정당화하는 기제가 됨으로써, 빈곤과 인종 문제가 구조적 문제로 다루어지지 못했다. 이에 따라 사회경제적 불평등을 해소하기 위한 공공정책도 적극적으로 추진되기 어려웠다. 말하자면 불평등 문제 측면에서 위험은 '내재화'되었고, 결국 미국 사회의 구조적 개혁은 이루어지지 못했다.

카트리나가 우리에게 가르쳐주는 것

카트리나는 '이중의 실패, 절반의 복원'이라는 양상을 나타냈다. 재난관리 시스템은 연방정부와 지방정부 사이의 조정과 시민사회와의 협력 체계가 제대로 작동하지 못하면서 재난 대응의 총체적 부실을 낳았다. 미국 사회의 불평등과 인종 문제는 취약 계층에 재난 피해가 집중되는 위험의 불평등 문제를 초래했다. 카트리나 이후 정부의 실패를 극복하고 재난관리 협력 거버넌스를 재구축하는 데는 성과를 거두었지만, 위험 불평등 문제는 여전히 해소되지 못했다. 그런 점에서 카트리나는 미국 사회의 공공성이 갖는 복합적 특성을 잘 보여준다. 재난관리 시스템의 재구축 과정은 미국 민주주의의 힘을 보여주지만, 사회경제적 불평등을 해소하기 위한 공공정책의 부재는 공공성이 매우 취약한 사회적 기반 위에 있음을 나타낸다.

미국의 정치체제가 투명하고 민주적인 공적 의사결정의 제도적 조건과 시민 참여 문화를 갖추고 있다는 점은 재난관리 시스템의 재구축을 가능케 한 기반이 된다. 카트리나 이후 의회를 중심으로 문제점과 대책을 논의하는 장기간에 걸친 진상 조사 활동과 공론화 과정은 미국 사회의 문제해결 능력을 보여주었다. 그러나 공공 부문의 역할 축소 및 시장 기반 공공 서비스에 초점을 맞춘 자유주의 복지 체제와 최근 신자유주의 정책의 확산은 재난관리에 대한 공공적 접근을 약화시킴으로써 재난의 구조적 발생 및 대처 방식에서 한계를 드러냈다. 특히 카트리나 이후 복구 과정에서 주거, 복지, 교육 등 공공정책은 위험 불평등 구조를 완화하지 못했다. 이것은 재난 위험의 사회적 취약성 문제가 계속 반복되게 하는 중요한 요인이 된다.

카트리나 사례를 통해서 본 미국의 재난 발생 및 재난 극복 사례는 우리에게 시사하는 바가 크다.

첫째, 유사한 재난이 계속 반복되는 것은 재난관리의 실패에서 배우는 것이 없기 때문이다. 세월호 이후 우리 정치사회의 후속 조치는 미국과 대조적이었다. 들끓는 여론을 일시적으로 비껴가기 위해 희생양을 찾거나 보상 위주의 특별법 제정을 남발하고, 문제가 있는 기존 조직을 폐지하고 새 조직을 만들거나 기존의 실패한 체계를 확대 개편하는 것으로는 문제를 해결하지 못한다. 그것은 과거 재난의 경우처럼 허울뿐인 '재난종합대책' 마련에 그칠 공산이 크다. 이렇게 해서는 재난에 대한 학습이 제대로 이루어진다고 보기 어렵다.

원인을 철저하게 규명하고 체계적으로 대책을 마련하기 위해서는 단기적 이해관계에 얽매이지 않을 수 있는 독립적 조사기구를 구성해 장기간에 걸친 조사 활동을 추진해야 한다. 공공과 민간 차원의 다양한 백서 발간 활동 등을 지속적으로 이어나가면서 대안을 다각적으로 모색하는 작업도 중요하다. 이와 같이 사회 구성원들의 참여와 협의에 기반을 둔 투명하고 민주적인 의사결정 과정이 이루어질 때 실질적 문제가 드러나고 제도 및 시스템 차원의 근본적 해결 방안을 도출할 수 있을 것이다.

둘째, 세월호에서 '정부는 없었다'는 말이 회자된 것처럼 정부 대응은 총체적 부실로 얼룩졌다. 중앙집중화된 재난관리 시스템에서 나타나는 문제가 고스란히 드러났다. 명령과 통제에 길들여진 관료제적 의사결정은 재난 현장에서 신속하고 유연한 결정을 하는 데 장애로 작용했다. 더욱이 최고의사결정기구에 권한이 집중되면서 하위 조직의 자율성 약화와 책임 미루기가 버젓이 나타났다. 모두 위만 쳐다보며 아무 결정도, 책임도 지지 않는 현상이 팽배했다. 그렇다고 미국과 같은 분권적 시스템이 무조건적으로 잘 작동하는 것은 아니다. 오히려 카트리나에서 나타난 것처럼, 각 구성원 간 신뢰와 협력이 없는 거버넌스란 혼란과 갈등을 야기하는 기제로 작용할 우려가 크다. 우리의 경우 중앙집권적 행정 체계와 비교적 짧은 지방자치 역사 등으로 인해 공공과 민간의 자원이 충분치 않고 지역사회의 재난대응 역량도 부족한 상황이기 때문에, 형식적인 거버넌스 체계에 그칠 가능성이 크다. 따라서 재난관리의 협력 거버넌스를 제대로 갖추기 위해서는 우선 현재 지자체의 분산된 재난관리 조직을 통합하는 한편 지역 간 협력 네트워크를 확대하고, 그 기반 위에서 중앙과 지방 정부의 재난관리 조직이 서로 연계성을 갖는 상시적 네트워크를 구축할 필요가 있다. 그런 점에서 정부의 역할은 일방적으로 축소할 것이 아니라 정부 기관, 지자체, 기업, NGO, 시민 등이 지닌 자원을 이끌어내 연계하는 조정 역량을 강화하는 쪽으로 재구성할 때 효과적인 재난관리도 가능할 것이다.

셋째, 재난과 위험에 대처하는 공동체의 능력이 재난관리에서 핵심 요소라는 점에서 시민들 간의 협력적 관계를 증진시킬 수 있는 제도적 환경을 구축하는 것이 중요하다. 우리의 경우 재난이 발생했을 때 국민적 기부와 자원봉사 활동 등 자발적 참여의 에너지는 매우 크지만, 이것을 연결하고 조직화할 수 있는 네트워크는 부재한 실정이다. 관심과 열기가 급속하게 뜨거워졌다가 급속하게 식어버리는 반복적 패턴을 보여왔다는 점에서 개별적·분산적 참여를 조직화하고 이를 제도적 과정으로 연계하는 시민 참여 플랫폼 조직이 필요하다.

넷째, 카트리나 사례는 사회경제적 불평등이 심각한 사회에서 위험 불평등 문제가 해소되지 않고서는 유사한 재난 유형과 피해가 반복될 수 있을 뿐만 아니라, 삶의 질 향상도 요원하다는 사실을 잘 보여준다. 최근 우리 사회 전반에서 나타나는 공공적 접근의 약화는 재난에 대비한 사회적 투자에 소홀하도록 만들고, 위험 비용을 감당하기 어려운 개인과 집단에게 책임을 떠넘기는 것으로 작용한다. 세월호는 안전보다 비용 절감이 우선하는 가치를 가진 사회의 비극을 보여주었다. 세월호 이후 우리 사회는 공공 문제에 대해 사회적 책임이라는 차원에서 함께 논의하고 공동으로 문제를 풀어가는 구조가 아닌, 개인 책임 문제로 전가하는 모습을 나타냈다. 이러한 불평등과 분열의 구조는 정치사회적으로 열악한 사회적 약자의 목소리가 배제됨으로써 공론화를 통한 문제 해결이 어떻게 지체되고 왜곡될 수 있는지를 여실히 보여주고 있다. 단지 '교통사고'라고 치부해버리는 일부의 인식과 희생자와 유가족에 대한 폄하와 공격의 모습은 사회적 연대 기반이 한쪽에서 허물어지고 있음을 적나라하게 드러낸다.

세월호 참사는 공공성 문제를 축으로 우리 사회의 총체적 문제를 드러냈다. 바로 이 지점에서 우리는 '세월호 패러다임의 전환'을 요구받고 있다. 산업화와 민주화 이후 우리 사회의 경제 성장과 민주주의 수준이 크게 향상되었음에도, 성장과 물질주의 가치관을 대체할 새로운 가치 지향이나 새로운 시민성의 출현은 아직 본격화되지 못했다. 사회경제적 양극화로 인한 사회적 불안이 전 세대와 계층에 팽배함에 따라 모두가 치열한 생존경쟁의 한복판에 서 있는 상황이다. 사회적 협력과 연대성이 매우 취약한 기반 위에 놓이게 된 것이다. 공공성과 삶의 가치 대신 사적 이익 추구와 욕망의 논리가 지배하는 사회는 안전, 건강, 교육 등 삶의 질 문제를 소홀히 할 가능성이 크다. 이런 점에서 '가치의 전환'이 중요하다. 이와 함께 안전과 같은 사회적 가치를 실질적으로 뒷받침할 수 있도록 현재의 자원배분 구조를 전면적으로 개편하는 것이 필요하다. 재난관리 영역은 항상 후순위로 미뤄질 가능성이 크다는 점에서, 정부 및 지자체의 정책 결정과 예산 편성에서 새로운 가치와 자원 배분의 원리에 따라 우선순위를 새롭게 결정해야 한다.

카트리나 사례는 우리에게 이중의 과제를 던져준다. 그 방향은 크게 협력적 거버넌스 구축과 재난에 강한 사회 시스템을 만들기 위한 구체적 대안 모색이라고 할 수 있다. 재난관리는 단순히 정부 수준에서의 조직 역량 증대나 시스템 개선에만 한정되지 않는다. 재난에 대한 사회적 복원력을 높이는 방안이 함께 마련되어야 한다. 삶의 기회를 고루 제공하고 사회 통합을 공고히 하는 사회적 조건과 역량을 갖춘 사회가 재난관리에도 성공적일 수 있다는 점에서, 우리 사회의 공익성과 형평성을 제고하기 위한 정책적 노력이 매우 중요하다. 따라서 정부와 시민사회를 포함한 협력 거버넌스의 역량을 확대하는 한편, 공공정책을 더욱 강화함으로써 재난의 사회적 취약성 문제를 해소하고, 이를 통해 재난 경감과 지속가능한 발전 전략을 연계하는 방안을 적극 모색해야 할 것이다.

세 월 호 가

우 리 에 게

묻　　　다

6장

독일의
탈핵 결정

사회적 합의가 먼저였다

미래 위험을 미리 대비하는 독일

태풍, 홍수, 지진 등의 자연재해뿐만 아니라 인간의 기술 발달의 결과인 인공물로 인한 기술위험에 이르기까지, 오늘날의 위험은 도처에 만연해 있고 언제라도 일상화될 수 있는 특징을 갖고 있다. 일상에서 누구에게 나 일어날 수 있는 현대사회의 이러한 위험은 사고사회 또는 위험사회에 관한 논의들로 나타났다. 위험은 그 원인에 따라 크게 자연적 위험, 기술 적 위험, 사회적 위험 등 세 가지로 구분할 수 있다(Jones, 1993).

원자력발전 사고는 대표적인 기술적 위험이라 할 수 있다. 원전 사고 는 첨단 복합 시스템에 의해 작동됨에도 사고 가능성이 이미 내재해 있 는 '정상 사고normal accident'이며, 사고 원인이 개인적 실수나 잘못이 아니 라 시스템이나 조직의 문제, 기술적 특성에 있다는 점에서 '시스템 사고 system accident'라 할 수 있다. 아울러 원전 사고는 그 피해가 무차별적으 로 노출되고 사회적 피해 정도가 최고 수준인 심각한 고위험 재난이다.

이렇듯 원전 사고는 통제할 수 없는 위험이며, 현대사회가 위험사회로 진입했다는 것을 보여주는 가장 대표적인 사례다. 원전 사고는 객관적 실재로서의 위험이다. 그러나 원전의 위험을 위험으로 인식하는 정도는 사회마다 다르다. 사회적 맥락에 따라 위험에 대한 정의와 인식, 대처 방안이 달라진다는 점은 위험이 사회적으로 구성되는 것이라는 사실을 나타낸다. 실제로 2011년 3월, 후쿠시마 원전 사고 발생 후에 원자력 기술을 사용하는 주요국들의 반응은 상반되게 나타났다. 미국, 영국, 프랑스 등은 원전에 대한 안전 평가를 통해서 원전 위험을 줄일 수 있다는 전제를 확인하고 앞으로도 원전지원 정책을 유지하겠다는 기조를 보였다. 한국도 여기에 포함된다. 반면 독일과 스위스, 이탈리아 등에서는 원자력발전의 위험에 대한 여론이 사회적으로 증폭되었고, 그 대응으로 원전지원 정책이 중단되었다. 독일은 2011년 원자력에너지 비중이 28%로 한국(31.1%)과 상황이 비슷했는데, 전면적인 탈핵을 결정했다(원자력국제협력서비스ICON, 한국원자력산업회의).

지금까지 고도의 과학기술 성과인 원자력발전 기술에서 안전 문제는 순전히 기술적 문제로 간주되었고, 따라서 전문가의 영역이었다. 그런데 스리마일 아일랜드 원전 사고와 체르노빌 사고, 그리고 최근 후쿠시마 사고에 이르기까지 잇따라 터진 대형 원전 사고는 전문가 위주의 위험관리 방식에 근본적으로 문제가 있다는 것을 보여주었다. 기술 중심의 위험관리 전문성에 한계가 드러나면서 이에 대처할 대안적 위험 거버넌스 체제가 요구되었다. 특히 독일은 원전 기술이 매우 발달한 일본에서 원전 사고가 발생했다는 점에 주목하여 원전 사고 위험은 근본적인 예방이 불가능하다는 결론을 도출했다. 탈핵 결정을 단행한 메르켈 정부의 '안전한 에너지 공급을 위한 윤리위원회Ethikkommission'의 보고에 따르면, 독

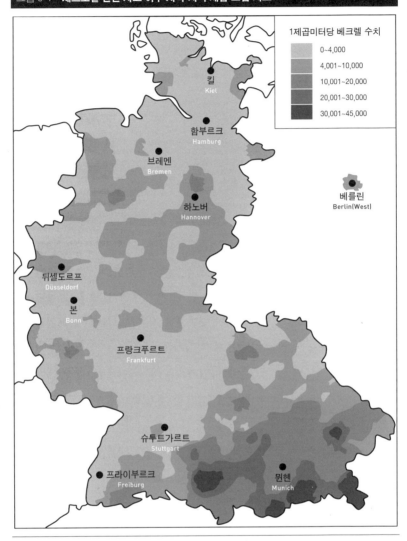

그림 6-1 체르노빌 원전 사고 이후 서독 지역 세슘 오염 지도

1제곱미터당 베크렐 수치

	0~4,000
	4,001~10,000
	10,001~20,000
	20,001~30,000
	30,001~45,000

킬
Kiel

함부르크
Hamburg

브레멘
Bremen

하노버
Hannover

베를린
Berlin(West)

뒤셀도르프
Düsseldorf

본
Bonn

프랑크푸르트
Frankfurt

슈투트가르트
Stuttgart

프라이부르크
Freiburg

뮌헨
Munich

자료: Joppke(1990: 178~191).

일 정부는 원전 위험에 대해 '무조건적 거부categorical rejection' 입장을 주
장하고 있다. 위험 평가에서 무조건적 거부라는 것은 위험에 대한 기존

의 기술적 정의가 원전 기술 평가에는 적합하지 않다는 것을 의미한다. 원전 사고는 그 피해가 워낙 심각하기 때문에 '비용-편익'이라는 기존 평가 가능성의 한계를 넘어 '윤리적 책임의 관점하에서' 무조건적 거부 판단이 내려져야 한다는 것이다 (강윤재, 2013).

독일에서는 두 차례 원전 사고를 겪으면서 원자력발전의 위험에 대한 사회적 논의가 급격하게 일어났다. 1986년 체르노빌 원전 사고로 독일 남부 지역에 직접적인 낙진 피해가 있었다(**그림 6-1** 참조). 이 때문에 독일 국민의 70% 이상이 원자력발전소 추가 건설을 반대하고 나섰다. 체르노빌 원전 사고 전까지는 반핵운동 활동 규모가 점차 축소되는 추세였고, 주로 플루토늄 위험이나 핵연료 사이클 기술의 문제가 반핵 이슈의 대부분을 차지했었다면, 체르노빌 사고 이후에는 원자력발전소 자체가 논란의 중심을 차지했다(Joppke, 1990).

후쿠시마 원전 사고 이후 독일 사회의 반응은 일본 ≪아사히신문朝日新聞≫ 조사 결과를 참고해 엿볼 수 있다(**그림 6-2** 참조). ≪아사히신문≫은 후쿠시마 사고 이후 일본, 미국, 프랑스, 러시아, 한국, 독일, 중국 등 7개국을 대상으로 원전에 대한 설문조사를 실시했는데, 이들 국가 중 독일이 원전에 대해 가장 많이 반대(52%)하는 것으로 나타났다(왼쪽 그래프). 오른쪽 그래프는 원전 위험에 대한 인식과 원자력에너지 이용에 대한 각국 국민의 인식을 나타낸 것이다. 그래프의 가로축은 원전 이용에 대한 찬반 의견을 나타낸다. 세로축은 자국에서 대형 원전 사고가 발생할 가능성에 대해 우려하는 정도를 백분율로 나타낸 것이다. 원의 크기는 원전 폐지에 찬성하는 정도, 즉 앞으로의 원전 운영에 대해 축소나 중단을 지지하는 정도를 나타낸 것이다. 이 두 그래프에 따르면, 독일 국민들은 자국에서 원전 사고가 일어날 가능성은 그다지 높다고 생각하지 않

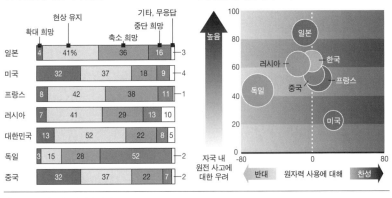

그림 6-2 세계 주요 원전 국가 7개국의 여론조사 결과

자료: Asahi Shinbun(2011.6.9).

으나, 원자력에너지 이용에 반대하는 비율은 가장 높으며, 원전 폐지 의
견도 강한 것으로 나타난다.

　이처럼 독일은 두 차례 대형 원전 사고 이후 전면 탈핵을 결정할 정도
로 사회적으로 원전에 대한 위험 인식이 크고 중요하게 작용했다. 사고
의 가능성이 배태되어 있는 원자력발전을 기초로 한 사회는 기본적으로
위험사회이며, 독일도 예외는 아니다. 그렇지만 독일에서 원전 위험은 아
직 도래하지 않은 미래 위험이다. 미래 위험인 원전을 주요 위험으로 간
주하면서 적극적으로 관리·대응해나간 것이다. 그리고 이런 움직임이
독일의 정치와 경제, 나아가 시민사회 변화에 큰 영향을 끼쳤다는 점을
주목할 필요가 있다.

　현대사회의 위험은 점차 불특정 다수에게 일어나며, 피해가 포괄적으
로 발생하여 사회 구성원의 안전을 위협하고, 누구든 이러한 위험으로부
터 자유로울 수 없다. 이런 점에서 위험은 대표적인 사회 공공 일반의 문

제다. 따라서 불특정 다수의 사회 구성원을 위협하는 문제, 즉 위험을 해결하는 것은 공공성의 영역이다.

독일의 사례를 보면, 미래의 위험을 공동체 구성원 전체의 문제로 보는 데서 나아가 다음 세대의 문제로 인식하는 모습을 보게 된다. 또한 위험의 내용을 구성원들이 투명하게 공유하고, 공동의 복리와 이익을 위한 공익의 차원에서 해결하는 과정을 보여준다. 물론 합의를 향해 가는 과정에서 구성원들의 이해가 대립하고 갈등하지만, 이 과정을 거쳐 의견을 모아 대응하는 성숙한 모습을 볼 수 있다. 원전 위험을 둘러싼 독일 사회의 위험 거버넌스 변화와 그로부터 이끌어낸 성과는 향후 한국 사회의 위험 거버넌스 구축 과정과 방향 설정에도 중요한 참고가 될 것이다.

원전 폐쇄, 40년의 여정

시민운동의 정치세력화

'2022년에 원전을 폐쇄한다'는 결정에 이르기까지, 독일은 약 40년 동안 원자력 위협에 다양한 방식으로 대응해왔다. 1960~1970년대에 서유럽을 중심으로 반핵 운동이 일어났다. 독일도 예외는 아니어서, 이때부터 독일에서도 원전의 위험을 알리는 시민운동이 생겨났다. 독일의 원전 산업이 독일 정부의 강력한 보호와 지원 아래 크게 발전하고 있을 때였다. 초기의 반원전 운동은 1970년대 중반 오버라인 Oberrhein 지역이 발전소 부지로 선정된 것을 반대하는 데서 시작되었다. 처음 시위를 이끈 사람들은 프라이부르크 대학 학자들의 지원을 받은 중산층 지식인들이었으나, 점차 양조장 주인과 농민 등 지역주민들도 반대 운동에 동참하여 6

만 5,000여 명이 부지 철회 서명을 하기에 이르렀다. 결국 원전 계약자인 바덴 전력회사는 부지를 이전하기로 결정했다. 1975년 2월에는 반핵 시민운동가들이 카이저스툴Kaiserstuhl 의 빌Wyhl 원자력발전소 건설 현장을 점거하는 사건이 발생했다. 이 사건을 계기로 독일 사회에서 원자력 안전성에 대한 인식은 지역의 문제에서 사회 전체의 문제로 확대되었으며, 핵폐기물을 둘러싼 갈등도 사회 문제로 부상하게 되었다(박진희, 2012; 전진성, 2012).

한편 시민운동 내부에서는 원전 건설에 대한 무조건적인 반대를 넘어 원자력에너지에 대한 대안을 형성해보자는 새로운 움직임이 나타났다. 이런 움직임은 1977년 11월에 만들어진 생태연구소Oeko-Institute가 중심이 되어 주도하고 있었다. 다양한 분야의 전문가들이 모여 원자력에너지에 의존하지 않는 새로운 대안에너지로서 재생가능 에너지의 가능성에 대한 연구를 진행했다. 이러한 일련의 움직임은 환경 운동, 반핵 운동에 대한 일반인의 공감을 얻으면서 시민의식의 고양으로 이어졌다.

시민사회운동 세력 내부에서는, 전국적 규모의 반원전 운동에도 불구하고 원전정책에 대한 영향력이 약하다는 문제 제기가 나오면서 제도적인 변화를 줄 수 있는 방법을 찾게 되었다. 시민운동 세력은 1980년대에 들어서면서 의회 진출을 위한 정당 결성을 시도하여 '녹색 대안 리스트'라는 선거 연대를 결성했다. 이것은 1983년 녹색당 결성의 토대를 마련했고, 1980년대 중반 반원전 운동의 정치세력화(녹색당)로 결실을 맺었다. 제도적인 변화를 줄 수 있는 방안을 탐색한 결과, 의회 진출을 위한 정당 결성을 이룬 것이다.

이견을 모아 하나로: 갈등과 합의

독일 사회 전반의 반핵과 안전, 환경에 대한 관심은 녹색당의 정치세력화를 만들어내는 데 이르렀지만, 원전 산업은 여전히 발달하고 있었다. 그러던 가운데 1986년에 구소련의 체르노빌에서 원전 사고가 발생했다. 그 충격은 컸다. 녹색당은 즉각적인 원전 폐쇄를 주장했고, 사민당도 10년의 유예 기간을 둔 원전 폐쇄 방침을 발표했다. 이때 앙케테위원회 Enquete-Kommission와 같은 연방의회 중심의 초당적 논의 구조가 생겨나면서 원자력 및 에너지 정책의 수립 과정에서 정부의 정책에 큰 영향을 끼쳤다(임성진, 2012). 이후 독일에서는 원전 폐쇄를 둘러싸고 정부, 정당, 원전 사업자, 시민운동 세력 등 다양한 행위자 간의 갈등과 합의 과정이 있었다.

1992년에는 원자력발전소의 계속적인 가동 및 원전 기술 개발 지원을 유지하고 동의를 얻으려는 원전 사업자들과 원전 개발에 반대하는 사회세력 간의 이견을 모으기 위해 '정치권과의 회의 Konsensgespraeche'가 개최되었다. 이러한 대화의 움직임은 사회 각 영역의 구성원들까지 함께 참여하여 원전 및 새로운 에너지에 대해 고민하는 1993년의 '에너지합의 대화 Energiekonsens'로 이어졌다. 에너지합의 대화에는 정부관계자, 정치인, 전문가 그룹, 시민단체 및 기업들까지 참여하여 독일의 원자력에너지 정책 및 미래 에너지에 대한 합의를 시도했다.

1998년 가을, 독일 연방의회의 선거를 통해 사민당-녹색당 연합인 이른바 '적녹 연정'이 들어서면서 독일 정부는 1차 탈핵을 결정했다.* 탈

---

* 사민당이 연정을 통해 원전 폐쇄에 합의한 배경에, 사민당의 전통적 지지 기반이 석탄 지역이고 사민당 집권 지역에 핵폐기물 처분장이 집중되어 있다는 점이 존재한다는 지적도 있다(한재각 외, 2012).

핵 결정에까지 이르기는 했지만 연정 내부에는 이견이 존재했다. '원자력법' 개정 및 새로운 에너지정책을 수립하는 등의 입법 작업을 통해 탈핵 결정을 실행하는 과정에서, 녹색당은 원자력발전 업체와 합의 없이 원전을 폐쇄하자고 주장했다. 반면 사민당은 발전 업체와 발전소 정규 수명에 대해 합의를 해야 한다고 주장하여 의견이 나뉘었던 것이다. 4대 에너지기업인 RWE, EnBW, VEBA, VIAG(이후 E.ON)와 연방정부 간에도 원전의 정규 운영 기간을 놓고 의견이 엇갈렸다.

이러한 의견 대립에도 2000년 6월 14일 사민당-녹색당 연립정부와 독일 원전의 80%를 담당하는 4대 에너지기업 간에 원전 폐쇄에 관한 합의가 이루어졌다. 이 과정에서 에너지기업들은 정부의 일방적인 원전 폐쇄 방침에 대해 사유재산권을 침해하는 위헌적 결정이라고 항의하는 등 강하게 반발했다. 그러나 그해 7월 설치된 총리실 산하 검토위원회는, 관계 부처와 함께 에너지기업 측의 주장을 법리적으로 검토한 결과 원전 폐쇄 결정은 독일 국내법뿐 아니라 유럽연합 법에도 어긋나지 않는다고 결론을 내렸다. 이러한 판단은 원전 폐쇄에 대한 사-정 합의의 법적 근거를 사유 재산의 제한에서 찾지 않고 공공의 복지 증진이라는 사회적 지향에 기초한 것이다 (한재각 외, 2012).

이때까지 독일의 원전 폐쇄는 '32년 이후'라는 유예 기간이 있었다. 특히 사업자의 반발은 발전소의 정규 수명에 대한 이견에서 비롯되었는데, 합의를 통해서 일단 32년으로 결정되었다. 여기서 32년은 원전 사업자들이 애초에 주장한 40년보다는 짧지만 사업 추가(수명 연장)가 되지 않는 한 이익의 한계와 대략 맞는 기간으로 수용되어 합의에 이르렀다.

흔들렸던 탈핵 결정을 바로잡다

2000년대 중반으로 가면서 독일은 경제의 침체와 높은 실업률로 위기를 겪게 되었다. 2003년부터 적녹 연정에 대한 지지도 하락하여, 전통적으로 야당세가 강한 지역인 베스트팔렌Westfalen의 주 선거에서 보수당인 기민-자유 연합이 승리하기도 했다. 그러다가 2009년에는 기민련의 보수 정부가 들어서면서 이전의 탈핵 결정이 유보되는 변화를 겪게 되는데, 결국 2010년 '원자력법'이 개정되면서 이전의 원전 폐쇄 결정이 흔들리게 되었다. 운전 중이던 17기의 원전에서 생산 가능 전력량을 추가로 허용했고, 원자력발전소의 가동 기간은 2021년에서 2038년까지 연장되었다. 물론 2010년 가을 연방정부가 원전 수명 연장을 계획하자 베를린의 총리 관저 앞에 수만 명의 사람들이 모여 정부의 원자력정책을 반대하는 집회가 열리기도 했다.

보수 정부의 원전정책에 타격을 가한 결정적 사건은 2011년 봄에 발생한 일본 후쿠시마 원전 사고였다. 이후 독일에서는 원전의 위험에 대한 사회적 논의가 다시 뜨겁게 일어났다. 후쿠시마 원전 사고 직후 수만 명이 거리로 나와 원전의 수명 연장에 반대했으며, 베를린, 함부르크, 뮌헨, 쾰른 등 4개 대도시에서는 25만 명의 시민이 참여하는 대규모 집회가 열렸다. 특히 전통적으로 기민당 세가 강한 지역인 바덴-뷔르템베르크Baden-Württemberg 주에서 녹색당이 과거보다 두 배나 많은 24.2%의 득표율을 획득하여 최초의 녹색당 출신 주지사가 탄생하기에 이르자 보수 정권은 시민들의 요구에 민감하게 반응하게 된다.

메르켈 정부는 '원자력법' 개정을 통해 원전 수명을 연장하기로 했던 결정을 곧바로 철회하고, 1980년 이전에 건설된 7기의 원전에 대해 3개월간 일시적인 운전 중지를 선언했다. 원자력안전위원회Reaktor-Sicherheits-

그림 6-3 후쿠시마 원전 사고 이후 독일의 대규모 원전 반대 시위

자료: http://cryptome.org/info/nuclear-protest/nuclear-protest.htm

kommission를 통해 독일 내 모든 원전에 대해 철저한 안전 점검을 실시한 후 보고서를 제출하도록 조치했으며, '안전한 에너지 공급을 위한 윤리위원회Ethikkommission'•를 구성해 원자력의 위험성을 재평가하게 했다. 그 결과 윤리위원회는 10년 이내에 원자력발전을 중단해도 전력 공급에 아무런 문제가 없으므로 늦어도 2022년까지 원전을 폐쇄할 것을 권고하는 보고서를 총리에게 제출했다. 2011년 5월 30일에 독일 내각은 이 제안을 받아들여 정지 중이던 8기의 원전을 영구히 폐쇄하고, 2022년까지 모든 원전의 가동을 완전히 중단하기로 결정했다. 메르켈 정부는 윤리위

• 독일의 연방정부 총리 메르켈의 요청에 따라서 기민당 출신 전 환경부장관 퇴퍼(K. Töpfer)와 독일연구재단(DFG)의 이사장 클레이너(M. Kleiner)를 의장으로 하여 결과보고서 「독일의 에너지 전환: 미래를 위한 집합적 프로젝트(Deutschlands Energiewende—Ein Gemein-schafetswerk fur die Zukunft)」를 발표했다(강윤재, 2013).

원회의 조사와 합의, 원자력위원회의 안전 점검 등 다양한 방법으로 탈핵 결정에 대한 정당성을 확보했다. 이러한 독일의 사회적 분위기를 통해 사업자들의 반발에도 불구하고 전격적인 결정이 이루어지게 된 것이다. 결정적으로 원전에 대한 다양한 의견을 가진 전문가들로 구성된 윤리위원회의 객관적이고 철저한 조사와 민주적이고 투명한 합의 절차에 따른 원전의 위험성 평가가 탈핵 결정에 주요한 역할을 했다.

원전 폐쇄 결정은 2011년 6월 말 연방의회에서 연방 연립정부를 구성하는 기민/기사/자민당뿐만 아니라 야당인 사민당과 녹색당이 동의함으로써 의회 내 다수의 합의에 기초해 정치적 정당성을 획득했다. 앞서 32년 유예 기간 이후 원전을 폐쇄한다는 결정이 사업자의 이익과 공공의 이익을 절충한 것이었다면, 원전 폐쇄 유예 기간의 전격적인 축소 결정은 개인의 이익보다 사회의 안전과 복지 증진이라는 공공의 이익이 우선적으로 선택된 결과라고 평가할 수 있다.

독일의 탈핵을 이끈 원동력

위험에 대한 투명하고 민주적인 대응

탈핵 결정을 이끌어낸 독일의 위험 거버넌스가 작동하는 원리는 무엇이었을까? 위험과 재난이라고 하는 공동의 문제에 대한 대응 방식은 그 사회의 공공성 수준과 맞닿아 있다. 2014년 서울대학교 사회발전연구소는 사회적 위험에의 대응과 공공성의 수준을 연결하는 작업을 시행, 그 연구 결과를 『이중위험사회의 재난과 공공성: 일본, 독일, 네덜란드, 미국 비교연구』로 정리해냈다. 먼저 이전 연구들을 토대로 공공성을 공익성,

표 6-1	공공성의 4개 영역 국제 비교(표준화 수치)				
구분	공익성	공정성	공민성	공개성	공공성 순위*
네덜란드	7.32	7.41	7.12	6.38	10
독일	6.88	6.51	7.76	6.92	11
미국	3.77	4.73	7.98	7.40	23
일본	5.33	5.56	5.63	5.36	29
한국	3.51	3.91	5.23	5.11	30

* OECD 30개국을 대상으로 한 공공성 분석 결과에 의한 국가 순위.
자료: 장덕진 외(2014).

공개성, 공민성, 공정성 등 4개 영역으로 정리하고 공공성 지표로 구성했다.• 공익성은 자원 투입 및 배분 등에서 공적·사적 주체가 공동의 이익에 기여하는 정도로 정의되며, 공정성은 자원의 가용성과 접근성에 대한 공평한 분배와 형평성 문제에 대한 것이다. 공민성은 무엇이 공동의 이익과 관련된 내용이며 어떻게 이것을 추구할 것인지를 두고 시민들이 민주적으로 참여하는가의 문제이고, 공개성은 정보 공개와 자유로운 소통 등 개방성과 투명성을 말한다.

거시 지표의 구성을 통한 공공성 평가 분석 결과를 보면, OECD 30개 국가를 비교했을 때 북유럽 국가들이 상위이고, 독일과 네덜란드는 공공성 수준이 중상위 수준이었다. 한국, 일본, 독일, 네덜란드, 미국의 5개 비교 국가들 중에서 독일은 공공성의 4개 영역 중 공민성과 공개성에서 두드러진 특징을 보였다. 독일은 보편적 복지 지향과 사회적 시장경제의 전통을 통해 공익성과 공정성의 영역에서는 비교 국가들 가운데 양호한

• 　공공성에 대한 이론적 논의와 분석은 이 책의 바탕이 된 『이중위험사회의 재난과 공공성: 일본, 독일, 네덜란드, 미국 비교연구』의 작업을 따른다. 좀 더 구체적인 공공성 개념과 측정 지표 설명 및 수치화는 구혜란(2015)에서 참고할 수 있다.

수준을 보였다. 특히 민주적 절차와 사회적 합의의 측면인 공민성과 개방성 및 투명성의 영역인 공개성에서는 비교 국가들 가운데 강점을 보였다. OECD 국가들 중 공민성은 6위, 공개성은 10위를 차지했다.

이러한 공공성의 강점 영역들은 독일 사회에서 미래적 위험인 원전 위험을 관리하고 대응하는 데 중요한 요인으로 작용했을 가능성이 크다. 민주적 절차와 시민 참여의 높은 공민성은 다양한 영역의 행위자들이 참여하여 사회적 위험 사안에 대해 의견을 나누고 합의를 이루는 활동들로 구현된다. 위험에 대한 정보를 투명하게 공개하고 소통하여 신뢰 가능한 합의에 이르는 과정에는 높은 공개성이 바탕이 되어주었다.

탈핵 전환 과정에서의 공민성은 기술시민성•으로 구체화할 수 있다. 자신의 삶에 중요한 영향을 미치는 기술 관련 정책 결정을 소수의 기술 관료와 전문가에게만 맡기지 않고 일반 시민이 직접적 이해 당사자로서 정책결정 과정에 참여하고 권리를 주장하는 기술시민성은 독일의 탈핵 결정 과정에서 나타난 매우 중요한 현상이다. 위험 과학기술의 적용과 관련해서 일반 시민에게 정보가 공유되고 일반 시민이 정책결정 과정에 참여하는 것은 해당 정책의 투명성과 정당성을 높이고 잘못된 과학기술 투자로 인한 환경 비용과 사회 갈등을 최소화할 수 있다는 점에서 중요하다.

그런데 기술시민성이 제대로 발휘되려면 과학기술에 대한 지식과 정보의 획득이 필요하다. 독일에서는 학교교육이 위험정보의 소통을 활성

• 　기술시민성은 과학기술 관련 정보 접근, 과학기술정책 결정에의 참여, 위험의 가능성이 있는 과학기술에의 비판 등과 관련된 권리이며, 일반 시민들이 이러한 권리를 가지고 전문가의 지식과 기술에 대하여 사회적 논의를 거쳐 제한할 수 있는 것이라 할 수 있다(윤순진·정연미, 2013).

화하는 역할을 담당한다. 독일의 학교교육에서는 원자력에너지 문제를 범교과목의 주제로 다루고 있으며 원자력발전에 대한 자세한 정보를 충실히 제공하고 있다. 원자력에너지 이용의 위험에 주목해 안전과 책임, 윤리를 주요한 가치로 삼아 교육이 이루어지고 있다. 특히 교육 내용을 통해 원자력발전을 둘러싼 정치적 결정 과정과 민주적 참여의 중요성이 강조된다. 수업은 학생들 간의 토론 방식으로 진행되어 학생들 스스로 의견의 합의를 이루며 관점을 수렴해가는 경험을 하도록 한다(윤순진·정연미, 2013).

독일은 언론 자유와 투명성, 부패 등의 지표로 나타나는 공개성 차원에서도 높은 평가를 받고 있다. 이러한 공개성의 강점은 위험정보가 투명하게 공개되고 위험 대응을 위해 엄격하고 공정한 규제가 이루어지는 사회적 분위기를 만들었다. 위험성 평가제도 국가비교 연구에 따르면, 독일은 위험성 평가제도가 법적으로 강제되고, 위험성 평가 실시 후에 문서화해야 하는 강행 규정이 있어서 사업장 내의 위험정보가 투명하게 공개된다. 그리고 공개된 위험정보는 이후 위험을 예방하기 위해 활용된다고 한다(신인재, 2013).

한편 공민성과 공개성 측면에서의 공공성 강화는 정책의 시민수용성 증진으로도 이야기할 수 있다. 성공적인 정책 수행이 가능하기 위해서는 정책의 대상이 되는 시민들이 투명하게 공개된 정책 내용을 민주적 절차를 통해 논의하고, 정책의 목적과 효과를 신뢰하며 받아들이는 과정이 필요하다. 시민수용성은 정책을 둘러싼 갈등을 줄이고 정책 수행의 안정성을 확보하도록 한다. 2008년부터 2010년 사이에 독일 환경부에서 수행한 '재생에너지의 시민수용성 증진방안에 대한 연구'에서도, 정보의 투명성과 주민 참여 보장의 민주적 절차를 통해 시민수용성이 높아지며,

이는 정부 정책의 성공과 밀접하게 관련된다고 보고했다(염광희, 2012). 독일의 전격적인 탈핵 결정은 공민성과 공개성을 배경으로 하는 높은 시민수용성이 있어서 가능했다. 독일 시민들은 원전 사고 위험에 대한 정보를 학교교육과 정부 기관의 보고서, 언론의 발표 등을 통해서 투명하게 이해하고, 민주적으로 토론하며 공동의 지향점을 합의함으로써 탈핵 결정을 수용하고 위험 대응에 적극적으로 나선 것이다.

독일 시민의식의 성장

앞에서 독일 사회가 탈핵을 결정하는 데 중요한 역할을 한 시민세력의 활동을 살펴보았다. 오랜 기간 독일의 사회 구성원들은 자신의 공동체가 처한 문제들에 대해서 고민하고 해결책을 찾기 위해 공공성을 바탕으로 움직이고 참여해왔다. 이러한 독일 사회 구성원들의 활동의 근원은 시민의식, 시민성의 성장과 관련된다. 독일 사회의 시민성은 어떻게 키워지는 것일까? 독일 시민성에 대한 많은 연구들은 독일 정치교육의 성과를 지적한다. 독일의 정치교육은 자발적인 참여에 의한 합리적인 문제해결 능력을 갖고 있는 민주 시민의 양성을 목표로 하고 있다. 독일의 시민의식은 "정치적 사안에 대한 이해를 증진시키고, 민주주의 의식을 공고히 하며, 나아가 정치적 협력 자세를 강화시키는 것"을 목적으로 하는 정치교육을 통해 발달해왔다.

독일 정치교육의 중심에는 연방정치교육원Bundeszentrale für politische Bildung이 있다(송창석, 2005). 물론 독일 시민의식의 성장이라는 매우 포괄적인 현상이 하나의 조직이나 기구로 인해서 이루어졌다고 보는 것은 무리일 수 있다. 하지만 독일의 연방정치교육원은 전후 독일 시민의 정신과 의식 변화라는 추상적 문제를 고민하면서 정치교육을 통해 해결의

그림 6-4 독일 연방정치교육원 홈페이지

실마리를 찾기 위해서 고안된 기구이며, 현재까지 성공적으로 기능함으로써 시민의식의 성장에 기여하고 있다고 평가받는다는 점에서 관심을 기울여볼 만한 가치가 있다.

　연방정치교육원은 1952년에 독일의 역사적 과오를 청산하고 정치적 균열 현상을 극복하고자 국가 차원에서 설립한 조직이다. 사회 구성원들의 의식을 통합하고 민주의식을 함양하는 계기를 마련하는 것을 궁극적인 목적으로 한다. 또한 국가적 차원에서 구상된 정치교육을 지원하는 기구로, 무엇보다도 300개가 넘는 공인된 교육 기관과 재단, 그리고 정부로부터 독립해 있는 자율 조직들을 지원하고 육성하는 역할을 한다. 매년 연방예산으로 수백 개의 단체를 지원하지만, 각 기관이 보이텔스

바흐 협약Beutelsbach Konsens*을 준수하고 예산을 투명하게 집행하는 한, 각자의 정치적 입장과 성향에 따라 얼마든지 자유롭게 교육을 진행할 수 있도록 교육 내용에는 간섭하지 않는다(이규영, 2005; Hübinger, 2008). 연방정치교육원은 사회 전반의 다양한 목소리가 정치 교육에 반영되도록 장려하는 조율자와 지원자의 역할을 한다고 할 수 있다.

연방정치교육원은 정치재단, 교회, 노조, 시민단체 등 다양한 기관이 폭넓은 정치교육 프로그램을 운영할 수 있도록 지원한다. 교육 프로그램은 시민들이 정치적·사회적 문제들에 관한 비판의식을 갖고 정치생활에 능동적으로 참여할 수 있도록 동기를 부여할 뿐만 아니라, 그렇게 할 수 있는 능력을 배양하게 하여 민주주의와 정치 참여 의식을 고양한다. 의견의 차이와 갈등을 공정하고 민주적인 방법으로 해결할 수 있는 능력이 자라나도록 하는 것이다.

탈핵을 새로운 성장동력으로

재생에너지로 전환하라

독일의 에너지 전환은 꽤 오래전부터 준비되어왔던 것이다. 반핵 및 환경 운동을 하는 시민들의 주장 가운데는 원자력에너지 사용을 줄이기 위해 에너지 효율을 높이고, 전기 절감과 풍력, 전기 등 재생에너지 기술을 발전시키자는 요구가 있었다. 이에 부응하여 1974년 정부의 과학연구부

* 보이텔스바흐 협약은 1976년 가을 독일의 바덴-뷔르템베르크 주에 각 정파들이 모여 수차례 회의를 거듭한 결과 얻어진 사회적 대타협의 산물로서 첫째, 교화 또는 세뇌 금지의 원칙, 둘째, 모순 인정의 원칙, 셋째, 참가자 중심의 원칙을 중심으로 한다.

는 재생에너지기술 프로젝트에 소규모의 지원을 시작했다(Jacobsson and Lauber, 2006). 이후로 정부는 재생에너지 연구 및 개발비를 점차 증가시켜 1974년 2,000만 마르크에서 1982년에는 그 규모가 3억 마르크로 늘어났다(김계환·주대영·오용협, 2011). 2007년 독일 환경부가 재생에너지 신규 프로젝트에 지원한 기금의 총액은 1억 200만 유로였으며, 2012년에는 2억 8,000만 유로를 넘어서게 되었다(독일 환경부, 2014). 또한 1977년부터 10여 년 동안 전국 규모로 40여 개 프로젝트가 진행되었는데, 여기에는 민·관·학의 협력이 있었다. 18개 대학, 39개 기업이 참여했고 12개 연구소에서 풍력, 태양전지 연구를 진행하여 유럽 최대 규모의 테스트 단지를 조성했다(박진희, 2013).

한편 대안에너지 생산자들은 적극적으로 단체를 만들어나갔다. 태양에너지산업협회, 태양에너지연합 유로솔라 등이 결성되었는데, 이 단체들은 재생에너지 기술에 결정적인 영향을 미치는 '전력매입법' 등의 제도 형성에 중요한 역할을 했다. '전력매입법'은 전기 가격에 관한 법을 손질하여 재생에너지원으로 생산된 전기에 대해서는 생산자가 값비싼 발전비용을 보전할 수 있도록 높은 가격을 받을 수 있게 한 것이다. 이 법에 따르면 기존 발전업자들은 전력 계통망에 재생전기를 연결해야만 하고, 생산된 전기를 소비자가격으로 구매해야 한다.

이러한 조치에 대해 기존의 거대 전력회사의 반발이 없었던 것은 아니다. 전력회사에서는 '전력매입법'에 강하게 반대하고 정부가 구매가를 낮추도록 하거나 법적 소송으로 제도를 약화시키고자 했다. 이에 대해 환경단체와 연합한 농민단체와 교회는 물론, 풍력태양광협회 및 투자자협회 등의 단체들이 대규모 반대시위를 조직했고, 전력회사의 법개정 발의안을 철회하도록 여론을 형성했다. 독일은 오랜 환경생태 운동의 결과로 기민당 등의 보수 정당과 녹색당 사이에 재생에너지 정책에 대한 정치적 견해 차이가 적었고, 이에 대한 사회적 합의가 비교적 견고해진 상태에 있었기 때문에 전력회사의 반대를 물리치는 것이 가능했다. 적녹연정은 원전정책에 합의를 하는 한편 에너지에 대한 환경세를 도입해 산업계의 에너지 효율을 강화했다. 나아가 법 체계를 재생에너지에 유리하게 정비하여 사회적 합의를 받아들인 제도화를 가능하게 했다.

독일에서 전면적 탈핵에 대한 사회적 합의가 이루어질 수 있었던 현실적 배경에 에너지정책 전환이 있었다. '재생에너지법 Erneuerbare Energie Gesetz: EEG'을 중심으로 원전 중단으로 줄어드는 전기 공급을 에너지 효율성 증가와 재생에너지를 통한 전기 공급 증가를 통해 해결함으로써 원전을 멈추는 것이 현실적으로 수용 가능한 대안이 될 수 있었다. 2011년 6월 원전 폐쇄를 결정하며 발표한 '에너지 전환을 위한 핵심 사안들'을 보면, 원전정책이 독일 사회의 전반적인 에너지 전환 정책의 산물이라는 것을 분명하게 알 수 있다.

적녹 연정이 재집권한 2002년, 독일 경제는 장기 침체기에 진입하고 있었다. 이처럼 불리한 거시경제적 조건에도 에너지 전환과 재생에너지 개발을 위한 독일 정부의 노력은 이어졌다. 2000년에 제정된 '재생에너지법'이 발효된 이후, 다른 분야의 불황에도 풍력, 태양력, 바이오매스 등 재생에너지 산업 분야는 비약적인 성장을 이루어냈다. 2000년 이후 태양광 설비는 연간 40~60%씩 계속 증가했으며, 바이오매스 등의 전기 생산 비중도 2006년 현재 전체 재생에너지원의 16.5%로 증가했다. 1990년부터 1999년까지 연평균 5.7%였던 재생에너지 생산량이 2000년부터 2007년까지는 연평균 14.1%로 늘어났다.

독일 정부는 에너지 전환을 위한 일관되고 강력한 정부 정책을 시행해왔다. 우선 20년간 재생에너지 개발과 생산을 위한 보조금을 보장했는데, 구체적인 정책의 내용과 시행은 '발전차액지원제도Feed-in Tariff: FIT'에 근거했다. 재생에너지는 온실가스 배출 수준은 낮으나 화석 연료를 사용한 에너지보다 비용이 많이 든다. 따라서 전력이나 열을 공급하는 자에게 재생에너지 사용을 권장하고자 초과되는 비용을 정부가 지원해주는 것이다. 또 다른 정책은 재생에너지를 통해 생산한 발전량에 대해 발전 사업자에게 최장 20년간 고정된 가격을 보장해주는 제도였다. 다른 에너지원보다 높은 생산 원가, 즉 낮은 경제성 때문에 발전이 더딘 재생에너지의 발전을 끌어주기 위한 현실적인 방안이었다. 발전차액지원제도를 통해 독일 정부는 목표 전력 공급량 중 재생에너지 비중을 2020년 35%에서 10년 후 2030년에는 50%로, 그리고 2040년에는 65%, 최종적으로 2050년에는 80%까지 확대할 계획을 세워두고 있다.

현재 원자력발전을 사용하고 있는 많은 국가들이 원전 위험을 의식하고 미래 에너지를 찾고 있는 상황에서, 독일이 미래 세대의 환경을 위해 재생에너지로의 전환을 준비하여 적절한 시기에 탈핵이라는 중요한 사회적 결정을 내렸다는 점은 매우 큰 의미가 있다. 독일의 에너지 전환 과정에 대한 연구들에 따르면, 에너지 전환의 결정 배경에는 재생에너지의 높은 가격에도 새로운 에너지를 자신들의 선택으로 받아들이는 시민사회의 인식과 합의가 있었다.* 또한 재생에너지 관련 이해 당사자들(다양

---

* 2012년 7월의 국제지역전력 컨퍼런스(International Community Power Conference)의 발표에서 독일은 신재생에너지 발전의 51%를 개인이나 농장 등을 포함한 지역사회에서 소유하고 있다고 발표했다. 투자액으로 환산한다면 1,000억 달러(한화 약 110조 원)에 이르는 돈이 민간에서 신재생에너지에 투자되었다는 것을 의미한다. 재생에너지로의 전환에 시민들의 적극적인 참여가 있었다는 것을 보여준다(국립생태원, 2014).

한 협회, 발전 업자, 재생에너지 사업자 등)의 성장과 사회적 요구를 수용해 새로운 에너지정책을 이끌고 나가며 수행할 수 있는 정치세력의 등장 및 일관된 정책 수행 등도 중요한 요인이 되었다(염광희, 2012; 피서, 2011; 안병옥, 2010).

새로운 선택이 기회가 되다

독일 정부의 재생에너지 정책은 정권의 변화에도 일관성 있게 진행되었다. 적녹 연정을 통해 공고화된 독일의 재생에너지 확대 정책은 기민당과 자유당의 보수 연정 아래에서도 큰 변화 없이 지속되었다. 2004년 이후로도 거대 전력회사들은 재생에너지가 상대적으로 높은 전기 가격으로 국민경제에 부담을 주고 있다고 주장하며 연방의회를 통해 '재생에너지법'의 폐지를 시도했으나 실패했다. 자유당을 제외한 모든 정당이 '재생에너지법'을 옹호했기 때문이었다.

재생에너지 산업은 이제 독일의 새로운 성장 동력으로 평가된다. 재생에너지 설비가 증가하면서 관련 산업이 크게 성장했으며, 이에 따른 재생에너지 관련 기술력이 급속하게 향상되었기 때문이다.

먼저 고용 측면에서 보면, 재생에너지 산업의 고용이 거대 전력회사의 전체 인력에 버금가는 규모의 고용을 창출하게 되었다. 연방 환경부에 따르면 재생에너지 분야의 일자리는 2004년 16만 개에서 2010년에는 36만 7,000개로 두 배 넘게 증가했다(그림 6-5). 독일 환경부와 독일 재생에너지 통계위원회 AGEE-stat 등의 통계 자료에 따르면, 2012년 독일 재생에너지 분야 고용 인원은 37만 7,800명에 이른다. 부문별로는 바이오매스가 12만 8,900명으로 가장 많았고, 풍력(11만 7,900명), 태양광 및 태양열(10만 500명), 지열(1만 3,900명), 연구기관(9,400명), 수력(7,200명) 등의

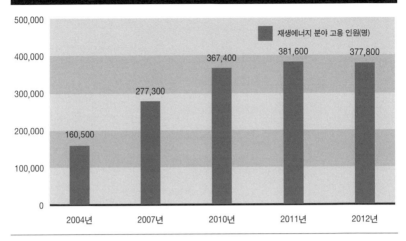

그림 6-5　독일 재생에너지 분야 고용 추이

재생에너지 분야 고용 인원(명)

자료: 독일 연방 환경부.

순이었다. 태양광 및 태양열은 2011년에는 12만 5,000명으로 가장 고용 인원이 많았으나, 최근 산업 전체가 구조조정을 겪으면서 인원이 줄었다. 2004년만 해도 재생에너지 부문 종사자는 16만 500명에 지나지 않았으나, 재생에너지 산업이 확대되면서 고용이 135%가량 증가했다. 독일 정부는 2030년이 되면 재생에너지 부문 종사자가 50만 명을 돌파할 것으로 전망하고 있다. 재생에너지를 포함한 친환경 분야 고용 인구는 약 200만 명에 달하는 것으로 파악된다(≪국민일보≫, 2013; 외교부, 2011).

두 번째로, 재생에너지 산업은 독일의 수출 부문에서도 견인차 역할을 하게 되었다. KOTRA(대한무역투자진흥공사)의 2006년 산업트렌드 보고에 따르면, 독일의 풍력에너지 및 태양에너지 설비 생산업체는 빠르게 성장하는 세계 대체에너지 시장에서 선도적인 역할을 하고 있다. 독일 풍력에너지 산업의 세계시장 점유율이 무려 46%에 달하는데, 풍력에너지 설비와 그 부품의 수출액은 2005년에 전년 대비 65% 성장해 18억 유로에서 30억 유로로 증가했다. 태양광을 이용한 전기 생산에 필요한 태양광에너지 설비 시장 역시 매우 긍정적인 발전을 보여, 2005년 태양전지의 수출액은 전년 대비 34%의 성장률을 기록했다. 독일에는 2006년 현재 5,000여 개의 태양에너지 업체에서 4만 2,500여 명이 종사하고 있다. 독일은 태양광 발전 시설 규모에서 세계 1위를 기록하고 있는데, 이는 2010년 기준으로 전 세계에 새롭게 설치된 태양광 발전 시설의 44.5%에 해당한다. 중장기적으로 봤을 때 독일 태양광 발전 분야의 세계시장 점유율이 25%에 이를 것으로 예측된다(국립생태원, 2014).

독일의 위험 거버넌스에서 배운다

대체적으로 위험인식, 위험관리, 위험정보의 소통 및 의사결정, 나아가 사회적 맥락까지를 포함해 위험에 대응하는 전 과정을 통틀어 위험 거버넌스라고 정의할 수 있다. 앞에서 사례로 본 홍수, 태풍, 원전 사고, 선박 사고 등 위험과 재난의 특성에 따라, 또 위험과 재난이 일어난 사회에 따라 위험에 대응하는 방식에 차이가 있을 수 있다. 이 장에서는 원자력발전에서 발생할 수 있는 위험을 사회적으로 인식하고, 탈핵이라는 중요한 결정을 통해 대응하는 사례를 분석함으로써 독일의 위험 거버넌스를 살펴보았다.

독일은 어떠한 방식으로 위험에 대응했으며, 이를 통해 독일의 위험 거버넌스를 어떻게 특징지을 수 있을까? 위험의 특성상 원전 위험은 불확실성과 불확정성이 높으며, 포괄적 피해가 예상되는 위험 유형에 해당한다. 원전 사고에 대한 사회적 인식에 따라서 국가별로 차이가 나타나므로 위험의 맥락과 사회적 구성이 중요한 위험 유형이라고 할 수 있다. 독일의 탈핵 결정 사례를 보면, 독일은 위험의 이해와 구성에서부터 다양한 사회 집단이 참여함으로써 문제를 인식하고, 민주적 절차에 기반을 둔 숙의 과정을 통해 참여자들의 신뢰와 합의를 이루어내며, 결정에 대해서는 사회 전체가 집합적 책임을 지는 위험 거버넌스 특성을 보인다.

일본과 프랑스 그리고 한국 등 국제 사회에서는 여전히 원전정책에 이른바 '원전 마피아'가 강한 통제력을 행사하고 있다. 독일이 예외적으로, 도래하지 않은 원전 위험을 적극적으로 의식하고 전격적인 탈핵을 결정할 수 있었던 것은, 위험관리가 기본적으로 사회적이고 윤리적인 선택에 기반을 둔 문제라는 인식이 공고화되어 있으며, 원전 문제를 사회적 합의를 통한 위험 거버넌스의 틀 내부로 들여왔기 때문이었다고 할 수 있다.

독일의 탈핵과 에너지/환경 정책의 변화는 민주적 절차와 합의를 기본으로 하고 있다. 앞에서 독일의 탈핵 전환 과정에서 보았듯이 탈핵 결정은 급격하게 이루어진 결과가 아니다. 40여 년간 지속적으로 반핵 운동을 전개하며 꾸준히 성장해온 광범위한 독일 시민운동의 성과다. 이들은 녹색당을 통해 정치세력화에 성공함으로써 반핵 운동의 영향력을 제도화했으며, 이를 통해 사민당의 입장 변화, 적녹 동맹을 통한 정치사회적 합의 등을 이끌어낼 수 있었다. 즉, 독일의 탈핵과 에너지/환경 정책의 전환은 시민사회운동의 성장과 정치세력화의 결과라 할 수 있다.

지난 반세기에 걸쳐 한국은 눈부신 경제 성장과 과학기술의 현저한 발달을 이루었다. 이와 더불어 한국 사회의 위험 역시 증가하고 있다. 한국 사회는 현대 산업사회의 근대성에 의한 구조적 위험이 만연한 위험사회로, 압축적 성장의 그림자로 인해 다양한 수준의 한국적 재난과 위험이 복합적으로 나타나는 상황에 있다. 따라서 자연 재난, 인적 재난, 사회적 재난뿐만 아니라 미래사회의 위협 요인에 의한 위험에도 대비해야 한다.

최근 우리 사회에서는 자신의 삶에 커다란 영향을 미치는 위험에 대해 시민들이 적극적으로 의견을 표출하고 의사결정에 적극적으로 참여하는 경향이 나타나고 있다. 실제로 최근 한국에서 먹거리 위험에 대한 문제로 발생한 광우병 사태와 관련해서도 이러한 면모를 볼 수 있다. 그럼에도 한국은 위험 대응에서 여전히 관료와 전문가 중심의 폐쇄적인 위험 평가와 관리, 위험정보의 은폐, 소수에 의한 정책 결정 등을 보이는 기술관료적 위험 거버넌스에서 크게 나아가지 못하고 있다. 반면 앞서 살펴본 독일의 탈핵 과정은 공공성을 기반으로 하며, 시민 참여적이고 투명한 정책결정 과정 등을 보여준 포괄적인 위험 거버넌스의 사례라고 평가할 수 있다. 이러한 독일의 사례를 살펴보는 것은, 지금까지 한국 사회가 위험에 대응하고 문제를 해결해온 방식이 어떤 취약점과 한계를 갖고 있는지 점검할 수 있는 수단이 될 것이다.

세월호 사고는 분명한 사회적 재난이다. 특히 사고의 원인은 물론 사고의 처리 과정에서 나타난 일련의 모습들은 우리 사회의 위험 거버넌스가 갖고 있는 심각한 결함을 보여주었다. 세월호 사고를 겪고 나서 한국 사회가 어떻게 위험을 인식하고 평가했는지, 피해를 복구하고 원인을 파악하는 과정이 어떠했는지, 그리고 예방을 위하여 사후 무엇을 준비하고 있는지 등은 전형적인 위험 거버넌스의 문제다. 그러나 앞에서 이미 지적했듯이 세월호 사고를 통해 나타난 한국의 위험 거버넌스는 매우 많은 문제점들을 드러냈다. 사고 발생의 원인과 상황, 피해복구 활동에 대한 정보와 설명은 짙은 폐쇄성으로 인해 의문과 불신을 낳았으며, 정부 등 해결 기관과 피해 가족의 갈등 및 국민들 간의 소통 부재를 해결하지 못했다.

불투명한 상황에서는 위험을 제대로 평가하고 문제 해결책을 논의할 수 없으므로 대응과 해결이 늦어질 수밖에 없다. 정보의 전달과 의견의 교류를 가로막고, 사회 구성원들이 사회에서 발생한 위험을 자신의 문제로 인식하고 함께 해결하려는 의지와 참여를 방해함으로써 갈등은 증폭된다. 물론 사회적 결정을 둘러싸고 구성원 간의 의견 불일치와 갈등은 발생할 수 있다. 그런데 세월호 사고 발생 이후 1년여의 시간이 지나는 동안, 문제를 펼쳐놓고 원인과 문제점을 논의하며 함께 해결책을 찾음으로써 자신이 속한 사회의 안전과 미래에 대한 공동의 책임을 구성해가는 공공성의 모습은 보기 어려웠다. 위험이라는 문제를 해결하기 위해 정보를 투명하게 공유하고 소통하며, 민주적 제도와 절차의 활용이라는 공공성을 바탕으로 다양한 위치의 사회 구성원들이 참여하고 의견을 모아 합의를 통해 위험에 대응하는 독일의 사례는, 최근 위험 거버넌스를 고민해야 하는 한국 사회에 중요한 함의를 제공한다.

한국 사회는 바람직한 위험 거버넌스 수행의 바탕이 되는 공공성을 향상시키기 위해 사회 참여와 민주적 절차를 경험하고 체화할 수 있는 교육과 사회적 기회를 마련해야 한다. 가정과 학교, 사회, 모든 곳에서 투명하고 활발한 논의가 가능한 공론장이 활성화되도록 해야 한다. 이를 통해 한국 사회의 안전 및 성장을 논의하고, 그 방향을 찾을 수 있을 것이다. 그러나 위험정보가 공개적으로 논의되고 이를 통해 사회적 합의를 이끌어낼 민주적 절차와 과정이 보장된 사회적 공론화의 장이 아직 우리 사회에는 없다. 토론과 합의를 통해 문제해결 방법을 찾으려면 위험에 대응하여 정보를 투명하게 공개하고, 이를 소통할 수 있도록 이끌고, 사회적 결정이 제도화를 통해 실현되도록 하는 사회적 플랫폼이 필요하다. 독일의 사례에서는 녹색당이 플랫폼 역할을 맡아 제도화의 기반을 만들었으나 한국은 현재 이 부분이 매우 취약하다. 독일 사례가 시사하듯이, 사회적 논의와 합의가 사회적 결정으로 연결될 수 있도록 시민사회집단이 구성되는 것과 제도적 정책 변화의 성과를 만드는 동력으로서의 중간집단의 형성이 반드시 필요하다.

미래 재난의 관리와 위험 거버넌스의 구축은 독일의 사례에서 알 수 있듯이 결코 단시일 내에 이루어질 수 있는 것이 아니며, 오랜 시간이 걸리더라도 사회 전체의 합의와 동의를 이끌어내는 방향으로 이루어져야 한다. 현대의 위험은 과거의 위험이나 재난과는 차이가 있다. 단순히 자연현상에서 비롯되기보다 시스템의 문제로 발생하여 무차별적이고 심각한 피해를 가져올 수 있으며, 위험이 일상화되고 일반화되기 쉽다. 이러한 위험과 재난의 심각한 피해는 사회적 갈등의 원천이 될 수 있다. 따라서 재난과 위험은 이제 경제성과 효율성 중심의 관리적 시각을 넘어, 사회 전체의 공공성 차원에서 인식하고 해결해야 할 사안이다.

세 월 호 가

우 리 에 게

묻   다

7장

델타 프로젝트,
국가적 재난을 잊지 않는 방법

왜 네덜란드의 홍수 재난을 말하는가

한국 사회는 압축적인 경제 성장에서 이미 위험 요소를 내포하고 있다. 경제주의로의 편향성과 타 부문과의 비대칭성, 정상적인 절차를 무시한 성과주의, 과속 성장에 의한 편법주의와 부정부패 등이 안전을 위협하고 있다. 상당한 수준으로 사회가 발전했음에도 여전히 과거형 재난이 반복적으로 발생한다는 점에서 한국은 '이중위험사회'로 규정된다(김대환, 1998; 이재열, 1998). 특히 위험을 방어하고 안전을 확보하기 위한 사회적 조정과 협력의 실패로 인해서 부실 공사나 대형 사고가 반복되고 있다. 이는 기술적·공학적 결함뿐만 아니라 잘못된 관행이나 구조적 부패 등으로 의사소통이 왜곡되고, 위험의 관리 주체와 인력, 노하우가 조율되지 못한 데서 비롯된다. 그 결과 통합된 조직 간의 상호 조정과 일관된 통제에 기반을 둔 사전 예고 및 긴급 구조 체계가 작동하지 못하여 과거형 재난이 반복적으로 발생하고 있다.

과거형 재난은 장기간에 걸쳐서 산적해 있던 문제점이 표면으로 드러나서 발생하는 경우가 많다. 재난을 통해 전반적인 시스템이 혁신될 경우 오히려 사회의 복원력을 향상시키는 계기가 될 수 있다. 재난 발생 원인을 규명하고, 재난관리의 기술적 측면을 재검토하고, 제도적·정책적 해결책 등을 통해서 재난 발생을 예방할 수 있다. 또한 설령 재난이 발생하더라도 미리 경고하고 대처하여 피해의 규모와 심각성을 줄일 수 있다. 따라서 재난으로 드러난 해당 사회의 여러 가지 문제점을 공론화하고 고치는 사후 학습의 여부는 재난관리에서 중요한 의미를 갖는다.

이런 측면에서 재난 발생에 대비하고 피해를 최소화하며 재발을 방지하는 재난관리는, 재난의 유형과 특성뿐만 아니라 해당 사회의 구조적 특성, 제도, 규범적 맥락 등에 따라 서로 다른 경로로 갈라진다. 과거형 재난을 반복적으로 겪으면서도 단편적이고 임시적인 처방, 희생양 찾기, 책임 전가 등으로 시스템을 혁신하지 못하는 한국 사회와 달리, 홍수 재난을 겪은 이후 부단한 사후 학습을 통해서 대대적으로 홍수관리 시스템을 혁신한 네덜란드의 대응은 매우 대조적인 모습을 보인다. 시스템 혁신에 대한 강조는 2014년 9월에 네덜란드에서 열린 제2차 '기후변화 시대의 델타Deltas in Times of Climate Change II' 국제 컨퍼런스에서 있었던 멜라니 슐츠Melanie Schultz 장관의 연설에서도 드러난다. 슐츠 장관은 "재난에 대한 최악의 대응은 기존의 모든 것을 그대로 답습하는 것 …… 그리고 (기존의 것) 고치는 데만 돈을 쓰는 것"이라고 말했다(*Holland*, 2014. 9. 24).

주지하다시피 네덜란드는 국토의 대부분이 해수면보다 낮거나 해발 1미터 이하의 저지대라서 환경적으로 늘 홍수 위험에 노출되어 있다. 더구나 최근에는 기후 변화와 해수면 상승으로 홍수 취약성에 대한 불안감이 더욱 고조되는 상황이다(Slomp, 2012). 그럼에도 네덜란드는 국제적으로 홍수 위험에 대한 기술적·경제적·사회적 관리 수준이 매우 뛰어나다고 평가받고 있다(Balica, Wright and Meulen, 2012). 홍수 발생을 미리 경고하고, 홍수가 발생했을 때 적절하게 대처해 피해의 심각성을 줄일 수 있는 관리 역량이 뛰어나다는 것이다. 이는 전반적인 시스템의 혁신을 전제로 하는데, 사회의 취약성을 표면에 드러내고, 기존에 지배적이었던 사회적 가치를 전면적으로 수정하며, 이에 기초해 새로운 행위 전략을 도입하는 학습이 제대로 이루어졌기 때문이다. 네덜란드는 여러 차례 홍수로 인한 재난을 겪은 이후 '델타 프로젝트Delta Project'로 알려진 정책을 통해서 홍수관리 시스템을 대대적으로 혁신했다. 그 결과 1960년대 이후에는 심각한 피해를 끼치는 홍수 발생은 크게 줄어들었다.

과거형 재난의 대표적 유형에 속하는 홍수를 효과적으로 관리하게 된 네덜란드의 사례는, 과거형 재난이 되풀이되는 한국 사회에서 어떤 대응과 혁신이 어떻게 이루어져야 하는지에 대한 중요한 시사점을 제공한다. 홍수 재난을 겪고 난 다음 사후 학습을 통해서 홍수를 관리하는 역량을 높임으로써 오히려 재난을 극복하는 모습을 주목해야 한다. 홍수관리 시스템의 혁신을 가져온 델타 프로젝트는 특정한 홍수 재난을 방어하는 데 국한되지 않고, 단기간의 일시적인 사업으로 진행되지 않았다는 점에서 한국 사회의 재난 대응과 대조적이다. 델타 프로젝트는 1953년의 기록적인 대홍수를 계기로 시작하여 1997년에 이르기까지 약 45년의 시간과 50억~70억 달러에 달하는 막대한 재원이 소요된 대규모 사업이었다. 처음에는 북해의 범람에 의한 홍수를 근원적으로 막기 위해서 시작했으나, 나중에는 내륙 하천의 범람에 의한 홍수를 관리하는 사업에까지 영향을 미쳤다. 재난이 발생하면 임기응변식 또는 단편적인 대증 처방을 하는 것이 아니라 관련된 사업을 연결시켜서 장기간 추진해온 것이다.

또한 네덜란드는 1953년 대홍수의 재난을 극복하는 데 멈추지 않고, 최근에는 기후 변화와 해수면 상승에 따른 홍수 위험에 대비하기 위해서 '델타 프로그램Delta Program'을 추진하고 있다. 기후 변화와 해수면 상승은 아직 현실화되지 않았고 이해 수준이 초보적이기 때문에, 공포의 대상과 정치 문제로 전환되기 쉬운 '알 수 없는 위험'이다(WRR, 2008, 2012; 이재열, 2010). 델타 프로그램의 추진은, 재난을 겪었더라도 적절한 사후 학습으로 과거형 재난을 관리하는 역량을 향상시키고 문제를 해결한다면 그 역량을 바탕으로 미래에 다가올 알 수 없는 위험에 대처하는 데도 기여할 수 있다는 것을 보여준다.

트라우마로 남은 집단 기억, 1953년 대홍수

바다보다 낮은 땅, 되풀이되는 홍수

네덜란드는 북유럽에 위치한 4대 강(라인 강, 뫼즈 강, 스헬데 강, 엠스 강)의 삼각주에 위치하며, 해수면보다 낮은 간척지를 포함해 국토의 60%가 해발 1미터 이하의 저지대로 구성되어 있다. 동부와 남부에 약간 구릉지가 있지만 최고 높이는 322미터에 불과하며, 전체 인구 약 1,690만 명(2015년 1월 기준; Statistics Netherlands) 가운데 약 900만 명이 해수면보다 낮은 위치에서 살고 있다. 이런 상황 때문에 바다의 폭풍과 해일, 호우로 인한 하천의 침수 때문에 발생하는 홍수와 이에 따른 대규모 재난에 상시적으로 노출되어 있다. 특히 다수의 인구가 밀집한 남서부 지역은 북해와 라인 강 지류로 형성된 델타 지역으로, 오랫동안 홍수 피해를 겪어왔다. 바다보다 낮은nether 땅lands이라는 의미의 국명에서도 알 수 있듯이, 열악한 자연환경은 네덜란드 사람들의 삶의 모습을 규정하고 있다. 그들은 오래전부터 범람하는 바다 및 하천의 물과 싸워서 제방의 바깥으로 밀어내고, 바다를 메워서 육지로 바꾸는 간척사업을 추진해왔다. "세상은 신이 만들었지만, 네덜란드는 네덜란드 사람들이 만들었다"라는 말은 바닷물과 싸우고 간척사업으로 국토를 일군 네덜란드의 역사를 압축적으로 보여준다.

따라서 네덜란드에서 홍수 위험을 막고 간척한 토지를 지키며 담수를 확보하는 치수water management사업은 필연적으로 생존의 문제와 직결된다. 그런데 치수를 제대로 하기 위해서는 홍수 발생에 취약한 각 지역, 그 지역에서 살고 있는 개인이 각자 자신이 맡은 역할을 철저히 수행해야 한다. 각 지역마다 제방과 둑의 관리 책임자를 중심으로 제방과 둑을 관리했고, 홍수로 그것들이 붕괴하면 보수와 복구를 반복했다. 이런 연유로 공동체적인 사회 연대를 전제로 하여 각 지역과 개인에게 자율과 자치를 보장하게 된다. 이런 상황을 배경으로 네덜란드는 홍수 방어를 위해 쌓은 제방과 둑을 유지하고 관리하는 치수를 지역의 수준에서 책임지는 시스템으로부터 국가가 유래하게 되었다(Engel and Trainor, 2010). 네덜란드에서 어떻게 홍수로 인한 재난을 줄이고 담수를 확보할 것인가의 문제는 근본적인 정치적·사회적 쟁점을 불러일으키는 국가적 의제agenda로 인식되었다.

또한 홍수 방어 및 관리 시스템은 전반적인 재난관리와 사회안전 시스템을 갖추도록 추동하면서 지대한 영향을 미치기도 했다(Kuipers and Boin, 2014). 홍수와 싸워온 역사적 경험은 네덜란드의 재난관리 체계에 반영되어 몇 가지 특성을 보여준다(European Commission, 2014). 첫째는 지역 자치의 특성인데, 전국을 25개의 안전지역security region으로 나누어 각 지역이 해당 지역에서 발생하는 재난에 책임을 지고 자율적으로 처리한다. 둘째는 홍수 방어를 위해서 지역의 주민과 시민단체 조직이 활발하게 참여했듯이, 재난관리에서도 주요한 파트너로서 시민 참여가 이루어진다. 각 안전지역의 지자체는 재난관리 조직을 통해서 중앙정부 조직과 지역의 시민보호 조직을 연결하는 고리 역할을 한다. 셋째는 홍수 대응과 마찬가지로 재난에 집합적으로 대응하기 위한 협력과 조정에 의해서 해결책을 찾는다. 정부 부처는 각기 고유한 영역과 관련된 재난을 관리하는 책임을 지며, 다양한 협의체를 통해서 이해 당사자들 사이의, 관계 부처들 사이의 협의와 조정, 그리고 최종적인 의사결정을 위한 메커니즘이 작동한다.

오래도록 기억하는 대홍수의 참상

네덜란드는 1953년 대홍수를 계기로 '대홍수 이전'과 '대홍수 이후'로 구분된다고 할 정도로, 홍수방어 전략과 시스템에 대한 사회적 인식 및 대응의 기조가 근본적으로 바뀌었다(Slomp, 2012; Delta Committee, 2008; Kuipers and Boin, 2014; Kok et al., 2005). 대홍수 이후에 홍수의 위험에 대한 수용가능성acceptability이 낮아져 사회적·정치적 쟁점을 불러일으키고, 확실한 대응 방안과 제도적 정책들에 대한 요구가 높아졌기 때문이다. 발생 확률이나 피해의 심각성 등을 고려하여 위험의 수용가능성을 따져보면, 홍수는 '대체로 용인되는 위험'으로서 무시할 만한 수준이므로 심각한 사회 문제가 되지 않는다(이재열, 2010).* 미리 위험을 감지할 수

•   위험은 객관적으로 존재하기도 하지만, 위험을 어떻게 인식·해석·정의하느냐에 따라서

있는 신호가 있어서 이 신호를 포착해 적절한 대응을 취하거나 또는 안정성이 검증된 기술을 규정대로 사용하면 충분히 예방할 수 있기 때문이다. 그렇다면 왜 1953년에 발생한 홍수를 계기로 위험의 수용가능성이 낮아져서 사회적 논란을 낳고 제도적 대비책을 마련하게 되었을까? 어떻게 홍수의 위험성에 대한 두려움이 커지면서 '견딜 수 없는 위험'으로 인식되어 적극적인 대응과 조치를 강구하고 안전 관리를 강화하도록 촉구했을까?

홍수에 대한 위험의 수용가능성이 낮아진 가장 큰 이유는 무엇보다도 한꺼번에 많은 사상자와 이재민이 발생하고 물적 피해의 규모가 막대했다는 데 있다. 이후 대홍수를 일컫는 '바터스노트람프Watersnoodramp, flood disaster'가 곧 1953년의 홍수를 의미하는 용어로 통용될 정도로 당시 홍수는 네덜란드가 직면한 국가적 차원의 재난이었다. 1953년 대홍수는 1675년, 1682년, 1916년 홍수와 함께 네덜란드 역사에서 최악의 4대 홍수로 꼽힐 정도였다(Slomp, 2012). 태풍이 밀물과 결합해 거대한 폭풍우로 변하면서 북해가 범람하여 네덜란드, 벨기에, 영국을 덮치는 대규모 참사였다. 그림 7-1에서 보듯이 지표면이 낮은 네덜란드가 가장 심각한 피해를 입었는데, 사망자 1,836명 발생, 이재민 7만 2,000명 발생, 농지 20만 헥타르(전체 농지의 9%) 침수, 가축 20만 마리 익사, 가옥 4만 7,300채 파손 등 피해 규모가 약 10억 길더(약 7,348억 원)에 달했다.

대응 행위가 도출된다. 모든 위험을 완벽한 수준에서 관리할 수 없으므로 확률과 피해의 심각성 등을 고려해 위험의 수용가능성을 따져볼 수 있다. 수용가능성이 높은 순으로 '용인되는 위험', '대체로 용인되는 위험', '참을 만한 위험', '바람직하지 않은 위험', '견딜 수 없는 위험'으로 구분된다. 수용가능성이 높은 위험은 심각한 사회 문제가 되지 않지만, 수용가능성이 낮은 위험은 사회적 논란을 낳게 되므로 제도적 대비책을 마련해야 한다.

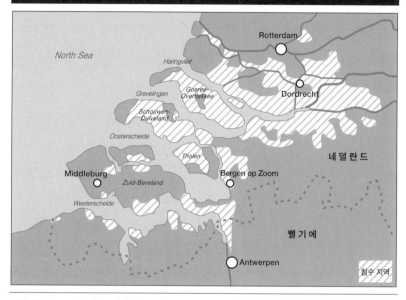

그림 7-1 **1953년 대홍수로 인한 침수 지역**

자료: http://en.wikipedia.org/wiki/North_Sea_flood_of_1953

대홍수의 피해 규모가 더욱 커졌던 것은 그것이 단순한 자연재해가 아니라 기술적·조직적·제도적 한계에 의해 피해가 증폭된 사회적 재난 social disaster의 성격을 띠었기 때문이었다. 특히 기존의 홍수경보 시스템이 안고 있던 문제가 가장 크게 작용했는데, 홍수 경고의 메시지가 제대로 이해되지도 않았고 제대로 전달되지도 않았다. 또한 통신 시설이 침수, 파괴되어 홍수 경보가 제대로 작동하지 않아서 주민들의 신속한 대비가 불가능했다. 더욱 심각한 문제는 누가 홍수 위험관리의 책임을 지고 있는지 명확하지 않아서 지속적인 관리가 이루어지지 않고 있었다는 점이다. 게다가 세수 부족으로 방조제를 보수할 재정적 비용이 부족했으며, 이 일을 담당할 조직의 규모도 너무 작았다. 즉, 1953년 대홍수는 기존의 홍수관리 시스템이 갖고 있는 제도적·조직적·재정적 문제가 종합적으로 결합되어 나타난 결과였다.

1953년 대홍수가 단순히 자연재해로만 기억되었다면, 연례행사처럼 홍수가 빈번하게 일어나는 네덜란드에서 그리 오래 기억되지 못하고 쉽게 잊혔을 것이다. 그러나 대홍수는 60년이 지난 지금까지도 네덜란드에서 홍수 방어와 관리, 치수 문제를 다룰 때마다, 획기적인 혁신을 가져올 수 있도록 교훈을 남긴 사건으로 언급된다. 이 대홍수는 제2차 세계대전이 끝난 지 8년 만에 발생했고, 이 때문에 전쟁의 상흔이 미처 아물기도 전에 엎친 데 덮친 격으로 피해가 커졌다. 홍수로 인한 대참사의 이미지가 전쟁의 참혹하고 비극적인 기억과 결합됨으로써 네덜란드인들에게 트라우마의 집단 기억으로 각인되었다(Agostinho, 2015). 그래서 네덜란드인들 사이에 '다시는 이런 비극을 되풀이하지 않겠다'는 합의가 이루어질 수 있었던 것이다(Engel and Trainor, 2010).

이러한 상황에서 홍수의 위험 수용가능성 수준이 더욱 엄격한 방향으로 변하게 된 것은 자연스러운 일일 것이다. 홍수는 이미 '알려진 위험'이며 따라서 충분히 '피할 수 있는 위험'인데도, 기존 홍수방어 시스템이 안고 있던 문제점 탓에 홍수 발생을 미리 알지도 못했고 제대로 대피하지도 못한 결과를 낳았다. 따라서 홍수의 위험성에 대한 사회적 민감성도 더욱 높아졌고, 불안감이 증대하면서 적극적인 대응과 조치를 요구하는 목소리가 표출되었다. 기존의 홍수관리 시스템에 대한 전반적인 검토가 이루어지고 새로운 홍수방어 전략을 강구해야 한다는 압력이 높아진 것이다.

델타 프로젝트를 통한 홍수관리 전략의 전환

과거의 답습, 무너진 방조제의 보수

1953년 대홍수 이전에도 네덜란드는 홍수에 따른 크고 작은 피해를 입는 상황이 반복되었고, 그때마다 무너진 제방과 둑을 보수하고 복구하는 일을 되풀이했다. 재난을 경험한 데서 교훈을 얻어 지식으로 발전시키는 학습의 관점에서 본다면, '1차 학습'(황희영, 2000) 또는 '단일순환학습single-loop learning'(이상팔, 1995)이 이루어진 것이다. 1차 학습 또는 단일순환학습은 어떤 행위를 했을 때 기대했던 결과가 맞춰지지 않고 오류가 발생하면 다른 행위를 취하고, 그로 인한 결과를 맞추는 과정을 반복하는 것을 말한다. 네덜란드 사람들은 홍수가 나면 무너진 방조제를 보수하고 복구하는 방식으로 대처했던 것이다. 그러나 이러한 대응과 관리 방식으로는 홍수를 근본적으로 방어할 수 없다는 문제가 발생한다.

이런 상황에서 1920년대 후반과 1930년대 중반에 엔지니어를 중심으로 근본적인 홍수방어 대책을 마련해야 한다는 목소리가 나왔다. 이들은 기존의 방조제를 강화할 뿐만 아니라 홍수 방어용 댐을 새로 건설해야 한다고 주장했다. 그러나 이러한 주장에 귀를 기울이는 사람이 많지 않았고, 기존의 방식대로 무너진 제방을 보수할 뿐이었다. 1934년의 조사 보고서는 해수면보다 낮은 지형의 불리함을 극복하고 담수를 확보하기 위해서 '델타 플랜Delta Plan'이라는 댐 건설 계획을 제안했으나 실행되지 못했다. 1939년에 설립된 폭풍해일위원회Storm Tide Commission도 방조제를 강화할 것을 역설했으나, 정부는 경제적인 부를 창출할 수 있는 간척사업에 더 많은 관심을 기울였다. 기존의 방조제는 높이가 낮아서 홍수에 대비할 수 없었지만, 방조제 강화에 소요되는 막대한 비용을 감당하려 하지 않았고, 고작해야 몇 센티미터 정도의 벽을 쌓아올리는 조치를 취했을 뿐이었다. 정부는 새로운 댐을 건설하기보다는 기존의 방조제를 보수하거나 수로의 밑바닥을 깊게 파는 데 집중했다. 그런데 바닥이 깊어진 수로에 바닷물이 드나들면서 토양에 소금기가 많아지는 문제가 생겼다. 이 때문에 농업과 관련된 기업들이 쇠퇴하고 사업을 유지하기 어려워지면서 담수 확보가 중대 사안으로 부상했다.•

이러한 상황에도 근본적인 홍수 방어와 관리를 위한 새로운 댐 건설 방안이 사회적으로 주목받지 못하고 정책의 우선순위에서 밀려난 것은, 홍수 위험에 대한 수용가능성이 비교적 높았고, 대규모 댐 건설 사업에 필요한 재원을 현재에 지불해야 할 비용으로 인식했기 때문이었다. 또한 제2차 세계대전 중에 경험했던 극심한 식량 부족에 따른 어려움은 홍수 방어를 위한 댐 건설보다는 간척을 통한 농지 확장과 식량 확보를 더 중요한 문제로 생각하고 이를 위해 예산을 투입하도록 만들었다. 게다가 대규모 댐 건설은 네덜란드의 로테르담, 벨기에의 안트베르펜 등의 항구를 통한 해상 운송의 중요성 때문에, 델타 근해에서 농업 및 어업 활동을 하거나 이와 관련된 산업에 종사하는 사람들, 그리고 델타 지역의 독특한 자연환경 및 생태계를 보존하려는 사람들의 이해관계가 얽히면서 많은 저항에 부딪혔다. 그 결과, 무너진 방조제의 보수와 복구라는 과거의 대응을 답습하는 정책을 선택했고, 전문가들이 제기했던 새로운 댐 건설 방안은 실행되지 않았다.

• 1953년 대홍수 이전의 상황에 관해서는 Stichting Deltawerken Online, "Before the flood of 1953," http://www.deltawerken.com/Before-the-flood-of-1953/90.htm 참조.

새로운 혁신, 바다를 가로지르는 대규모 댐 건설

심각한 피해를 입힌 1953년 대홍수를 계기로 기존의 홍수관리 정책은 한계를 드러냈다. 간척을 통해 토지를 확보하고 무너진 방조제를 보수하는 것으로는 홍수 위험을 제대로 관리하지 못하므로 더 이상 기존의 대응 방식을 답습해서는 안 된다. 이런 경우에는 기존에 당연시되었던 지배적 가치에 개입해서 변화시키고 그에 따른 행위 전략을 수정하는 '2차 학습'(황희영, 2000) 또는 '이중순환학습double-loop learning'(이상팔, 1995)이 요구된다. 만일 기대된 결과가 나오지 않았는데도 오류로 인식하지 못하거나, 계속 오류가 나는데도 지배적 가치에 개입하지 않는다면 잘못된 행위 전략을 반복하게 될 뿐이다. 재난을 통한 사후 학습, 특히 해당 사회의 지배적 가치를 변화시키고 새로운 가치에 부합하도록 전략을 수정하는 이중학습이야말로 시스템의 근본적인 변화와 혁신을 이끌어내서 문제를 해결하게 한다.

1953년 대홍수의 참사를 겪은 이후 네덜란드에서는 기존의 지배적 가치가 변화하면서, 홍수방어 전략을 수정해야 한다는 요구가 높아졌다. 그동안 네덜란드 사회에 깔려 있던 지배적 가치는, 위험 방어와 안전의 문제를 현재에 지불해야 할 '비용'으로 간주해 회피하고, 식량 확보와 경제적 부의 창출을 위한 간척사업을 더욱 우선시하는 것이었다. 1920년대, 1930년대에 이미 근본적인 홍수 방어를 위해서 새로운 댐을 건설하자는 계획이 제안되었는데도 별다른 주목을 받지 못했다. 사실 1930년대에 제안된 '델타 플랜'의 기본 골격은 1953년 대홍수 이후에 추진되는 델타 프로젝트와 크게 다를 바가 없었다. 델타 플랜이나 델타 프로젝트는 모두 대규모의 댐을 새로 건설하여 홍수를 근본적으로 막겠다는 전략이다. 그럼에도 델타 플랜이 추진되지 못한 것은, 주민의 안전보다 경제적 부를 중시하고, 홍수 발생 이전의 예방과 대비보다 홍수 발생 이후의 수습과 복구를 우선시하는 가치가 팽배해 있었기 때문이다. 반면 변화된 새로운 가치는 홍수 위험을 근본적으로 막고 주민의 안전을 우선하는 것으로서, 홍수 위험에 대한 민감성이 높아지고, 홍수를 규정하는 새로운 법적·제도적 기준을 마련하게 되었다.

1953년 1월 31일과 2월 1일에 걸쳐서 대홍수가 발생한 이후, 네덜란드 정부는 대홍수의 발생 원인을 규명하고 향후에 발생할 수 있는 홍수에 대비하기 위해서 2월 18일 '델타위원회Delta Committee'를 설립했다. 3월 16일, 델타위원회에서는 '델타법'의 기초가 되는 광범위한 계획을 확정 지었고, 5월 8일에 '델타법'을 공표했다. 델타위원회는 대홍수의 원인과 피해 규모를 조사했고, 기존에 있던 제방을 더 높게 더 튼튼하게 건설하는 방안과 바다를 가로막는 홍수 방어용 댐을 새로 건설하는 방안 중에서 '홍수 방어를 위한 투자'의 관점으로 후자를 선택했다(김인춘, 2014). 또한 홍수의 기준이 되는 암스테르담 측량 기준Amsterdam Ordnance Datum, 즉 해수면 높이를 조정하고 '수용할 수 있는 위험'의 기준을 강화해 이를 법제화했다.

네덜란드는 강화된 기준에 따라 홍수를 관리하기 위해서 홍수에 취약한 지역을 제방dike으로 막고 매립했다. 이에 따라 네덜란드는 **그림 7-2**와 같이 53개 제방으로 둘러싸인 지역dike-ring으로 구분되었다. 또한 '제방건설법Water Embankment Act'에 의거해 홍수 발생의 위험도에 따라서 각 지역의 제방 설계 기준을 엄격히 규정하고 관리하게 했다. 1960년에 해안선 부근의 안전 기준을 제시했고, 1970년에는 주요 하천의 안전 수준을 도입했는데, 예측 가능성(난이도)과 영향력의 크기에 따라 안전 기준은 서로 다르게 정해졌다. 바다의 홍수는 최고 1만 년에 한 번에서 최저

그림 7-2 　네덜란드의 제방 안전 기준

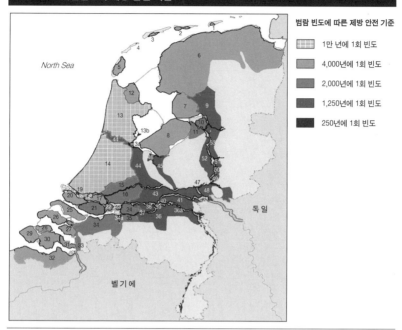

범람 빈도에 따른 제방 안전 기준

1만 년에 1회 빈도

4,000년에 1회 빈도

2,000년에 1회 빈도

1,250년에 1회 빈도

250년에 1회 빈도

자료: R. Slomp(2012: 39).

2,000년에 한 번, 하천의 홍수는 최고 1,250년에 한 번에서 최저 250년에 한 번의 빈도 수준으로 관리하도록 규정했다. 홍수가 빈번한 라인 강 일대의 안전 기준은 1,250년에 1회, 남서부 델타 지역의 안전 기준은 4,000년에 1회의 수준인데, 이는 각각 1,250년, 4,000년에 한 번 올 만한 정도의 홍수에도 안전할 수 있는 제방을 설계한다는 의미다. 이러한 안전 기준은 모두 1953년 대홍수를 계기로 제정된 것으로, 홍수피해 보호 지역을 구체적으로 명시하고, 체계적이고 과학적인 방법에 따라 홍수를 관리하게 했으며, 통계 등 실용적인 지식을 최초로 도입했다.

　주목할 점은 델타위원회가 설립된 이후 지금까지 약 60년에 걸쳐서

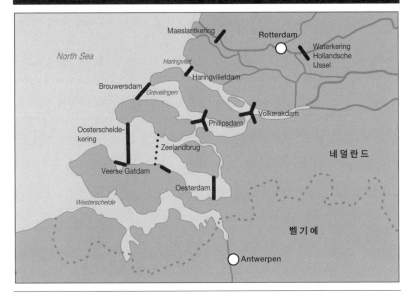

그림 7-3 **델타 프로젝트에 따른 댐 건설**

North Sea

Maeslantkering

Rotterdam

Waterkering
Hollandsche
IJssel

Haringvliet

Haringvlietdam

Brouwersdam

Grevelingen

Volkerakdam

Philipsdam

네 덜 란 드

Oosterschelde-
kering

Zeelandbrug

Veerse Gatdam

Oesterdam

Westerschelde

벨 기 에

Antwerpen

자료: http://en.wikipedia.org/wiki/Delta_Works

네덜란드의 홍수관리 정책을 지속적으로 개선하고 수정해왔다는 점이다. 대홍수 직후 1997년까지는 델타 프로젝트로 일컬어지는 대규모 건설 사업을 추진해 댐, 보, 갑문, 방파제, 해일 방벽 등을 건설했다. 이 사업에서는 북해의 범람에 의한 홍수에 대비하고 인구 밀집 지역인 남서부 지역을 방어하기 위해 '물과의 전쟁'을 추진했다. 이를 위해서 **그림 7-3**과 같이 5개의 주요 섬을 연결하고 바다의 입구를 막아버리는 14개의 댐을 건설함으로써 수백 킬로미터에 이르는 해안선을 단축시켰다(Stichting Deltawerken Online).

1997년부터는 '델타 대하천 프로젝트Delta Plan Large Rivers Project'를 추진했는데, 겨우내 얼어붙어 얼음댐ice dam이 형성된 하천의 상류가 봄이

214 세월호가 우리에게 묻다

되면 녹아내리면서 발생하는 하천의 홍수에 대비하는 것이 목적이었다. 이 사업은 라인 강변과 인근 지역을 황폐화시키고 주민 20만 명 이상의 삶의 터전을 삼켜버렸던 1993년과 1995년의 홍수를 계기로 시작되었다. 1단계에서는 바닷물을 막는 댐을 건설하고 제방을 쌓고 수문을 만드는 등 '물과의 전쟁'을 벌이는 전략을 추진했던 반면, 2단계에서는 '물과의 공생'으로 전략을 수정했다. 이는 하천의 여유 공간room for river 확보, 즉 하천 주변을 확장, 강화함으로써 홍수가 발생했을 때 물이 잘 흘러가도록 공간을 여유 있게 확보하는 데 주력하는 사업으로 구체화되었다. 하천 주변에 범람한 물의 흐름을 방해하는 장애물을 제거하고 여유 공간을 확보해 완충 지대의 역할을 하게 함으로써 더 큰 피해를 막을 수 있게 한 것이다(Slomp, 2008; Kok et al., 2005).

2008년 이후 진행하고 있는 델타 프로그램은 지구 온난화로 인한 급작스러운 기후 변화와 해수면 상승에 대비하는 것이 목적이다. 1단계와 2단계 사업이 각각 홍수로 인한 대참사를 겪고 난 후에 추진된 것과는 달리, 델타 프로그램은 네덜란드 역사상 최초로 홍수로 인한 재난을 경험하지 않고 시도되었다는 점에서 의미가 있다(Delta Committee, 2008). 1990년대 이후 유럽의 강수량이 40%가량 증가했으며, 제방의 높이만큼 물이 차올라 수십만 명이 대피하는 일이 빈발하면서 전략을 수정할 필요성을 느끼게 되었다. 지구 온난화로 인한 자연 재난의 규모는 예측하기 어렵다는 측면에서 국토의 대부분이 저지대인 네덜란드의 주민들은 커다란 불안감을 느끼고 있다. 그래서 델타 프로그램은 1960년대에 머물러 있는 홍수 위험의 기준을 강화하고, 1973년과 2003년에 발생한 극심한 가뭄에 대한 종합적인 대처를 통해서 기후 변화라는 불확실한 위험에 대처하려고 한다.

공공성이 변화와 혁신을 이끌어내다

앞에서 살펴보았듯이 네덜란드는 대홍수라는 국가적 재난을 계기로 사후 학습, 특히 지배적 가치에 개입해 이를 수정하고 새로운 전략을 실행하는 이중학습을 통해서 홍수관리 시스템을 혁신했다. 무너진 방조제를 보수하고 복구하는 대응으로 그치지 않고, 경보 시스템을 개혁하고, 댐 건설을 추진하기 위한 기술적·조직적·물질적 자원을 확대하며, 홍수관리 책임자를 명확하게 규정했다. 그런데 지배적 가치의 변화에 기반을 둔 근본적이고 구조적인 변화와 혁신은 사회의 공공성과 밀접하게 관련되어 있다. 위험 또는 안전은 사회 구성원의 공통의 이익과 직결되므로, 공공성이 잘 작동하는 사회는 위험 발생을 낮추고 피해를 줄이는 등의 위험관리 능력이 높다(구혜란, 2015). 따라서 공공성이 높으면 위험관리 시스템이 작동하여 위험 발생을 낮출 것이고, 설령 위험이 현실화되더라도 적절하게 대응하고 수습하는 복원력을 갖추게 된다. 반면 공공성이 높지 않다면 위험과 재난 관리의 민영화, 개인화가 진행되어서 결국에는 위험과 재난이 확대될 것이다(우석훈, 2014; 장덕진 외, 2014; 박영도 외, 2014: 이승환, 2014).

최근 OECD 30개 국가의 공공성 지표에 대한 분석을 보면(구혜란, 2015), 표 7-1에서와 같이 네덜란드의 공공성 순위는 전체 10위로, 최상위 수준인 북유럽 국가군을 뒤따르고 있다. 또한 미국, 이탈리아 등과 비교해보면 공공성의 하위 요소들이 어느 한 쪽에 치우치지 않고 비교적 고르게 양호한 상태다. 즉, 공익 창출을 목적으로 얼마나 자원을 투입하고 지출하는가를 보여주는 공익성은 11위, 자원에 대한 접근과 배분의 형평성을 보여주는 공정성은 8위, 공익과 관련된 의사결정 과정에 시민

구분	하위 요소				공공성
	공익성	공정성	공민성	공개성	
네덜란드	11	8	14	13	10
독일	15	18	6	9	11
이탈리아	9	5	22	29	13
미국	29	29	5	7	23
일본	27	25	28	26	29
한국	30	30	29	28	30

표 7-1 OECD 주요 국가의 공공성 및 하위 요소의 순위

자료: 구혜란(2015).

이 참여할 수 있는 역량과 제도화를 의미하는 공민성은 14위, 의사결정 과정의 투명성과 정보에 대한 접근성을 보여주는 공개성은 13위로 분석 되었다. 네덜란드의 공공성의 특성을 요약하자면, 공익을 실현하는 주체 의 한 축으로서 시민사회의 자발적인 활동이 활발하고, 시민의 참여를 보장하는 제도적 장치와 민주적 기반이 강하다는 것이다.

그렇다면 네덜란드의 공공성이 대홍수라는 국가적 재난 이후 시스템 을 혁신하는 데 어떻게 관련되어 작동했는지를 공공성의 하위 요소를 중 심으로 살펴볼 필요가 있다. 먼저 공익성의 측면에서 보면, 네덜란드는 과거부터 바닷물을 막고 제방을 쌓는 간척의 역사에서 공동체와 그 구성 원의 공통의 이익을 발달시켰다. 제방과 둑의 관리, 보수를 책임지는 각 지역의 주민들이 공통의 이익에 등을 돌리고 사적 이익을 추구할 경우 홍수 방어에 실패하고, 그로 인한 피해를 모든 주민이 입게 되기 때문이 다. 따라서 지역주민들의 협력과 합의가 지켜지지 않으면 사회적 지위 고하를 막론하고 모두 죽을 수 있다는 위기감이 공유되어 있다(이나무, 2013). 홍수 방어와 주민 안전의 쟁점은 특정 집단이나 개인의 사사로운

이익이 아니라 모든 사람들과 공통적으로 관계된 공익을 추구한다. 대홍수 직후 3만 명 이상의 시민이 자원봉사자로 등록하여 무너진 방조제를 복구하고 피해를 수습하는 데 나선 것도 이러한 공통의 이익을 인식하고 적극적으로 활동하는 공익성의 단면을 잘 보여준다(Stichting Deltawerken Online).

또한 높은 수준의 공익성은 제2차 세계대전 이후 빠른 속도로 발전한 네덜란드의 관대한 복지와도 밀접하게 관련되어 있다. 네덜란드는 발달된 공적 복지에 따른 효과적인 소득 재분배로 공익의 영역을 지속적으로 유지해왔다. 특히 의료, 교육, 사회보장 등의 복지 영역에 국가의 영향력과 분배적 기능이 확대되면서, 시민의 삶과 연관된 공공정책을 통해 사회 문제를 해결해왔다. 1952년 사회사업부Ministry of Social Works가 설립되면서 주로 민간·종교 단체가 담당했던 복지 서비스 제공을 정부 기관에서도 담당하기 시작했다. 1957년에는 최초의 보편적 사회보험제도인 '공적퇴직연금법Public Retire Pension Act'이 시행되었다. 또한 1960년대 초부터 사회보장과 관련된 많은 법과 정책이 정부의 권한을 강화하는 방향으로 도입되면서, 공평한 분배가 이루어질 수 있는 공동체로 개혁하기 위한 사회 개혁이 시행되었다.

그러나 복지국가의 확대가 공공의 영역을 유지하고 재생산하는 데 막대한 역할을 담당한다고 해서 국가가 공공성을 담보하는 유일한 주체인 것은 아니다. 자신의 삶에 영향을 미치는 정책을 결정하는 과정에 시민들이 활발하게 참여할 수 있어야 한다. 네덜란드의 공민성은, 델타위원회에서 이해관계를 달리 하는 다양한 개인과 집단이 참여해 공통의 문제를 놓고 협의하는 과정에서 단적으로 드러난다. 델타 프로젝트와 같이 막대한 비용이 소요되는 대규모 댐 건설 사업의 성공적인 추진을 위해서는 정부 기관, 이익단체, 주민 조직 등의 집단적인 협력이 중요하다. 델타위원회는 기초단체장 및 광역단체장, 물관리 이사회water board를 포괄하는 체제를 구축했다. 또 전문 연구기관, 시민사회 조직, 비즈니스 단체, 시민들이 관여해, 공통의 이해관계에 대한 인식을 바탕으로 관계 기관 사이의, 그리고 프로그램 사이의 협력을 이끌어냈다(Delta Committee, 2008).•

물론 다양한 이해관계를 가진 개인들, 집단들 사이에는 분쟁과 갈등이 있었으며, 처음부터 모든 이들이 협력적인 태도를 취한 것은 아니었다. 특히 항구를 통한 해상 운송의 중요성 때문에, 델타 근해의 농업 및 어업 종사자의 생업 때문에, 자연환경 및 생태주의자들의 이해관계 때문에, 대규모 댐 건설은 많은 반대 여론과 저항에 부딪혔다. 그럼에도 작은 규모의 단체에서부터 중앙정부에 이르기까지 여러 집단들이 델타위원회에 참여하여 적절한 협력을 통해서 작업을 진행해나갔다. 이를테면 방조제를 보수하고 댐을 건설하는 구체적인 방법을 둘러싸고 관계 기관들 사이에 의견이 분분해지자, 작은 작업에서 큰 작업으로, 단순한 작업에서 복잡한 작업의 순서로 진행한다고 결정함으로써, 이전 단계의 댐 건설 과정에서 학습된 경험을 바탕으로 다음 단계의 댐 건설에서 부딪히는 난제를 해결했다.

결국 공공성의 핵심은 시민들이 공적인 사안에 관심을 갖고 공공의 이익을 가져올 수 있는 방향으로 문제를 해결하기 위해서 공동의 노력을 기울이는 것인데, 이런 연유로 공공성에서는 당면한 문제를 표면에 드러내고 논의하는 투명한 공개성이 중요하다(하승우, 2014). 공개성은 중요

•   http://www.deltacommissaris.nl/english/topics/

한 쟁점과 관련된 지식과 정보를 특정 집단이 배타적으로 독점하거나 은폐하지 않고 투명하게 내보임으로써 접근 가능성이 높아야 한다. 델타위원회는 홍수 발생의 원인을 규명하면서 홍수와 관련된 지식과 정보를 공개하고, 원하는 사람이면 누구나 쉽게 접근해서 확인할 수 있도록 허용했다. 1953년 대홍수 이후에 과학적이고 체계적 방법, 통계 등의 실용적 지식을 최초로 도입했다는 점에서 홍수 관련 정보와 지식을 시민들에게 공개했다는 것의 의미는 더욱 크다.

민관 협력을 지탱하는 시민사회의 힘

델타위원회는 대홍수 이후 약 45년 동안 14개의 댐을 건설하는 대규모 프로젝트를 추진하는 과정에서, 각 수준의 정부 기관과 다양한 형태의 시민사회 조직 사이에 이루어진 훌륭한 민관 협력 사례를 보여주었다. 이러한 정부-민간 협력이 제대로 작동하고 기능하기 위해서는 특정 집단이나 개인의 이익을 극대화하지 않도록 견제하고 공공의 이익을 인식하고 협력할 수 있는 시민사회가 존재해야 한다. 네덜란드는 다양한 시민단체, 종교 단체, 각종 협회 등을 주축으로 하는 시민사회가 잘 조직되어 있으며, 시민들은 다양한 통로를 통해서 협의와 소통에 기반을 두고 합의를 이끌어낸다. 시민의 활발한 소통과 협의를 일컫는 '오벌레흐overleg'라는 용어는 이러한 특성을 보여준다. 오벌레흐는 이해 당사자들이 모든 의견을 꺼내놓고 합의할 때까지 회의한다는 뜻이며, 오벌레흐를 통해서 내린 결론은 반드시 존중해야 하고 뒤집지 못하게 되어 있다. 따라서 합의에 쉽게 도달하지 못하는 쟁점을 다룰 때는 많은 시간이 걸리지만, 합의를 위해서 충분히 많은 협의와 소통이 이루어지기 때문에 합의된 결론은 신속하게 실행된다.

실제로 1960년에 착공하여 1986년에 준공된 오스터스켈더 댐Ooster-scheldekering은 어패류 산업 유지와 자연환경을 보호해야 한다는 여론의 강력한 반대에 부딪혀서 건설에 난항을 겪었다(이나무, 2013). 댐 건설을 위한 다양한 방안에 대해 지역의 어민, 양식업자, 환경단체가 오랜 시간에 걸쳐서 찬반 토론과 조정을 이루어나갔다. 정부는 바다를 가로막는 폐쇄된 댐을 건설하려는 계획을 보류하고, 대신 부분적으로 개방해서 해수 유입과 해양 생태계의 특성을 유지할 수 있는 댐을 건설하는 합의안에 동의했다. 개방된 댐은 폐쇄된 댐에 비해서 건설비용이 훨씬 많이 들지만, 정부와 시민사회는 해수면이 상승할 경우에는 수문을 닫는다는 조건으로 개방된 댐 건설이라는 합의안을 수용했다.

공공성을 유지하고 재생산하는 토양이 되는 시민사회의 힘은 네덜란드 시민들의 가치관에서도 찾아볼 수 있다. 이들은 협력과 연대의 정신을 중시하고, 공공선과 규범을 강조하며, 높은 수준의 관용과 타인에 대한 존중을 보인다. 2010~2014년 사이에 이루어진 6차 세계가치관조사에서 중요하게 생각하는 가치를 질문했을 때, 네덜란드 국민들은 '성공'(2.56점)이나 '부의 축적'(2.12점)보다 '공공선'(3.89점)이나 '사회적 규범'(3.67점)을 더 중시하는 가치관을 드러냈다.● 또한 경쟁을 '좋다'고 생각하는 비율이 24.9%로, 이 항목의 비율이 40%가 넘은 대부분의 OECD 국가와는 다른 모습을 보인다. 주목할 점은 다음 세대에 대한 교육관인데, '관용과 타인에 대한 존중'을 가르쳐야 한다고 응답한 비율은 86.0%

● 모두 5점을 기준으로 해서 각 항목의 중요도를 응답한 결과다.

로, 45.3%에 불과한 한국과 대조적일 뿐만 아니라 스웨덴 등과 함께 세계 최상위 수준이다(장덕진 외, 2014).

이러한 시민사회의 특성은 네덜란드의 역사적·문화적으로 고유한 '기둥화pillarization' 현상에서 연원을 찾을 수 있다. 기둥화는 가톨릭, 칼뱅파, 노동계급(사회주의), 개혁파 교회 등을 중심으로 기둥pillar이라고 불리는 분리된 집단들이 조직되고, 각 집단에 속한 구성원들 사이에 사회 통제와 보호가 이루어지는 현상을 의미한다. 특히 종교 조직들이 종교적 자선으로서 구빈 활동을 강력하게 주장하고 막강한 영향력을 행사하면서, 민간 차원의 구빈 기관이 큰 폭으로 증대했다. 이들 종교 조직은 교육이나 빈민 부조 등에 대한 정부의 역할이 강화되는 것을 반대하고 자신들의 배타적인 영역을 확고하게 구축하려고 했다. 따라서 구빈 활동에서 정부는 최후의 책임만 지고, 실질적인 자선 활동이나 사회사업은 종교 조직들이 독자적으로 수행하게 되었다.

각 기둥은 사회생활의 모든 영역에 걸쳐서 종교와 이념별로 정당, 노동조합, 사용자 단체, 주택조합, 학교, 보험, 신문, 병원, 스포츠클럽, 사교 모임 등의 다양한 조직들로 결성된다. 시민들은 자신의 생애에 걸쳐서 다수의 조직화된 집단에 편입함으로써 광범위한 시민 참여의 네트워크를 형성한다. 따라서 기둥은 개인의 정체성 형성과 사회화가 이루어지는 핵심 근원지이며, 넓은 의미의 정치 문화를 다음 세대로 전수해주는 중요한 에이전시로 기능한다(Dekker and Ester, 1996). 여기서 주목할 점은, 종교와 이념에 기반을 둔 각 기둥의 광범위한 네트워크를 통해 정치 엘리트와 대중 사이에 긴밀한 유대가 존재한다는 점이다(Lucardie, 2008). 각 기둥에 의해서 광범위하게 조직된 다양한 시민사회 단체들은 해결하기 어려운 사회적 도전에 대처하는 각종 위원회, 이사회, 협의회 등의 기구에서 대화와 협의의 파트너로 참여하여 민관 협력 체제를 구성했다. 이는 시민 참여가 보장된 제도들이 발달해 있고, 그러한 제도를 기반으로 시민사회의 힘이 실질적으로 발휘되고 있는 네덜란드 공공성의 특성을 잘 보여준다.

네덜란드의 사례에서 무엇을 배울 것인가

국토의 대부분이 홍수에 취약한 네덜란드는 1953년 대홍수라는 국가적 재난을 겪은 후에 사회의 구조적인 변화와 혁신을 통해서 오히려 재난을 극복하는 역량을 키웠다. 과거형 재난이 반복되는 한국 사회로 눈을 돌린다면, 재난 발생이 문제가 아니라 그러한 재난을 경험하고서도 아무런 교훈을 얻지 못하는 학습의 부재가 문제라 할 수 있다. 특히 기존의 지배적 가치를 변화시키고 새로운 전략을 채택하는 이중순환학습이 이루어지지 않으면, 한계점을 드러낸 기존의 시스템을 혁신하지 못하여 재난이 반복될 수밖에 없다. 특히 경제주의, 비용 절감의 논리에 밀려서 안전을 도외시하고 위험을 추구하는 지배적 가치가 변화하지 않는다면 과거형 재난에 노출되는 것을 피하기 어렵다. 네덜란드가 국가적 재난이었던 대홍수를 겪은 이후에 혁신을 통해 홍수관리 역량을 높이고 재난을 극복해가는 사례에서 한국 사회에 던지는 몇 가지 시사점을 찾아볼 수 있다.

첫째, 홍수는 '알려진 위험', '피할 수 있는 위험'이기 때문에 정해진 규칙과 절차를 갖추면 충분히 방어하고 대비할 수 있는 과거형 재난이다. 네덜란드는 1953년 대홍수 이전까지만 해도 위험 방어와 안전보다 경제적 부의 축적을 우선시하고 비용 부담을 회피하면서 무너진 방조제를 보수하는 데 그쳤다. 그러나 1953년 대홍수의 참사를 계기로 한계를 드러낸 기존의 홍수관리 전략을 폐기하고 시스템을 혁신함으로써 국제 사회에서도 홍수관리 역량이 뛰어난 수준임을 인정받고 있다. 이는 위험과 재난에 대하여 사후 학습, 특히 지배적 가치의 전환을 통해서 변화와 혁신을 이룬다면, 오히려 복원력을 높이고 재난 발생을 줄일 수 있음을 보여준다.

또한 델타 프로젝트는, 과거형 재난에 대한 사후 학습을 철저하게 한다면 미래의 '알 수 없는 위험'에 대한 예방 또는 대비, 사전 학습도 가능해진다는 것을 보여준다. 델타위원회는 바닷물의 범람을 막는 댐 건설 이후에 하천의 범람에 대비하는 공간을 구축하는 등, 1953년 대홍수의 재난을 계기로 지속적으로 홍수관리 시스템을 혁신하고 발전시켰다. 그리고 그 연장선에서 최근에는 기후 변화와 해수면 상승을 사회적 쟁점으로 부각시키면서 델타 프로그램을 추진하고 있다. 주지하다시피 지구 온난화에 따른 기후 변화는 위험의 발생 확률, 피해의 규모 및 심각성에 대한 뚜렷한 지식과 정보가 부족한 '알 수 없는 위험'이다. 델타 프로그램은 홍수 위험의 기준을 강화하고, 가뭄에 대한 종합적인 대처를 통해서 기후 변화라는 미래의 알 수 없는 불확실한 위험에 대비하는 사전 학습을 진행하고 있다.

둘째, 위험과 재난을 방어하고 안전을 지키는 데는 정부의 역할도 중요하지만, 그에 못지않게 조직화되고 활성화된 시민사회의 힘도 중요하다. 국토의 많은 부분이 저지대인 네덜란드에서는 간척과 홍수 방어를 위해 강력한 리더십이 필요하고, 대규모 건설 사업을 추진하기 위해 다양한 이해관계를 조율하는 정부의 역할이 중요하다. 정부가 특정 집단이나 계급의 이해를 옹호하지 않고 공공의 이익이라는 관점에서 접근할 수 있어야 관용과 타협이 용이해지기 때문이다. 네덜란드 정부는 대홍수 직후 신속하게 델타위원회를 설립함으로써, 홍수의 발생 원인과 피해의 심각성을 규명하고 홍수를 근본적으로 방어하기 위한 델타 프로젝트를 추진시킬 수 있었다.

그런데 막대한 비용과 시간이 소요되는 델타 프로젝트가 약 45년 동안이나 추진될 수 있었던 배경에는 그 과정에 참여하고 협력했던 다양한 시민사회 세력이 존재한다. 델타위원회의 의사결정은 중앙정부뿐만 아니라 기초 지자체, 다양한 이해 당사자와 시민단체들이 참여하여 소통과 협의에 기반을 둔 합의를 도출함으로써 이루어졌다. 공공사업일지라도 이해관계가 충돌하는 집단이 존재하고 분쟁과 갈등이 발생하는데, 이럴 경우 이해 당사자들이 충분히 대화하고 협의하여 충돌되는 의견과 이해관계를 조정함으로써 분쟁과 갈등을 감소시켜야 한다. 이러한 협의와 합의가 전제되지 않는다면 제도와 실행의 괴리는 피하기 어려울 것이다. 반면 한국 사회에서는 제도가 있어도 제대로 실행되지 않거나 원래의 목적과 부합하지 않는 방향으로 시행되는 현상을 종종 볼 수 있다. 국책 사업을 포함하여 공공의 이익을 위해 추진하는 사업은 이해 당사자들의 협의와 협력에 기반을 두는 것이 사업 추진에 더 유리할 수 있다.

셋째, 위험 방어와 안전 확보에 소요되는 시간과 재원은 현재에 지불해야 할 '비용'이 아니라 미래를 위한 '투자'이므로 경제 성장과 안전이 반드시 제로섬의 관계에 있는 것은 아니다. 델타위원회는 홍수를 근본적으로 방어하기 위한 투자의 관점에서 댐 건설 사업을 지지했는데, 결과적으로는 홍수 피해를 획기적으로 줄일 수 있었다. 나아가 해상 운송 능력의 향상, 관광 자원의 개발, 고용 창출 등의 경제적인 효과도 가져왔다. 델타 프로젝트는 또한 최근에 '지속가능한 발전'이라는 더욱 거시적이고 장기적인 관점에서, 지속가능한 경제 모델, 녹색성장 모델과도 연결된다. 네덜란드 정부는 경제 성장을 위해서 경제 자본뿐만 아니라 인적 자본, 사회 자본, 자연 자본을 포괄해 환경을 효율적으로 사용함으로써 새로운 경제적 기회의 창출을 모색하고 있다.* 오스터스켈더 댐의 사례에서 보듯이, 독특한 자연환경 및 생태계를 보호하려는 환경단체와 지역주민의 목소리가 강력한 여론을 형성하는데, 이러한 움직임은 네덜란드의 생태적 근대화, 또는 녹색 폴더 모델로 반영되고 있다(구도완·박치현, 2007; 김인춘·최정원, 2013).

네덜란드의 대홍수 발생과 극복 과정을 살펴보면, 재난은 대응과 조치, 원인 규명, 재발 방지 대책 등을 어떻게 처리하는가에 따라서 오히려 해당 사회의 위험 가능성을 낮추는 계기가 될 수 있다. 재난 발생은 오랜 시간에 걸쳐서 산적해 있던 문제들을 드러내고 구조적인 혁신의 필요성을 제기하기 때문이다. 단편적인 일회성의 임기응변이나 책임 회피 또는 희생양 찾기에 머무르고, 재난을 관리할 수 있는 제도적인 안전장치를 끌어내지 못한다면 재난은 반복될 수밖에 없다. 전쟁에 버금가는 상흔을 남긴 국가적 재난에 직면하여 네덜란드는 재난에 내포되어 있는 사회의 취약성을 포착하고, 위험과 안전에 대한 사회적 가치를 근본적으로 전환시킴으로써 구조적인 혁신을 단행했다.

특히 네덜란드 사회의 높은 공공성은 1953년 대홍수의 참사를 극복하고, 홍수를 관리하기 위한 전반적인 시스템을 수정하도록 영향을 미쳤다. 개인의 이익보다 사회 구성원 공통의 이익을 강조하는 공익성, 조직

---

* 네덜란드 통계청(Statistics Netherlands) 홈페이지(http://www.cbs.nl/en-GB/menu/themas/dossiers/duurzaamheid/cijfers/extra/default.htm)의 지속가능한 발전에 관한 설명 참조.

화된 시민사회의 참여와 협의를 보장하는 제도적 장치와 민주적 기반을 지탱하는 공민성, 중대한 의사결정과 관련된 지식과 정보에 대한 접근성을 보장하는 공개성의 작동은, 델타위원회를 중심으로 사회가 직면한 문제를 장시간에 걸쳐 차근차근 풀어가도록 해주었다. 민관 협력의 중요성을 강조하는 가치를 바탕으로 네덜란드는 최근 들어 공공성에 대한 정부의 감독과 투명성을 더욱 강조하면서 법률 체계를 정비·강화하고 국가·사회 문제에 시민이 참여할 필요성을 피력했다. 또 활발한 시민 참여를 위해서 정치인과 공무원이 더욱 높은 수준의 투명성을 보여야 한다고 강조했다(WRR, 2013).

이런 측면에서 볼 때 한국 사회가 과거형 재난을 되풀이하지 않으려면, 재난을 겪은 이후 학습을 통해서 기존의 지배적 가치를 수정하고 그에 따라 새로운 전략을 마련해야 할 것이다. 이는 전반적인 시스템을 바꾸고 혁신하는 것이며, 이를 위해서는 무엇보다도 OECD 최하위 수준에 머물러 있는 한국 사회의 공공성을 끌어올리는 것이 급선무일 것이다. 공공성을 추진하고 실행하는 주체는 정부가 유일하지 않으며 독점할 수도 없다. 시민사회가 함께 정책을 협의·결정·집행해야 하며 시민들이 공적인 사안에 관심을 갖고 그것을 해결하기 위한 공동의 노력을 기울여야 한다. 공공성의 핵심은 누가 일방적으로, 또는 정부가 알아서 규정하는 것이 아니라, 그러한 규정에 영향을 받는 사람들이 결정 과정에 참여함으로써 실현할 수 있기 때문이다.

세 월 호 가

우 리 에 게

묻   다

8장

무엇을 할 것인가

세월호 패러다임의 전환을 위하여

세월호 위기를 어떻게 넘을 것인가

이 책에서 우리는 세월호 참사로 대표되는, 한국의 반복되는 재난을 이해하기 위해 여러 시도를 했다. 한국 사회를 이중위험사회로 개념화하고, 많은 경우 재난은 자연재해나 기술 그 자체의 문제가 아니라 그 사회가 안고 있는 사회적 취약성으로 인해 훨씬 더 큰 위기로 증폭된다고 보았다. 그중에서도 특히 사회적 취약성의 핵심은 공공성이다. 그 사회의 공공성이 어느 정도 수준에 있고 어떤 양상을 띠느냐에 따라 재난의 발생과 대응과 규모는 모두 체계적인 차이를 보인다. 우리의 이러한 주장을 검증하고 한국 사회가 얻어야 할 함의를 찾기 위해 일본, 미국, 독일, 네덜란드의 대표적인 재난과 그 대처 방식을 세월호와 비교하면서 검토해보았다.

언제까지 두 손 놓고 앉아서 한탄만 하고 있을 수는 없는 노릇이다. 우리 사회는 세월호 위기를 어떻게 넘을 것인가? 이 장에서는 지금까지의 연구에 기초하여 우리가 세월호 참사를 극복하기 위해 꼭 해야 할 일들을 정리해보려고 한다.

이중위험사회, 어떻게 탈출할까

2장에서 자세히 검토한 것처럼, 한국은 아직도 과거형 재난이 끝없이 되풀이되는 상태에서 미래형 위험까지 이미 도래해 있는 이중위험사회다. 세월호 참사는 전형적인 과거형 재난이다. 인류는 수천 년 동안 배를 타왔고, 우리는 배가 가라앉지 않을 조건에 대해 거의 모든 것을 다 알고 있다. 세월호는 기술적인 문제 때문에 침몰한 것이 아니라는 뜻이다. 이것은 배뿐만 아니라 건물이나 교량 붕괴, 가스 폭발, 지하철 사고나 최근 문제가 되고 있는 싱크홀에 이르기까지 다 마찬가지다. 우리는 이 모든 것들과 관련해 완벽한 지식을 가지고 있지만, 이런 종류의 재난은 끊임없이 반복된다. 여기에 더하여 세계적 차원에서 전례 없이 높아진 상호의존성과 복잡성의 네트워크는 우리가 겪게 될 미지의 위험을 계속해서 키워간다. 황사, 미세먼지, 방사능, 환경호르몬, 핵폐기물에 이르기까지, 시간과 공간의 경계를 넘나드는 새로운 종류의 위험들은 이미 우리 삶의 일부가 되었다. 과거형 재난도 아직 제대로 극복하지 못한 상태에서 미래형 재난까지 겹쳐진 한국은, 그래서 울리히 벡의 말처럼 '아주 특별히 위험한 사회'가 되었다.

사회적 취약성의 인식

어떻게 탈출할 것인가? 제일 먼저 해야 할 일은 사회적 취약성으로 인해 재난이 더 자주 발생하고, 재난에 제대로 대응하지 못하며, 더 크게 증폭된다는 사실을 인식하는 것이다. 똑같은 태풍이 한반도를 휩쓸고 지나가도 남한의 희생자에 비해 북한의 희생자가 수십 배나 많은 것은 우리보다 훨씬 더 취약한 북한 사회가 남한에 비해 재난을 크게 증폭시킨다는 점을 보여준다. 공상과학 영화에 나오는 재난은 평온한 세상에 어느 날 갑자기 외계인과 같은 외부의 적이 쳐들어와서 발생하는 것이지만, 현실 속의 대부분의 재난은 취약한 사회 속에 내재해 있다가 계기만 주어지면 발생하고 증폭된다. 재난은 이미 우리 안에 있는 것이다. 재난이 사회적 취약성으로 인해 증폭된다는 점을 인식하지 못하면 두 가지 오류를 저지르게 된다.

첫째, 여러 재난들을 연결하는 공통의 연결 고리를 찾으려 하기보다 각각의 재난들을 별개의 사건으로 인식하게 되고, 그 결과 현재 눈앞의 사건만 수습되면 그걸로 끝이라고 생각한다. 세월호 참사의 수습 과정을 보상과 인양의 문제로만 생각하는 사고방식이 대표적이다. 설사 이런 문제들이 모두 원만하게 해결되었다고 가정하더라도, 세월호의 보상과 인양이 이루어지면 비슷한 다른 재난들은 두 번 다시 일어나지 않을 것인가? 그렇지 않다. 세월호 참사는 '해결'되더라도 비슷한 재난들은 계속해서 이어질 것임을 우리는 그동안의 경험을 통해 모두 다 알고 있다. 그러니 여러 재난들을 연결하는 공통의 연결 고리인 사회적 취약성을 찾아야 한다.

둘째, 재난이 사회적 취약성의 문제임을 인식하지 못하면 적극적으로 재난을 방지할 수 있는 기회를 놓치게 된다. 재난이 이미 우리 사회 속에 내재해 있다면 힘들더라도 우리는 우리 사회의 잘못된 특성들을 고치려고 노력할 수 있고, 그것은 비슷한 종류의 재난들을 사전에 예방하는 기회가 될 수도 있다. 재난이 사회적 취약성의 문제임을 인식하지 못하면 재난은 운과 확률의 문제가 되어버리고, 그러면 재난을 극복할 기회는 잡을 수 없게 될 것이다.

이중순환학습: 세월호는 과연 누구의 위기인가

이 책의 2장과 7장에서 다루어진 것처럼 재난을 반복하지 않기 위해서는 이중순환학습이 반드시 필요하다. 이중순환학습이란 시스템을 열린 체계open system로 이해하고 시스템 자체에 감추어진 가정에 도전하는 것이다. 핵심은 외재화externalization에 있다. 외재화란 시스템 그 자체가 잘못되었을 가능성을 공개적으로 검토하는 것이며, 따라서 '문제를 과감하게 드러낼 용기'를 필요로 한다. 그러나 어떤 시스템이나 조직은 그것을 구성하는 사람들로 채워져 있고, 그들 사이에 권한과 자원이 배분되어 있으며, 따라서 이해관계를 동반한다. 시스템의 문제를 과감하게 드러내는 용기는, 많은 경우 현재의 시스템에 안주하는 사람들의 반발을 마주할 용기를 의미한다. 그런 용기가 없기 때문에 많은 조직들은 재난이라는 특수한 상황에서조차 내재화internalization를 택한다. 일단 내재화의 길을 택하면 시스템의 근본 문제를 검토할 기회는 사라지고, 현재의 시스템하에서 '누가 잘못했는지'를 찾아서 그를 처벌하고 끝나게 된다. '희생양 찾기'가 되어버리는 것이다. 사태를 책임진 개인은 있었지만 시스템은 달라진 것이 없고, 따라서 비슷한 재난은 반복된다. 무슨 일이 있을 때마다 장관이 책임지고 물러나지만 정부의 행태는 별로 달라지지 않는, 우리에게 익숙한 경험이 대표적인 예다.

이제 이중순환학습과 외재화·내재화라는 관점에서 세월호 이후의 전개 과정을 다시 복기해보자. 세월호 참사가 위기라면 그것은 과연 누구의 위기일까? 사태의 대응 과정에서 청와대와 정부가 보인 모습은 세월호 위기를 주로 정권의 위기로 보고 있다는 느낌을 주었다. 청와대는 컨트롤타워가 아니라는 주장이나, 사건 첫날 대통령이 세월호 관련 내용을 시시각각 보고받고 적절한 대응을 지시하고 있었음을 납득시키려 안간힘을 쓰는 모습 등은 그런 인상을 주기에 충분했다. 야당이 소위 대통령의 '사라진 7시간'을 최대한 부각시키려고 애쓰는 모습은, 세월호 참사를 정권의 위기로 키우려 한다는 의구심을 자아내기에 충분했다.

같은 연장선상에서, 사건 이후 일부 언론의 보도 행태는 세월호라는 위기로부터 정권을 구해내는 데 앞장서는 모습이었다. 그들은 유병언과 그 일가라는 몇몇 개인들을 최대한 부각시킴으로써, 세월호 사건의 책임과 세상의 관심이 유 씨 일가에게 쏠리도록 하는 역할을 했다. TV를 켜면 거의 하루 종일 유병언과 그 일가의 모습이 화면을 가득 채웠고, 그들 종교 집단의 본거지라고 알려진 금수원에서 구원파 신도들이 농성하는 모습과 경찰이 진입하는 모습 등을 수도 없이 보여주었다. 과거 유병언이 자신의 건강을 자랑하는 동영상에서 시작해, 그의 시시콜콜한 일상과 사생활에 이르기까지, 유병언과 관련된 것이라면 무엇이든 보도되었다. 오죽하면 온라인에서는 YBS라는 신조어가 유행할 정도였다. YBS란 '유병언 브로드캐스팅 시스템'의 약자다. 하루 종일 유병언 이야기만 늘어놓는 일부 언론을 조롱하는 신조어였다.

유병언이 책임이 없다는 이야기가 아니다. 그는 법적으로나 도덕적으로 엄중한 책임을 져야 할 사람이다. 그러나 유병언 개인의 책임과 더불어, 세월호라는 비극을 불러온 우리 사회의 잘못된 시스템을 어떻게 바로잡을지 함께 논의되어야 할 공론장을, 유병언이라는 개인에 대한 흥미 위주의 보도와 전 국민이 참여하는 실시간 토끼몰이로 뒤바꾸어놓은 것은 심각한 문제다. 세월호라는 엄청난 참사의 유일한 책임자인 것처럼, 그 한 사람만 잡으면 모든 문제는 해결될 것처럼 여겨졌던 유병언은 허무하게도 형체조차 알아볼 수 없는 시신으로 돌아왔다. 만약 산 채로 그를 잡아서 모든 책임을 물을 수 있었다면, 이제 세월호 같은 비극은 두 번 다시 일어나지 않을 수 있었을까? 아니, 두 번 다시 일어나지 않는 것은 고사하고 세월호 사건을 겪은 이후 우리 사회는 그 이전보다 조금이라도 더 안전해졌을까? 세월호 이후에도 쉴 새 없이 일어나고 있는 각종 안전사고들은 세월호 이전이나 이후나 별로 달라진 것이 없음을 말해준다. 당연한 일이다. 세월호를 비롯해 수많은 재난들을 만들어내는 진짜 이유, 그 배후에 있는 '시스템'을 개혁해야 하는데, 그 부분에 대해서는 논의도 못 해본 채 세월호 사건을 책임질 '개인들'을 찾는 것으로 끝나버렸기 때문이다.

세월호 참사 이후 일부 언론의 보도 행태는, 한국 사회가 세월호라는 값비싼 대가를 치르고 얻을 수도 있었던 외재화의 기회를 걷어차 버리고 내재화의 길을 택하도록 만드는 데 크게 일조했다. 시스템을 바꿀 수도 있었는데 개인만 비난하고 끝나도록 만들어버린 것이다. 만약 앞으로 비슷한 재난이 반복되어 또다시 많은 인명이 희생되는 일이 생긴다면, 이들은 그에 대해 적어도 도덕적 책임감은 느껴야 할 것이다.

세월호 희생자와 그 유족들을 모욕하고 조롱하는 이들은 물론이고, 세월호를 '교통사고'로 해석하고 싶어 했던 일부 정치인들은 세월호 위기를 '희생자와 그 유족들만의 위기'로 보는 것 같다. 그들에게 세월호 사건은, 운 없게도 사고 날 선박에 탑승했다가 희생된 사람들과 그 가족들의 문제이고, 적절한 선에서 보상받고 끝나야 할 문제다. 그렇기 때문에 유족들의 요구를 일반적인 교통사고 희생자들에 대한 보상과 비교하고, 천

안함 희생자들과 비교하는 것이다. 천안함이나 세월호, 혹은 일반적인 교통사고도 모두 안타까운 희생이다. 그러나 그 희생의 가볍고 무거움을 비교하는 것은 적절치 않다. 세월호 유족들을 보상금에 눈먼 사람으로 비하하고, '국가를 위해 희생한 것도 아닌데' 보상금을 요구한다고 비난하는 사람들은, 이 책의 5장에서 다루었던 미국의 카트리나 사례를 참고할 일이다.

한국에서 세월호 유족에게 보상금에 눈먼 사람들이라는 낙인을 찍듯이, 미국에서도 마찬가지로 '자격을 갖춘 피해자'와 '자격 없는 복지사기꾼'을 구분하는 낙인이 횡행했다. 그러나 사실은 그 자격이라는 것이 많은 경우 백인 중산층을 기준으로 한 것이었으며, 빈곤율이 훨씬 높고 더 다양한 가족 형태를 가지고 있는 흑인이나 이민자, 빈곤층에게는 적절하지 않은 것이었다. 똑같은 재해의 피해자인데도 백인 중산층과 다른 처지에 처해 있다는 이유 하나만으로 '복지사기꾼'으로 낙인찍히고, 흑인과 빈곤층이 공적 지원을 남용하고 있다는 고정관념의 타깃이 되었던 것이다. 5장에서 인용했듯이, 카트리나가 휩쓸고 간 미국 뉴올리언스에서 심지어 똑같이 식료품점에서 음식물을 가져가는 장면을 놓고도 백인에게는 '발견'이라는 표현을 쓰고 흑인에게는 '약탈'이라는 표현을 쓰는 언론의 사례도 발견되었다. 이것은 결국 피해자에 대한 배제적인 정책을 만들고, 사회적 공감대와 연대를 협소하게 하는 결과를 낳을 뿐이다. 예측 불가능한 이중위험사회 한국에서, 세월호 유족에게 낙인을 찍은 사람들도 언제든 다른 종류의 위험에 노출될 가능성이 상존한다. 그들이 세월호 유족에게 찍었던 낙인은 사회적 배제와 공감불능이라는 부메랑이 되어 스스로에게 돌아올 가능성이 크다.

세월호의 위기는 정권의 위기도 아니고, 희생자와 그 가족들만의 위기도 아니다. 그것은 우리 사회가 가진 공공성의 위기이고, 따라서 우리 모두의 위기다. 세월호라는 비극이 벌어지기까지 수많은 연결 고리들이 있었다. 그중 한두 가지만 제대로 작동했더라도 이 비극은 벌어지지 않을 수 있었다. 이익 극대화를 위해 안전에 무관심한 청해진해운의 비정상적 경영이 없었다면, 해운사를 관리·감독해야 할 공무원들이 퇴직 후 많이 옮겨간다고 알려진 한국선급의 봐주기가 없었더라면, 46척 가운데 두 척밖에 작동되지 않았던 구명정만 제대로 작동되었다면, 구명정 검사 업체의 부실 점검이 없었다면, 평소 해경이 선박 진입 훈련이라도 한번 해보았더라면, 우리 사회에 수학여행을 연안여객선 적자 보전 수단으로 보는 물질만능주의가 없었더라면, 선장을 비롯한 선원들이 조금이라도 책임감을 가졌더라면, 그들을 직업윤리 따위는 신경 쓰지 않도록 만든 하나의 원인이었을 비정규직 고용과 저임금 문제가 없었더라면……. 아쉬운 것들의 목록은 끝이 없다. 이 수많은 연결 고리 중 한두 가지만 제대로 작동했다면 세월호 참사는 일어나지 않을 수도 있었다. 그런데 이것들 중 어느 하나도 제대로 작동하지 않았다는 것은 세월호가 단순히 정권의 위기나 희생자와 그 유족들의 위기가 아님을 말해준다.

세월호와 관련해 어느 하나 제대로 작동하지 않았던 저 수많은 연결 고리들이 과연 다른 곳에서는 제대로 작동했을까? 내가 살고 있는 아파트나 내 직장이 있는 건물은 과연 제대로 지어졌을까? 나와 내 가족이 매일 타고 다니는 지하철은 설계대로 안전하게 지어진 것일까? 누군가는 건물에 들어가야 할 철근을 빼돌려서 사욕을 채우고, 누군가는 그것을 묵인해주고, 누군가는 엉터리로 안전검사를 해주고 있는 것은 아닐까?

좀 더 큰 사건들은 어떤가? 세월호에 실려 있던 46척의 구명정 중 작동된 것은 두 척밖에 없었다고 하는데, 만에 하나 전쟁이라도 벌어질 경우 군이 보유하고 있는 무기들은 제대로 작동할까? 최근 들어 부쩍 원인 모를 운행 중단 소식을 자주 듣게 되는 원자력발전소는 정말 원칙대로 안전하게 관리되고 있는 것일까? 상상하기도 끔찍한 일이지만, 잊어버 릴 만하면 불거지는 방산 비리와 원전 관련 비리에 대한 보도들을 접하 노라면 불안한 마음을 지울 수 없다. 정말로 세월호만 운이 없었던 것이 고, 우리 삶의 다른 부분들에서는 저 수많은 연결 고리들이 제대로 작동 하고 있는 것일까? 이 질문에 자신 있게 '예'라고 답할 수 없다면 세월호 는 세월호만으로 끝나지 않는다. 우리 사회 곳곳에 수많은 세월호들이 있는 것이고, 우리는 어느 순간 발 앞에 낭떠러지가 나타날지 모른 채 걷 고 있는 것이다.

따라서 세월호라는 특정한 사건 하나를 해결한다고 해서 문제는 끝나 지 않는다. 우리 사회 어느 곳에서도 저 수많은 연결 고리들이 제대로 작 동한다고 자신 있게 말할 수 없도록 만드는 배후의 진짜 문제를 드러내 야 비로소 세월호 위기를 극복할 수 있는 것이다.

알려진 기술의 실패: 조직과 규제

부패와 투명성

앞에서도 언급했듯이 대부분의 재난은 기술 그 자체의 결함에서 오기보 다는 알려진 기술을 원칙대로 사용하지 않는 데서 온다. 그럼에도 우리 는 안전성을 따질 때 기술 그 자체의 안전성에만 초점을 맞추는 경향이 있다. 예를 들어 원전 기술이 그 자체로는 매우 안전한 것이라 하더라도, 원전을 운용하는 조직이 그 기술을 원칙대로 사용하지 않으면 하루아침에 파국적 재난을 가져오는 괴물로 돌변할 수 있다. 우리는 그동안 원전 부품의 시험성적서 위조에 여러 기업과 검증기관, 승인기관이 연루된 것은 물론이고, 전직 차관까지 원전 비리 관련 뇌물수수 혐의로 실형을 선고받는 것을 목격했다. 원전 폐쇄와 에너지 전환을 결정한 독일과는 달리 한국은 앞으로도 원전 의존도를 높여나갈 계획을 가지고 있다. 과연 우리의 원전은 안전하게 운용되고 있을까? 원전의 안전성을 둘러싼 논란이 일 때마다 관련 당국과 전문가들은 원자력이 얼마나 안전하고 검증된 기술인지를 설명하는 데 주력한다. 그 설명을 모두 받아들인다 하더라도 '기술'의 안전성과 '운용'의 안전성은 전혀 다른 문제다. 그리고 우리는 원전이 원칙을 어기며 운용된 사례들을 이미 여러 차례 목격했다.

4장에서 다루었던 일본의 경우를 돌아보자. '원자력마을'이라 불리는 일본의 원전 마피아는 원자력 행정에 관련된 경제산업성과 에너지청, 문부과학성, 전력회사, 원자력 산업, 재계, 정계, 매스미디어, 학술계, 전력 관련 노동계에 이르기까지 똘똘 뭉친 이해집단을 형성했고, 이들은 후쿠시마 이전에는 물론이고 후쿠시마 이후에도 원전의 위험성과 관련된 정보를 차단하는 역할을 해왔다. 이것은 세월호 참사 이후 드러난 한국의 '관피아'와 거의 정확히 일치한다. 소관 정부 부서와 감독 당국, 해운사, 검사업체 등이 보이지 않는 침묵의 카르텔을 형성하고, 선박의 불법 개조와 무리한 불법 운항을 묵인하고 방조했다. 알려진 기술을 원칙대로 운용하지 않는 것은 이처럼 어느 나라에서나 항상 부패와 연관되게 마련이다. 사실상 한국 사회의 문제 중에는 투명성 제고를 통해 해결될 수 있는 것이 많은데, 안타까운 것은 한동안 완만하게나마 개선되는 듯하던 한국의 투명성 수준이 최근 들어서는 정체 내지 후퇴하는 경향을 보인다는 점이다. 투명성의 획기적 제고가 없이는 알려진 기술을 원칙대로 운용하지 않을 것이며, 따라서 과거형 재난도 사라지지 않을 것이다.

규제 완화라는 착시현상에서 벗어나야

규제를 좋아할 사람은 없을 것이다. 혹여 창업이라도 할라치면 감독관청의 인허가와 수많은 서류 때문에 사업을 시작도 하기 전에 진이 빠진다는 언론 보도도 종종 접한다. 그래서인지 언제부터인가 모든 대통령은 규제 완화를 약속한다. 이명박 전 대통령은 취임 초기 대불공단의 트럭 운행에 방해가 되는 전봇대를 뽑아서 화제가 된 적이 있다. 박근혜 대통령은 "쓸데없는 규제는 우리가 쳐부술 원수"이자 "제거하지 않으면 우리 몸이 죽는 암 덩어리로 생각하라"면서 "일자리 창출과 투자를 가로막는 규제는 한꺼번에 단두대에 올려서 처리할 것"이라고 말하기도 했다. 기업들도 기회 있을 때마다 규제 완화를 주문한다.

그런데 한 가지 잊지 말아야 할 것이 있다. 세월호가 운항할 수 있었던 것은 규제 완화 덕분이었다는 점이다. 원래 20년이었던 여객선 선령은, 1991년에 특정한 조건을 충족시킬 경우에 한해 25년으로 연장할 수 있게 '규제 완화'되었고, 2008년에는 30년으로 '규제 완화'되었다. 세월호는 선령이 20년으로 제한되어 있는 일본에서 더 이상 운항할 수 없게 되었기 때문에, 30년까지 운항할 수 있도록 규제가 완화된 한국에 팔려 와서 운항하다가 사고를 낸 것이다. 규제 완화는 항상 좋은 것인가?

완화가 아니라 적정 규제가 정답이다. 불필요한 규제는 과감히 없애야 하지만, 있어야 할 규제는 반드시 있어야 한다. 적정 규제란 곧 공공성의 영역을 지키는 것이나 다름없다. 반면 현실적으로 지키기 어려운 규제의 남용은 반드시 막아야 한다. 지킬 수 없는 규제들을 잔뜩 만들어 놓으면 대부분의 사람들이 잠재적인 범죄자가 될 수밖에 없고, 규제의 권한을 가진 쪽에서는 자의적인 기준에 따라 누구는 처벌하고 누구는 처벌하지 않는 사적 권력을 행사하게 된다. 세간에는 모든 죄 중에 가장 용서할 수 없는 죄는 '걸린 죄'라는 농담이 나돈다. 똑같은 잘못을 저질러놓고도 안 걸리면 아무 일이 없는데, 운이 없거나 밉보여서 일단 걸리면 어쩔 도리가 없다는 말이다. 규제를 당하는 쪽에서는 본인이 규제 대상이 되지 않기 위해 권한을 가진 쪽에 어떻게든 접근하게 마련이고, 이것은 필연적으로 부패와 연결된다. 이처럼 사적 권력의 행사로 연결되는 규제들이 많기 때문에, 사람들은 규제 완화가 좋은 것이라는 '착시 현상'에 빠지게 된다. 비현실적 규제는 없애고 있어야 할 규제는 엄정하게 집행하는 적정 규제가 필요하다. 적정 규제가 엄정하게 존재하는 곳에서는 기술을 운용하는 조직이 부패할 여지가 훨씬 줄어들고, 따라서 재난도 줄어든다.

안전과 경제의 대립구도를 깨자

한국을 비롯해 이 책에서 다룬 5개국의 재난을 비교해보면, 유독 한국과 일본에만 존재하는 대립 구도가 있다. 바로 안전과 경제의 대립 구도다. 세월호 실종자 수색작업이 장기화하기 시작하자, 언론 보도를 비롯해 곳곳에서는 세월호 때문에 경기가 침체되고 성장률이 둔화된다는 불평이 쏟아지기 시작했다. 온 나라가 애도 분위기였으니 일시적으로 소비가 둔화되었을 것은 틀림없어 보인다. 그런데 세월호 참사를 계기로 한국의 위험관리 시스템을 재점검하고 재정비하는 일이 경기 침체 때문에 서둘러 마무리되어야 한다면, 그것은 뒤집어서 말하면 경제를 위해 웬만한 위험은 그냥 안고 가자는 말이 된다. 우리는 일본에서 똑같은 현상을 목격했다. 후쿠시마 직후 원전제로를 선언했던 일본이, 이제 경제 살리기를 핑계로 원전 재가동의 길로 나서고 있다. 후쿠시마를 겪어놓고도, 경제를 살려야 하니 원전 위험을 안고 가자는 말이다. 원전 재가동은 아베 총리의 트레이드마크인 '아베노믹스'의 성공을 위한 수단으로 인식되고 있기도 하다. 한국을 비롯한 아시아 지역에서 아베 총리에 대한 인식은 그다지 좋지 않다. 역사 왜곡과 군국주의 부활을 시도하는 극우 정치인으로 비치기 때문이다. 특히 일제 강점기를 직접 경험하고 위안부 할머니들의 눈물이 아직 마르지도 않은 한국에서, 아베 총리의 행보가 곱게 보일 리가 만무하다. 그런데 막상 경제를 위해 안전 관리를 타협하자는 태도는 일본이나 한국이나 다를 바가 없다. 일본의 최근 행보를 비판하면서 한국도 별다르지 않은 행보를 하는 모순이다.

그렇다면 안전과 경제는 원래 대립하는 것인가? 안전에 돈을 쓰면 성장에 투자할 여력이 그만큼 줄어드니까 대립하는 것인가? 미국이 아무리 자유시장경제를 강조하는 나라라 해도, 경제 성장 때문에 안전에 투자하는 돈을 아까워하는 사람은 없다. 다만 5장에서 다루었던 것처럼 '대의의 불평등'으로 인해 그것이 특정 사회집단으로 집중되는 경향이 문제일 뿐이다. 1953년 북해 대홍수 이후 60년이 넘도록 안전에 대한 투자를 계속 해오고 있는 네덜란드는 더 말할 것도 없다.

하지만 안전과 경제가 대립되지 않는다는 것을 가장 잘 보여주는 국가는 독일이다. 우리는 2014년 7월, 독일의 원전 폐쇄 결정을 위한 최종 보고서를 제출했던 원자력윤리위원회 공동위원장인 클라우스 퇴퍼**Klaus Töpfer** 교수를 직접 인터뷰했다. 우리의 첫 번째 질문은 위원회의 명칭과 관련한 것이었다. 한국이라면 아마도 해당 위원회의 명칭은 '원자력안전위원회'라든가 '원자력경제성검토위원회' 같은 것이 되었을 가능성이 크다. 그런데 왜 이들은 '원자력윤리위원회'라는 명칭을 선택했을까? 그의 대답은 이런 것이었다. "우리는 원자력의 문제를 효율성이라는 틀로 판단해도 되는지를 가장 먼저 결정해야 했다. 원자력 기술이 군사적인 목적으로 사용될 가능성이라든지, 다음 세대에게 원전 폐기물의 위험을 넘겨주게 되는 세대 간 정의의 문제 등을 감안할 때, 우리는 이 문제를 효율성의 틀로 판단해서는 안 된다는 결론에 도달했다. 이것은 윤리적인 문제였다." 안전과 경제를 대립시켜 생각하는 한국이나 일본의 관점에서는 놀라운 대답이 아닐 수 없었고, 세대 간 정의의 문제까지 고려했다는 것은 그들의 결정에 엄청난 정당성을 부여하는 것이었다.

그러나 그의 설명을 계속 들으면서, 이것이 단순히 윤리나 정당성의 문제만은 아니라는 것을 알 수 있었다. 두 번째 요소는 6장에서 설명한 바와 같은 고용 창출의 경제적 효과다. 퇴퍼 교수의 설명에 따르면, 모두가 원전만이 경제적인 에너지라고 생각하고 있을 때 독일은 꾸준히 신재생에너지 기술에 투자하고 있었고, 그 결과 생각보다 훨씬 빠른 속도로 신재생에너지 비용을 낮출 수 있었다고 한다. 10년 전에 10년 후를 상정하여 추산했던 신재생에너지 비용에 비해 현재의 실제 신재생에너지 비용은 약 9분의 1에 지나지 않아서, 이제는 적어도 독일에서는 원자력보다 신재생에너지가 더 싼 상황이 되었다는 것이었다. 일찍부터 신재생에너지 산업에 투자한 결과 현재 독일에서 이 분야 고용은 38만 명 수준이고, 2030년에는 50만 명을 넘을 것으로 예상하고 있다. 이는 안전과 경제를 대립적 가치로 볼 필요가 없다는 점을 시사한다. 그들은 사회적 합의와 그에 기초한 선제적 투자를 통해 안전과 경제라는 두 마리 토끼를 동시에 잡고 있는 것이다.

퇴퍼 교수의 설명은 여기서 그치지 않았다. 그는 원전 폐쇄와 에너지 전환의 세 번째 효과로 경제사회 모델의 전환을 꼽는다. 원자력은 그 특성상 소수의 거대 기업이 독점할 수밖에 없는 산업이다. 반면 신재생에너지는 중소기업은 물론 심지어 개인도 에너지를 생산하고 판매할 수 있다. 그는 이미 독일에서 약 800개의 에너지 협동조합이 활동하고 있으며, 원자력을 포기하고 신재생에너지로 전환함으로써 자연스럽게 경제사회 모델이 전환되었다고 설명한다. 한국에서도 지난 몇 년간 경제민주화가 중요한 화두로 떠올랐지만 그때마다 많은 갈등을 동반했다. 중소자영업자들은 대기업이 골목 상권까지 싹쓸이한다고 비판하고, 대기업은 동반 성장이란 경제학 교과서에도 나오지 않는 금시초문의 이론이라고 비판한다. 세상을 좀 더 좋게 만들어보자고 등장한 경제민주화라는 의제가 아직까지는 실질적 변화보다 표면적 갈등을 더 많이 만들어내고 있는 것처럼 보이기도 한다. 반면 독일과 같이 에너지 전환을 통해 자연스럽게 경제력 집중이 해소되도록 하는 방식은, 사회적 갈등 비용이 없는 경제사회 모델의 전환이라는 점에서 바람직하다고 할 수 있다. 정당성도 챙기고, 고용도 늘리고, 갈등 없이 경제사회 모델의 전환까지 이룬다면 이거야말로 '창조경제' 아니겠는가?

위험관리의 공공성 확보가 필요하다

오늘날 전 세계적으로 많은 사회학자들이 우려하고 있는 것이 바로 개인화individualization 현상이다. 공동체나 심지어 가족을 묶는 끈까지 해체되어서 한 사람 한 사람이 모두 고립된 개인으로 존재하게 되는 현상을 말한다. 한국에서도 서울시의 네 가구 중 한 가구가 1인 가구가 되었다고 하여 우려를 빚은 것이 불과 몇 년 전인데, 어느새 전국을 기준으로 해도 네 가구 중 한 가구가 1인 가구인 세상이 되었다. 공동체에 소속된 사람들의 행동 양식과 혼자 고립된 개인들의 행동 양식은 체계적인 차이를 보인다. 무엇보다 가장 큰 차이는, 고립된 개인들은 공익에 기여하는 행위를 훨씬 적게 한다는 점이다. 공익에 기여하는 행위는 개인이 타고난 선한 본성으로 인해 할 수도 있지만, 자신의 행위에 대한 타인의 평가가 큰 영향을 미치게 된다. 그런데 고립된 개인들은 자신의 행위를 평가해 줄 타인이 존재하지 않기 때문에 공익에 기여하기보다는 자신의 사익에만 충실한 행위를 주로 하게 되는 것이다.

문제는 세계적인 신자유주의 물결과 함께 복지국가의 축소 등 국가가 공공성 영역에서 후퇴하기 시작하면서, 위험에 대한 대처도 점점 더 개인들에게 맡겨지고 있다는 점이다. 위험은 본질적으로 개인이 대처할 수 있는 성격의 것이 아니다. 아무리 조심스럽고 위험회피적인 성향을 가진 사람이라 할지라도 자신이 살고 있는 아파트를 자기 손으로 지을 수는 없는 노릇이다. 아파트를 짓기 위해서는 건설사와 하청업체와 감독 당국과 건설 노동자 등 수많은 사람과 조직들이 관련되었을 것이다. 공공성이 높고 투명한 사회라면 대부분의 건물이 규정에 맞게 지어졌을 것이라고 신뢰할 수 있겠지만, 공공성과 투명성이 낮은 사회라면 그럴 수 없다. 안전을 보장하기 위해서는 여러 사람의, 더 나아가 사회 전체의 협력이 필요한 것이다.

이러한 상황에서 위험에 대한 대처가 개인에게 맡겨진다면, 불안에 휩싸인 개인은 나름대로 최선의 대책을 강구해 위험에서 벗어나고자 할 것이다. 여력이 있는 개인이라면 안전장치가 많이 달려 있는 값비싼 자동차를 산다거나, 유기농 식재료만 먹는다거나, 아파트를 믿을 수 없다면 전원주택을 직접 지어서 살 수도 있을 것이다. 그러나 그런 여력이 없는 개인들은 속수무책으로 위험에 노출된다. 위험 지위risk position의 체계적인 불평등이 나타나게 되는 것이다. 이것은 곧 사회적 불안으로 나타나게 된다. 실제로 2008년 광우병 촛불집회에 참여한 사람들을 분석해보면, 과거에 사회경제적 위험에 노출된 경험이 있는 사람들이 촛불집회에 더 적극적으로 참여하는 경향이 뚜렷하게 나타난다. 능력 있는 개인이 최선을 다해 위험에서 벗어난다 하더라도 여전히 어떤 위험은 피할 수 없다. 과거 우리가 겪었던 삼풍백화점 붕괴나 성수대교 붕괴 같은 과거형 재난, 혹은 방사능이나 미세먼지와 같은 미래형 재난은 위험 지위의 고하를 막론하고 피할 길이 없는 위험들이다.

이러한 위험에서 벗어나려면 위험관리를 점점 더 많이 개인들에게 맡기는 것을 중단하고 위험관리의 공공성을 확보하는 것이 필요하다. 세월호 실종자 수색 작업에서 언딘을 둘러싼 논란은 해양 구난작업이 실질적으로 민영화되어 있다는 것을 보여주었다. 많은 잠수부들의 헌신과 희생이 있었지만, 그럼에도 민간 업체가 중심이 되어 실종자 수색을 하는 장면은 대다수 국민들의 기대와는 큰 차이가 있었다. 세월호 참사가 발생하기 이전에 대부분의 국민들은, 만약 이런 일이 발생하면 당연히 국가가 사태 수습의 중심에 설 것으로 기대했을 것이다. 작은 정부도 좋고 민영화의 효율성도 좋지만, 공공의 영역에 남을 것은 공공의 영역에 남아야 하는 것이다.

합의와 공존이 필요하다

지금까지 언급한 것들이 주로 제도와 정부의 역할에 관련된 것이었다면,

시민 개개인의 역할은 무엇인가? 3장에서 제시된 가치 네트워크 분석 결과는 많은 것을 시사한다. 공공성 수준이 우리보다 높은 다른 나라들에서는 시장적 가치와 사회적 가치가 상호 보완적인 관계를 이루고 있는데 반해, 한국인의 가치관 속에는 경쟁과 성공이라는 시장적 가치가 사회적 가치의 견제 없이 독주하고 있다. 그뿐이 아니다. 자녀들에게 타인에 대한 관용을 가르쳐야 한다는 응답은 네덜란드의 절반 이하이며, 조사 대상 52개 국가 중에 꼴찌 수준에 머무른다. 다른 나라에서는 교육 수준과 소득 수준이 높아지면 관용성도 더 높아지지만, 한국의 낮은 관용성은 교육이나 소득이 높아져도 달라지지 않는다. 우리는 어느새 경쟁에서 이겨 성공해야만 생존할 수 있다는 절박한 불안감 속에 살게 되었으며, 이겨서 생존해야만 하는 정글의 법칙 속에 관용이라는 가치가 끼어들 틈은 사라져버린 것이다. 다른 사람을 배려하지 않고 무조건 경쟁에서 이겨야 하는 사회에서 공공성이 피어날 수는 없다. 공공성이란 여러 사람이 힘을 합쳐야만 만들어지는 공공재의 성격을 강하게 띠기 때문이다. 내가 남을 배려하지 않듯이 남도 나를 배려하지 않는다. 그러면 공공성은 존재할 수 없다. 아무도 다른 사람을 배려하지 않는 사회에서 배에 대해 가장 잘 아는 선장이 제일 먼저 탈출하는 것은 어쩌면 예정된 일이었는지도 모른다.

이것은 악순환이기도 하다. 공공성이 낮은 사회에서 남들이 나를 배려해주지 않을 것을 아는 사람들은, 남들이야 어찌 되건 나라도 살아남겠다는 생각으로 각자도생의 길을 찾으려 한다. 모두가 같은 생각을 하면 공공성을 제고할 방법은 없다. 사람들이 더 쉽게 협동할 수 있도록 제도와 조직을 바꾸는 노력들이 진행되어야 하지만, 이와 동시에 현재 주어진 상황하에서 최대한 관용하고 공존하려는 개인들의 노력도 함께 이루어져야 한다. 모든 것이 준비될 때까지 협동하지 않겠다고 한다면, 그런 날은 영영 오지 않을 것이고 우리 모두는 끝없는 위험 속에 살아야 할 것이다.

정치권을 대상으로 종종 이루어지는 주문이기도 하지만, 우리는 사회적 합의의 틀을 만들어나가야 한다. 과거형 재난을 해결하는 핵심 열쇠가 투명성이라면, 미래형 재난을 예방하는 핵심 열쇠는 사회적 합의다. 건물 붕괴와 같은 과거형 재난은 건축 과정이 투명하기만 하다면 방지할 수 있지만, 수많은 사람들의 상호 의존성에 의해 발생하는 미래형 재난은 사회적 합의가 없으면 피할 수 없다. 반세기 가까운 합의의 시도를 통해 원전 사고라고 하는 미래형 재난의 가능성에서 벗어난 독일이 대표적인 사례다. 공존의 가치가 공유되고 사회적 합의의 틀이 만들어질 때, 비로소 한국 사회는 세월호의 위기를 넘어설 수 있을 것이다.

참고문헌

4·16 세월호참사 시민기록위원회 작가기록단. 2014. 『금요일엔 돌아오렴: 240일간의 세월호 유가족 육성기록』. 창비.

강명구. 2013. 「알버트 허쉬만(Albert Hirschman)을 통해 본 공공성의 작동원리: 경쟁, 참여, 이익 개념의 재해석을 중심으로」. ≪행정논총≫, 제15권 2호, 1~29쪽.

강윤재. 2013. 「한국과 독일의 원전 위험거버넌스 비교연구: '안전한 에너지 공급을 위한 윤리위원회'의 사례를 중심으로」. ≪ECO≫, 제17권 1호, 45~75쪽.

≪경향신문≫. 2014.4.30. "유병언 청해진해운 비리와 세월호참사, 검찰 연결고리 찾기가 수사 고비될 듯".

구도완·박치현. 2007. 「네덜란드의 지속가능 발전 모델: 생태적 근대화와 녹색 폴더 모델」. 한국사회학회 사회학대회 논문집, 217~233쪽.

구혜란. 2015. 「공공성은 위험수준을 낮추는가?: OECD 국가를 중심으로」. ≪한국사회정책≫, 제22권 1호.

국립생태원. 2014. "독일은 어떻게 신재생에너지 최강국이 되었을까?" http://blog.nie.re.kr/220181809236(검색일: 2014.12.12).

≪국민일보≫. 2013.9.29. "독일을 넘어 미래한국으로: 재생에너지 산업 급성장…… 일자리 창출·수출도 쑥쑥"(검색일: 2015.1.6).

≪국민TV미디어협동조합≫. 2014.4.26. "참사에 속수무책인 정부…… 재난 컨트롤타워는 누구?"

김계환·주대영·오용협. 2011. 「독일 녹색산업 발전요인과 한국의 정책과제: 풍력과 태양광을 중심으로」. 산업연구원.

김대환. 1998. 「돌진적 성장이 낳은 이중위험사회」. ≪사상≫, 제38호, 26~45쪽.

김영진. 2004. 「칼 폴라니의 시장사회 비판연구: '이중운동' 개념을 중심으로」. ≪국제지역연구≫, 제8권 3호, 3~38쪽.

김은성·안혁근·정지범. 2009. 『국가재난안전관리 정책패러다임에 대한 연구』. 한국행정연구원.

김인춘·최정원. 2013. 「생태적 근대화 모델과 생태복지국가의 구성: 스웨덴과 네덜란드 사례」. ≪OUGHTOPIA≫, 제2권 2호, 73~108쪽.

김인춘. 2005. 「네덜란드의 코포라티즘과 복지국가의 발전」. ≪국제지역연구≫, 제14권 4호, 63~102쪽.

_____. 2014. 「국가·사회적 재난과 시스템 개혁: 네덜란드 사례」. 서울대학교 사회발전연구소

콜로키움 발표논문.

김홍순. 2010. 「계획의 실패 또는 한계에 관한 연구: 허리케인 카트리나로 인한 뉴올리언스 시의 재난을 중심으로」. ≪한국지역개발학회지≫, 제22권 4호, 17~46쪽.

≪뉴스원뉴스≫. 2014.5.14. "합동분향 22일째, 조문객 182만 명".

≪뉴시스≫. 2014.4.30. "여야, 세월호 비정규직 선원 채용문제 지적".

_____. 2014.7.8. "세월호 감사·무능만 드러낸 재난대응 컨트롤타워".

≪동아일보≫. 2014.7.24. "새누리당 주호영, '세월호 참사는 기본적으로 교통사고' 논란".

_____. 2014.10.7. "해경, 언딘에 '알박기' 특혜…… 바지선 투입 30시간 지연".

박성희·조유미. 2006. 「허리케인 카트리나 미국 내 보도 프레임 분석: ≪뉴욕타임스≫를 중심으로」. ≪미국학논집≫, 제38권 2호, 61~84쪽.

박영도 외. 2014. 『공공성의 위기, 사회인문학의 응답과 도전』. 연세대학교 국학연구원 HK사업단 국제학술대회 자료집.

박진희. 2012. 「독일 탈핵정책의 역사적 전개와 그 시사점」. ≪역사비평≫, 제98호, 214~246쪽.

_____. 2013. 「시민 참여와 재생가능에너지 정책의 새로운 철학: 독일 에너지 전환 정책 사례를 토대로」. ≪환경철학≫, 제16호, 159~188쪽.

배재현·이명석. 2010. 「미국의 재난대응과 협력적 거버넌스: 허리케인 카트리나 사례를 중심으로」. ≪정책분석평가학회보≫, 제20권 1호, 189~216쪽.

벡, 울리히(Ulich Beck). 1997. 『위험사회: 새로운 근대(성)을 향하여』. 홍성태 옮김. 새물결.

_____. 2006. 『위험사회』. 홍성태 옮김. 새물결.

비롤리, 모리치오(Maurizio Viroli). 2006. 『공화주의』. 김경희·김동규 옮김. 인간사랑.

서울대학교 사회발전연구소·서울대학교 화학공정신기술연구소. 2004. 『여수산단 안전진단 보고서: 사회과학적 진단과 처방』.

≪서울신문≫. 2014.4.25. "씨랜드 참사 뒤 이민 택한 김순덕 씨, 세월호 참사에 '다를 게 없다'".

송창석. 2005. 「독일의 정치교육과 한국의 민주시민교육」. ≪EU연구≫, 제16호, 277~300쪽.

≪시사인≫. 2014.5.2. "유병언 회사는 구원과 신자만 입사할 수 있다".

신인재. 2013. 「독일, 영국과 한국, 일본 등 아시아 국가 간의 위험성평가 제도 비교연구」. ≪한국안전학회지≫, 제28권 1호, 151~157쪽.

신진욱. 2007. 「공공성과 한국사회」. ≪시민과 세계≫, 제11호, 18~39쪽.

안병옥. 2010. 「지난 10년간 독일 환경 정책의 평가와 전망」. FES Information Series, 2010-05.

양창호. 2014.5.29. "해상안전 강화 논의 시작하자". ≪한국해운신문≫.

≪연합뉴스≫. 2014.4.22. "세월호 참사·화물 3배 과적, 평형수 부족…… 복원성 치명타".

_____. 2014.4.24. "안보실이 컨트롤타워, 해수부매뉴얼 공개".

_____. 2014.4.30. "민간보다 못하다는 해경의 잠수능력".

_____. 2014.7.10. "세월호참사 청 컨트롤타워 공방…… 초기대응 질타".

염광희. 2012. 『잘 가라, 원자력: 독일 탈핵 이야기』. 도서출판 한울.

오구마 에이지(小熊英二). 2014. 『사회를 바꾸려면: 세상은 저절로 좋아지지 않는다 행동하라』. 전형배 옮김. 동아시아.

《오마이뉴스》. 2014.6.29. "세월호 유족 '도 교육청, 배로 수학여행 가라 해놓고 발뺌'".

____. 2014.12.21. "큰 죄 지었지만…… 세월호 선원도 할 말 있었다".

외교부. 2011. "독일 개황: 독일 재생에너지의 경제적 효과". 네이버 지식백과. http://terms. naver.com/entry.nhn?docId=985677&cid=43856&categoryId=43857(검색일: 2015.1.5).

우석훈. 2014. 『내릴 수 없는 배』. 웅진지식하우스.

원자력국제협력서비스(ICONs). http://www.icons.or.kr

윤순진·정연미. 2013. 「원자력발전에 대한 독일 학교교육 분석: 기술시민성 개념을 중심으로」. 《한국지리환경교육학회지》, 제21권 3호, 197~220쪽.

이규영. 2005. 「독일의 정치교육과 민주시민교육」. 《국제지역연구》, 제9권 3호, 157~186쪽.

이나무. 2013. 『네덜란드와 한국 연안의 사회적 자본 비교 연구』. 한국법제연구원.

이상팔. 1995. 「도시재난사고의 예방단계에서 정부조직학습: 삼풍백화점붕괴사고 사례를 중심으로」. 《한국행정학보》, 제29권 4호, 1335~1361쪽.

이승환. 2014. 「성장지상주의와 지체된 공공성」. 《내일을 여는 역사》, 제56호, 100~114쪽.

이재열. 1998. 「대형사고와 위험: 일상화한 비정상성」. 《사상》, 제38호, 180~199쪽.

____. 2007. 「한국사회의 질(social qualtiy)의 변화와 전망」. 정운찬·조흥식 엮음. 『외환위기 10년, 한국사회 얼마나 달라졌나』. 서울대학교출판부.

____. 2010. 「이론적 배경: 위험사회와 위험의 사회적 구성」. 『위험사회, 위험정치』. 서울대학교출판문화원.

이현송. 2006. 「자연재해의 사회적 과정: 미국의 허리케인 카트리나 수해 사례를 중심으로」. 《영미연구》, 제15집, 153~177쪽.

임성진. 2012. 「독일 원자력 정책과 의회의 역할: 탈핵으로의 정책전환과정을 중심으로」. 《사회과학논총》, 제27권 2호, 249~272쪽.

임의영. 2003. 「공공성의 개념, 위기, 활성화의 조건」. 《정부학연구》, 제9권 1호, 23~50쪽.

____. 2010. 「공공성의 유형화」. 《한국행정학보》, 제44권 2호, 1~21쪽.

임현진 외. 2003. 『한국사회의 위험과 안전』. 서울대학교출판부.

장덕진 외. 2014. 『이중위험사회의 재난과 공공성: 일본, 독일, 네덜란드, 미국 비교연구』. 서울대학교 사회발전연구소.

전진성. 2012. 「생태주의, 민주주의, 인권: 독일 탈핵 운동사에서 찾는 세 가지 가치」. 《독일연구》, 제24호, 125~148쪽.

정지범. 2012. 『범정부적 국가위기·재난관리 시스템 연구』. 한국행정연구원.

조대엽. 2012. 「현대성의 전환과 사회 구성적 공공성의 재구성: 사회 구성적 공공성의 논리와 미시공공성의 구조」. 《한국사회》, 제13권 1호, 3~62쪽.

《조선일보》. 2008.4.1. "울리히 벡 교수 '한국은 아주 특별히 위험한 사회'".

≪중앙일보≫. 2014.7.24. "그 배 세월호, 100일의 기록".

지주형. 2014. 「세월호 참사의 정치사회학」. ≪경제와 사회≫, 제104호(겨울), 14~54쪽.

≪프레시안≫. 2015.1.25. "'자발적 복종'에서 해방된 세월호 유가족들".

피셔, 제베린(Severin Fischer). 2011. 『독일의 에너지 정책: "친환경 산업정책"과 실용주의 기후 정책 사이에서』. FES Information Series. Friedrich Ebert Stiftung.

하승우. 2014. 『공공성』. 책세상.

≪한겨레신문≫. 2014.4.18. "MB 때 규제완화 안 했으면 세월호 참사 없었다".

_____. 2014.7.18. "세월호 유족 위로는 못할망정…… 비수 꽂은 '엄마부대봉사단'".

_____. 2014.7.29. "새누리 또 유족 가슴에 못질…… 홍문종 '세월호는 일종의 교통사고'".

≪한경플러스≫. 2014.11.11. "해경의 자충수, 너무 많은 일을 하려 했다".

한국원자력산업회의. http://www.kaif.or.kr

≪한국일보≫. 2014.9.7. "일베, 광화문 세월호 단식농성장서 '폭식투쟁'".

한재각 외. 2012. 『탈핵 에너지 전환의 정치·사회시나리오 연구』. 에너지기후정책연구소 프리드리히 에버트재단.

≪MBN뉴스≫. 2014.4.22. "세월호 수리업체, 알고 보니 청해진해운과 한 가족".

≪SBS뉴스≫. 2014.4.21. "세월호 참사에 지갑도 닫았다…… 유통업체 매출 감소".

吉岡斉. 1999. 『原子力の社会史: その日本的展開』. 東京: 朝日新聞社.

明るい選挙推進協会. 2013. 「第46回衆議院議員総選挙全国意識調査」(제46회 중의원 의원 총선거의 실태). http://www.aka ruisenkyo.or.jp/wp/wp-content/uploads/2013/06/070seiho n1.pdf(검색일: 2014.8.19).

福島原発事故独立検証委員会. 2012. 『福島原発事故独立検証委員会調査·検証報告書』. 東京: ディスカヴァー·トゥエンティワン.

社会と基盤研究会. 「福島原発事故後の市民社会の活動に関する団体調査」(후쿠시마 원전 사고 후 시민사회의 활동에 관한 단체조사). http://sgis.soc.hit-u.ac.jp/smosQE201305q.html (검색일: 2014.6.28).

小熊英二. 2013. 『原発を止める人々』. 東京: 文芸春秋.

新聞通信調査会. 2012. 「第5回メディアに関する全国世論調査」(제5회 미디어에 관한 전국여론조사). http://www.chosakai.gr.jp/notification/pdf/report5.pdf(검색일: 2014.6.18).

野間易通. 2012. 『金曜官邸前抗議: デモの声が政治を変える』. 東京: 河出書房新社.

伊藤昌亮. 2012. 『デモのメディア論: 社会運動社会のゆくえ』. 東京: 筑摩書房.

財務省. "統計表一覧"(주요경비별 분류에 따른 일반회계 세출 당초예산 및 보정예산 시계열 데이터). http://www.mof.go.jp/budget/reference/statistics/data.htm(검색일: 2015.1.7).

正村俊之. 2013. 「問われる科学とマスメディアへの信頼」. ≪学術の動向≫, 18(1), pp. 42~45.

津田大介. 2012. 『動員の革命: ソーシャルメディアは何を変えたのか』. 東京: 中公新書ラクレ.

清水修二. 2011. 「〈特集〉東日本大震災からの復興を考える: 基調講演『原発になお地域の未来を託せるか』」. ≪財政と公共政策≫, 50号, pp. 19~29.

清水順子・佐藤清隆. 2014. 「アベノミクスと円安, 貿易赤字, 日本の輸出競争力」. ≪RIETI Discussion Paper Series≫, 14-J-022, pp. 1~32.

平林祐子. 2012. 「何が『デモのある社会』をつくるのか: ポスト3.11のアクティヴィズムとメディア」. 田中重好・船橋晴俊・正村俊之 編, 『東日本大震災と社会学: 大災害を生み出した社会』. 東京: ミネルヴァ書房.

総務省 統計局. "年齢階級, 雇用形態別雇用者数"(노동력조사: 연령계급, 고용형태별 고용자 수 시계열 데이터). http://www.stat.go.jp/data/roudou/longtime/03roudou.htm#hyo_9(검색일: 2015.1.7).

Adamski, T., B. Kline and T. Tyrrell. 2006. "FEMA reorganization and the response to hurricane disaster relief." *Perspectives in Public Affairs*, Vol. 3(Spring), pp. 1~36.

Agostinho, D. 2015. "Flooded with memories: Risk cultures, the big flood of 1953 and the visual resonance of World War II." in Isabel Capeloa Gil and Christoph Wulf(eds.). *Hazardous Future: Disaster, Representation and the Assessment of Risk*. Berlin: Walter de Gruyter.

Angela, M. E., V. Arroyave and T. Cooper. 2007. "Administrative failure and the international NGO response to hurricane Katrina." *Public Administration Review*, Vol. 67, No. 1, pp. 160~170.

Argyris, Chris. 1976. "Single-Loop and Double-Loop models in research on decision making." *Administrative Science Quarterly*, Vol. 21.

_____. 1977. "Double-Loop learning in organization." *Harvard Business Review*, Vol. 55.

Asahi Shinbun. 2011.6.9. "Survey finds wide gulf in global opinion on nuclear power." http://ajw.asahi.com/article/0311disaster/fukushima/AJ201106090571(검색일: 2014.8.6).

Balica, S. F., N. G. Wright and F. van der Meulen. 2012. "A flood vulnerability index for coastal cities and its use in assessing climate change impacts." *Nat Hazards*, Vol. 64. pp. 73~105.

Barnshaw, J. and J. Trainor. 2007. "Race, class, and capital amidst hurricane Katrina diaspora." in D. L. Brunsma, D. Overfelt and J. Picou(eds.). *The Sociology of Katrina*. Rowman & Littlefield Publishers.

Beck, Ulrich. 1999. *World Risk Society*. Cambridge, UK: Polity.

Brookings Institution. 2005. "New Orleans after the storm: Lessons from the past, a plan for the future." Washington, DC: Brookings Institution.

_____. 2006. "Special edition of the Katrina index: A one-year review of key indicators of recovery in post-storm New Orleans." Washington, DC: Brookings Institution.

Bundesministerium für Wirtschaft und Energie. 2014. "Energiedaten: Gesamtausgabe." http://www.bmwi.de/BMWi/Redaktion/PDF/E/energiestatistiken-grafiken (검색일: 2015.2.6).

Christoplos, I., J. Mitchell and A. Liljelund. 2001. "Reframing risk: The changing contest of disaster mitigation and preparedness." *Disasters*, Vol. 25, No. 3, pp. 185~198.

Cigler, B. A. 2007. "The 'big questions' of Katrina and the 2005 great flood of New Orleans." *Public Administration Review*, Vol. 67, No. 1, pp. 64~76.

Congressional Research Service(CRS). 2007. *Federal Emergency Management Policy Changes After Hurricane Katrina.*

Dekker, P. and P. Ester. 1996. "Depillarization, deconfessionalization, and de-ideologization: Empirical trends an Dutch society 1958~1992." *Review of Religious Research*, Vol. 37, No. 4, pp. 325~341.

Delta Committee. http://www.deltacommissaris.nl/english

_____. 2008. *Working Together with Water: A Living Land Builds for Its Future.*

Delta Works. http://www.deltawerken.com/English/10.html?setlanguage=en

European Commission(EC). 2014. "Netherlands—Disaster Management Structure." http://ec.europa.eu/echo/files/civil_protection/vademecum/nl/2-nl-1.html

Engel, K. and J. E. Trainor. 2010. "Floods and disaster management in the Netherlands: God created the world, but the Dutch created the Netherlands." https://training.fema.gov/

Federal Emergency Management Agency(FEMA). 2006. *Hurricane Katrina in the Gulf Coast: Mitigation Assessment Team Report.* FEMA 549.

Greater New Orleans Community Data Center. www.gnocdc.org

Holland. 2014.9.24. "Deltas 2014: Early start climate adaptation in river deltas allows opting for cheaper natured-based solutions."

Horwitz, S. 2009. "Wal-Mart to the rescue: Private enterprise's response to hurricane Katrina." *The Independent Review,* Vol. 13, No. 4, pp. 511~528.

IAEA. 2014. "INES." http://www-ns.iaea.org/tech-areas/emergency/ines.asp (검색일: 2014. 11.11).

Jacobs, L. R. and T. Skocpol. 2005. *Inequality and American Democracy: What We Know and What We Need to Learn.* New York: Russell Sage Foundation.

Jacobsson, S. and V. Lauber. 2006. "The politics and policy of energy system transformation: Explaining the German diffusion of renewable energy technology." *Energy Policy*, Vol. 34, pp. 256~276.

Johnson, C.(eds.). 2011. *The Neoliberal Deluge: Hurricane Katrina, Late Capitalism, and the Remaking of New Orleans.* Minneapolis, MN: University of Minnesota Press.

Jones, D. K. C. 1993. "Environmental hazards in the 1990s: Problems, paradigms and prospects." *Geography*, Vol. 78, No. 339, pp. 161~165.

Joppke, Christian. 1990. "Nuclear power struggle after chernobyl: The case of West Germany." *West-European Politics*, Vol. 13, No.2, pp. 178~191.

Kok, M., W. Silva, R. Slomp and J. W. Stijnen. 2005. *River Management and Flood Risk Reduction Using Structural Measures and Disaster Management for The Rhine River in The Netherlands.* ISSH-Stochastic Hydraulics. Nijmegen, The Netherlands.

Kuipers, S. and A. Boin. 2014. "Crisis and Disaster Management in The Netherlands: A Description of Structures and Processes."

Levitt, J. I. and M. C. Whittaker(eds.). 2009. *Hurricane Katrina: America's Unnatural Disaster.* University of Nebraska Press.

Logan, J. R. 2006. "The impact of Katrina: Race and class in storm-damaged neighborhoods." Brown University. www.s4.brown.edu/Katrina/report.pdf

_____. 2009. "Unnatural disaster: Social impacts and policy choices after Katrina." in R. Bullard and B. Wright(eds.). *Race, Place, and Environmental Justice after Hurricane Katrina.* Boulder, CO: Westview Publishers.

Lucardie, P. 2008. "The Netherlands: Populism versus pillarization" in D. Albertazzi and D. McDonnell(eds.). *Twenty-First Century Populism: The Spectre of Western European Democracy*, pp. 151~165. New York: Palgrave MacMillan.

Pekkanen, Robert. 2006. *Japan's Dual Civil Society: Member's without Advocacy.* Stanford, CA: Stanford University Press.

Perez, M. S. and G. S. Cannella. 2011. "Disaster capitalism as neoliberal instrument for the construction of early childhood education/care policy: Charter schools in Post-Katrina New Orleans." *International Critical Childhood Policy Studies*, Vol. 4, No. 1.

Perrow, Charles. 1999. *Normal Accidents: Living with High-Risk Technologies: With a New Afterword and a Postscript on the Y2K Problem.* Princeton, NJ: Princeton University Press.

Reid, M. 2011. "Social Policy, 'deservingness' and sociotemporal marginalization: Katrina survivors and FEMA." *Sociological Forum*, Vol. 24, No. 7.

Renn, Ortwin. 2008. *Risk Governance: Coping with Uncertainty in a Complex World.* Sterling, VA: Earthscan.

Select Bipartisan Committee to Investigate the Preparation for and Response to Hurricane Katrina. 2006. "A Failure of Initiative." http://katrina.house.gov/full_katrina_report.htm

Slomp, R. 2012. "Flood risk and water management in the Netherlands." Ministry of Infrastructure and the Environment. http://www.preventionweb.net/files/29781_hr3845545

binnenwerkfloodriskandwate.pdf

Starks, T. 2012. "Katrina's lessons seen in response to Sandy." *CQ Weekly*.

Statistics Netherlands. http://www.cbs.nl/en-GB/menu/home/default.htm

Stichting Deltawerken Online. "The Delta Works." http://www.deltawerken.com/23

Tierney, K. and M. Bruneau. 2007. "Conceptualizing and measuring resilience: A key to disaster loss reduction." *TR News 250*(May-June 2007), pp. 14~17.

Turner, B. A. and N. F. Pidgeon. 1997. *Man-made Disasters*. Butterworth-Heinemann.

U.S. Census Bureau. 2000, 2006, 2012, 2014. www.census.gov

van der Maesen, Laurent J. G. and Alan C. Walker. 2001. "Indicators of social quality: outcomes of the European scientific network." *European Journal of Social Quality*.

van der Maesen, Laurent J. G., Alan C. Walker and Margo Keiger. 2005. "European network indicators of social quality: Social quality." the final report. European Foundation on Social Quality.

Weil, F. 2010. "The rise of community engagement after Katrina." *The New Orleans Index at Five*, pp. 1~20.

White House. 2006. "The federal response to hurricane Katrina: Lessons learned."

Williamson, A. 2007. "Citizen Participation in the Unified New Orleans Plan." Harvard University Kennedy School of Government.

World Value Survey. http://www.worldvaluessurvey.org/WVSDocumentationWVL.jsp(세계 가치관조사 연도별 데이터).

Wright, E. O. and J. Rogers. 2010. *American Society: How it Really Works*. New York: W. W. Norton.

WRR(Wetenschappelijke Raad voor het Regeringsbeleid, Scientific Council for Government Policy). 2008. *Uncertain Safety*. Amsterdam: Amsterdam University Press.

_____. 2012. *Physical Safety*. Amsterdam: Amsterdam University Press.

_____. 2013. *Confidence in Citizens*. Amsterdam: Amsterdam University Press.

Yee, Jaeyeol and Dukjin Chang. 2010. "Transparency, a key factor to improve social cohesion: A review of Korean experience in the context of social quality research." *Development and Society*, Vol. 38, No. 2.

찾아보기

서 울 대 학 교 사 회 발 전 연 구 소

서울대학교 사회발전연구소는 1965년에 설립되어 2015년에 50주년을 맞이한 전통 있는 연구 기관이다. 설립 이래 지금까지 한국 사회가 요청하는 시대적 과제를 외면하지 않고 그에 대한 사회과학적 해답을 제시하는 연구를 꾸준히 진행해왔다. 인구문제가 가장 중요한 사회정책적 과제였던 1960년대부터 인구학 분야의 연구를 개척했으며, 체계적인 사회조사를 가장 먼저 도입하기도 했다. 1970년대에는 빠른 산업화와 더불어 등장한 산업사회와 노동 관련 연구를, 1980년대에는 민주화와 더불어 시작된 정치사회적 변동에 관한 연구를 진행했다. 1990년대에는 정보통신 및 이주, 가족, 여성 등 우리 사회의 다양한 소수자에 대한 연구를 포괄했으며, 2000년대 이후에는 고령화 및 양극화 등 한국 사회의 장기 추세 변화에 대한 연구를 진행해왔다. 2007년부터는 세계 여러 나라들과의 사회모델 비교를 통해 경제위기, 노동시장 거버넌스, 위험사회 등 다양한 영역에서 한국 사회 발전을 위한 정책적 대안을 제시해왔다.
http://www.isdpr.org

지은이

조 병 희

현재 서울대학교 보건대학원 원장이다. 미국 위스콘신 대학에서 사회학 박사학위를 받았으며, 한국보건사회학회와 한국사회정책학회 회장을 역임했다. 주요 연구 주제는 사회자본과 건강, 지역사회역량과 주민건강, 사회이론과 건강 등이며, 주요 논저로 『섹슈얼리티와 위험연구』 (2008), "The Two Paths of Alternative Medicine: Professionalization of Oriental Medicine and the Growth of Lay Acupuncturists in Korea"(2009), 「광우병 사례를 통해본 한국인의 질병인식」 (2009), 「의사신뢰의 구성요인」(2011), 「지역사회역량이 건강에 미치는 영향에 대한 다수준분석: 사회의 질 증진에 주는 함의」(2011) 등이 있다.

이 재 열

현재 서울대학교 사회학과 교수이며, 서울대학교 사회과학도서관장으로도 재직 중이다. 미국 하버드 대학에서 사회학 박사학위를 받고, 한국산업안전공단 KOSHA CODE 총괄제정위원, 서울대학교 사회발전연구소장 등을 지냈다. 주요 연구 주제는 사회의 질, 사회통합, 행복, 위험 거버넌스 등이며, 주요 논저로 『한국기업과 사회의 경쟁력』(공저, 2012), 『상생을 위한 경제민주화』(공저, 2013), 『당신은 중산층입니까』(공저, 2014), "Social Quality as a Measure for Social Progress"(공동, 2011), 「사회의 질, 경쟁, 그리고 행복」(2015) 등이 있다.

구 혜 란

현재 서울대학교 사회발전연구소 선임연구원이다. 미국 시카고 대학에서 사회학 박사학위를 받았으며, 성균관대학교 동아시아학술원 연구교수와 한국사회과학자료원 원장을 지냈다. 주요 연구 주제는 사회조사 방법, 사회지표 개발, 국제비교 연구 등이며, 주요 논저로 「위험 인식의 집단 간 차이」(2010), 「지역사회의 질 수준과 격차」(2013), 「공공성은 위험을 낮추는가?: OECD 국가를 중심으로」(2015) 등이 있다.

김 지 영

현재 서울대학교 사회발전연구소 선임연구원이다. 일본 히토쓰바시 대학에서 사회학 박사학위를 받았으며, 일본학술진흥회 특별연구원(DC2)을 지냈다. 주요 연구 주제는 후쿠시마 원전 사고 이후 일본 시민사회의 변화, 이주 2세대 이후의 에스닉 아이덴티티와 사회통합 등이며, 주요 논저로 「「個」としての自己と「エスニック」としての自己との間で: 在日韓国・朝鮮人エスニック・アイデンティティの「いま」を問う」(2012), 「3.11 以後における「脱原発運動」の多様性と重層性:福島原発事故後の全国市民団体調査の結果から」(2015), 「일본의 공공성 변화가 후쿠시마 원전사고 극복과정에 미친 영향」(2015) 등이 있다.

고 동 현

현재 서울대학교 사회발전연구소 객원연구원이다. 연세대학교에서 사회학 박사학위를 받았으며, 서울시교육청 홍보기획팀장, 문화체육관광부 전문위원을 지냈다. 주요 연구 주제는 정보사회학과 시민사회론, 사회적 경제 등이며, 주요 논저로 『상징에서 동원으로: 1980년대 민주화운동의 문화적 동학』(공저, 2007), 『경제사회발전모델의 사회적 합의 구축방안 연구』(공저, 2008), 「스마트폰 시대의 모바일 디바이드 연구」(공동, 2011), 「한국의 시민사회와 세대갈등: 세대간 갈등과 세대내 분화」(2013), 「온라인 신뢰: SNS 시대 루머 확산의 문제와 대책」(2014)

김 주 현

현재 서울대학교 사회발전연구소 연구교수이다. 서울대학교에서 사회학 박사학위를 받았으며, 일본 와세다 대학 아시아연구기구 객원연구원, 동 대학 사회과학연구과 박사후연구원을 지냈다. 주요 연구 주제는 노년사회학, 인구학, 노인복지, 사회정책 등이며, 현재 연령차별, 노인인권 관련 연구, 한일 노인 이미지 비교연구를 진행하고 있다. 주요 논저로 『노인복지상담』(공저, 2013), 『베이비붐 세대의 노후준비와 삶의 질』(공저, 2015), 「연령주의(Ageism)척도의 개발 및 타당성 연구」(2012), 「韓国と日本のエイジズム(Ageism)の構造と影響要因の比較」(2013), 「사회의 질과 사회적 합의 지향성의 효용: 독일의 경제위기 극복사례」(2013), 「동아시아 4개국의 일-가족 갈등에 대한 비교연구(Do Part-Time Jobs Mitigate Workers' Work-Family Conflict and Enhance Wellbeing? New Evidence from Four East-Asian Societies」(2015), 「공공성을 기반으로 한 독일의 위험 거버넌스: 탈핵 결정 사례를 중심으로」 등이 있다.

정 병 은

현재 서울대학교 사회발전연구소 선임연구원이다. 연세대학교에서 사회학 박사학위를 받고, 성균관대학교 서베이리서치센터 연구교수, 한림대학교 고령사회연구소 전임연구원, 한국여성정책연구원 객원연구원을 지냈다. 주요 연구 주제는 사회의 질, 사회적 경제의 이론과 실태, 장애아동과 문화예술, 인권과 사회이며, 주요 논저로 『사회자본: 이론과 쟁점』(공편역, 2003), 『한국의 사회자본: 역사와 현실』(공저, 2008), 『국민인권의식조사』(공저, 2011), 『인권사회학』(공저, 2013), 『장애아동의 문화예술: 권리이해와 실태보고』(공저, 2013), 「세대간 지원교환의 호혜성에 관한 연구」(2007), 「성공적 노화에 대한 세대별 인식 조사연구」(2010), 「한국의 사회의 질과 복지체계」(2013), 「네덜란드의 홍수 위험 극복과 공공성」(2015) 등이 있다.

장 덕 진

현재 서울대학교 사회학과 교수이며, 서울대학교 사회발전연구소장으로 재직 중이다. 미국 시카고 대학에서 사회학 박사학위를 받고, 이화여자대학교 교수와 하버드 대학 사회학과 방문교수를 지냈다. 주요 연구 주제는 사회모델 비교연구, 소셜미디어 분석 등이며, 주요 논저로 "Social Quality as a Measure for Social Progress"(공동, 2011), "The Birth of Social Election in South Korea, 2010~2012"(공동, 2012), 「17대 국회 법안표결의 정치경제학: 146개 쟁점법안에 대한 NOMINATE 분석을 중심으로」(공동, 2012), 「유로존 경제위기의 사회적 구성: 그리스, 이탈리아, 독일, 터키, 한국의 비교」(2013), "Leveling the Playing Field: Social Media and Politics in South Korea"(2014) 등이 있다.

한울아카데미 1781

세월호가 우리에게 묻다
재난과 공공성의 사회학

기획 서울대학교 사회발전연구소
지은이 조병희·이재열·구혜란·김지영·고동현·김주현·정병은·장덕진
펴낸이 김종수 **펴낸곳** 도서출판 한울 **책임편집** 최규선

초판 1쇄 발행 2015년 4월 16일 **초판 2쇄 발행** 2015년 10월 15일

주소 413-120 경기도 파주시 광인사길 153 한울시소빌딩 3층
전화 031-955-0655 **팩스** 031-955-0656 **홈페이지** www.hanulbooks.co.kr
등록번호 제406-2003-000051호

ⓒ 서울대학교 사회발전연구소.
Printed in Korea.
ISBN 978-89-460-6071-5 93330

※ 책값은 겉표지에 표시되어 있습니다.